Johannes Brosseder/Hans-Georg Link (Hg.)
Eucharistische Gastfreundschaft

Eucharistische Gastfreundschaft

Ein Plädoyer evangelischer und katholischer Theologen

Herausgegeben von

Johannes Brosseder und Hans-Georg Link

Mit Beiträgen von

Johannes Brosseder, Margriet Gosker, Hans Jorissen, Heidi Leucht,

Christian Link, Hans-Georg Link, Harding Meyer,

Gottfried Peters, Johanna Rahner, Rainer Stuhlmann

Neukirchener Verlagshaus

1. Auflage Januar 2003
2. Auflage Februar 2003
3. Auflage Juni 2003
© 2003 Neukirchener Verlagshaus
Verlagsgesellschaft des Erziehungsvereins mbH, Neukirchen-Vluyn
Umschlaggestaltung: Hartmut Namislow
Unter Verwendung des Bildes „Abendmahl", © Sieger Köder
Gesamtherstellung: Breklumer Druckerei Manfred Siegel KG
Printed in Germany
ISBN 3-7975-0058-0

Inhaltsverzeichnis

Vorwort

Im Sommer 1999 haben sich akademische Theologinnen und Theologen, Pfarrerinnen und Pfarrer und sogenannte Laien aus der evangelischen und katholischen Kirche in der ehemaligen Zisterzienserabtei Altenberg bei Köln getroffen, um über „unsere ökumenische Zukunft" miteinander ins Gespräch zu kommen. Sehr schnell wurde uns klar, dass *das* Thema, das über diese Zukunft entscheidet, die Eucharistische Gastfreundschaft zwischen unseren Kirchen ist. Wir haben uns deshalb mit der Frage der Abendmahlsgemeinschaft exegetisch, kirchengeschichtlich, systematisch und liturgisch befasst. Die Referate wurden in unseren dreijährigen Gesprächen gründlich diskutiert und im Licht der Anfragen und Anregungen mehrfach überarbeitet. Die Ergebnisse, zu denen wir gelangt sind, legen wir nun öffentlich vor.

Die einzelnen Beiträge verbindet die Einsicht, dass Eucharistische Gastfreundschaft theologisch gut begründet ist und deshalb auch praktiziert werden sollte. Wir plädieren für Eucharistische Gastfreundschaft, der sich die Konfessionskirchen in je eigener Verantwortung öffnen oder verschließen können, *nicht* jedoch für eine gemeinsame Feier des Abendmahls mit Interbzw. Konzelebration von Amtsträgern verschiedener Kirchen, die sich noch nicht in Kirchengemeinschaft miteinander befinden.

Die Beiträge dieses Bandes stehen in sachlichem Zusammenhang mit der Erklärung des Zentralkomitees der deutschen Katholiken „Ermutigung zur Ökumene", in der empfohlen wird, „dass auf allen Ebenen der Dialog über die Frage des gemeinsamen Abendmahls fortgeführt und intensiviert wird, um glaubwürdig damit auf dem Ökumenischen Kirchentag 2003 umgehen zu können und das Ziel der gemeinsamen Feier der Eucharistie nicht aus den Augen zu verlieren"[1]. Die hier veröffentlichten Beiträge dienen der nüchternen Klärung theologischer Sachfragen im Gespräch über die Frage der Abendmahlsgemeinschaft. Nur eine solche Klärung, und nicht die Klagelieder, auch nicht die polemische Rede von der Versündigung der anderen am Leib Christi, auch nicht kirchenpolitischer Druck, vermag zu einem Klima des Dialogs und der gegenseitigen Akzeptanz beizutragen, das kirchliche Entscheidungen in Richtung auf Eucharistische Gastfreundschaft allererst ermöglicht.

Durch die Erörterung theologischer Sachfragen will dieses theologische Plädoyer für Eucharistische Gastfreundschaft auf seine Weise dem Ökumenischen Kirchentag in Berlin 2003 und seiner Vorbereitung dienen. Möge es zu gastfreundlicher Begegnung dort und an anderen Orten beitragen.

Köln, im Juli 2002   Johannes Brosseder / Hans-Georg Link

---

[1] *Ermutigung zur Ökumene*. Orientierung und Hoffnung auf dem Weg zum Ökumenischen Kirchentag in Berlin 2003, 24. Nov. 2001, 8. Aufl. Bonn, Juni 2002, S. 28.

Eucharistische Gastfreundschaft – ein theologisches Plädoyer

Im Vorfeld des Ökumenischen Kirchentages in Berlin 2003 hat es auf den verschiedensten Ebenen der Kirchen heftige Diskussionen über gemeinsame Gottesdienstfeiern gegeben, die sich bündeln in dem Verlangen nach Abendmahlsgemeinschaft. Neben manchen sehr oberflächlichen Diskussionsbeiträgen mangelt es nicht an zahlreichen Voten, in denen in verantwortlicher Weise eine theologische Lösung dieser Frage angestrebt wird. Der vorliegende Band widmet sich den *theologischen Grundlagen* für die Ermöglichung von eucharistischer Gottesdienstgemeinschaft. Es gehört nämlich zu den vornehmlichen Aufgaben der Theologie, ihr gesamtes Nachdenken auf den inneren Zusammenhang von Theologie und Gottesdienst auszurichten. Dieser Zusammenhang ist auch in den ökumenischen Dialogen stets bedacht worden und führte zu überraschenden Übereinstimmungen zwischen den Kirchen. Diese Übereinstimmungen veranlassen uns zu sagen:

Eucharistische Gastfreundschaft ist theologisch möglich und sollte deshalb als Zeichen schon bestehender Kirchengemeinschaft in ökumenischen Zusammenhängen auch jetzt schon praktiziert werden. Eucharistie- und Abendmahlsgemeinschaft entsprechen der Intention des Gefeierten. Deshalb bedarf nicht die praktizierte Gemeinschaft im Herrenmahl der Begründung, sondern deren Verweigerung.

Diese Überzeugung gründet auf folgenden Einsichten:

1. Der innere Zusammenhang von Taufe, Eucharistie und Kirche in den Texten des Zweiten Vatikanischen Konzils und die hier waltenden Prioritäten stützen diese Überzeugung (*Johannes Brosseder, Das Zweite Vatikanische Konzil und der Zusammenhang von Taufe Eucharistie und Kirche im Blick auf Eucharistische Gastfreundschaft*).

2. Das „Wachsen der Gemeinschaft zwischen den Kirchen" in den vergangenen Jahrzehnten muss als Faktum von ekklesiologischer Relevanz erkannt werden. Dieses Wachsen der Gemeinschaft wird sich auch dort in angemessener Weise widerspiegeln müssen, wo sich par excellence die Einheit der Kirche darstellt, nämlich im Herrenmahl (*Harding Meyer, Die „Gemeinsame Erklärung zur Rechtfertigungslehre", der Zuwachs an Gemeinschaft als „ekklesiologisches Faktum" und die Frage katholisch/evangelischer Abendmahlsgemeinschaft*).

3. Schon das Neue Testament schärft ein, dass nicht die Kirchen, sondern Christus der Herr des Mahles ist. Daher haben sie der Gefahr zu wehren, die Rolle des Gastgebers zu usurpieren, und dem Raum zu geben, der sagt (Jo 6,37): „Wer zu mir kommt, den werde ich nicht hinausstoßen" (*Rainer Stuhlmann, Das Mahl des Herrn im Neuen Testament*).

4. Das Neue Testament und mit ihm die ganze Alte Kirche betonen neben dem Verständnis des Herrenmahles als *Zeichen* der Einheit der Kirchen seine *einheitsstiftende* Funktion. Das Herrenmahl ist das Sakrament der Einheit der Kirche im Sinne von Zeichen und Werkzeug (*Johanna Rahner, „Ein Brot ist es, darum sind wir viele ein Leib", 1 Kor 10,17. Biblische und altkirchliche Dimensionen von koinonia und ihre ekklesiologische Relevanz für die gegenwärtige ökumenische Debatte*).

5. Der katholisch-evangelische Dialog über das Herrenmahl hat gezeigt, dass die früher kirchentrennenden Kontroversen im Blick auf das Verständnis dessen, was das Herrenmahl ist, was es bedeutet und was es schenkt, überwunden sind und sich nicht mehr einer katholisch-evangelischen Abendmahlsgemeinschaft in den Weg stellen (*Harding Meyer, Der Ertrag der Erörterung und Klärung kontroverser Aspekte in Verständnis und Praxis von Abendmahl/Eucharistie durch den ökumenischen Dialog*).

6. Die theologische Erörterung der Amtsfrage zeigt, dass eine katholische Anerkennung der reformatorischen Ämter theologisch möglich ist und deshalb Kirchen- und Eucharistiegemeinschaft nicht an der Amtsfrage scheitern muss (*Hans Jorissen, Behindert die Amtsfrage die Einheit der Kirchen? Katholisches Plädoyer für die Anerkennung der reformatorischen Ämter*).

7. Eucharistische Gastfreundschaft (in Gegen- und Wechselseitigkeit) ist dort möglich, wo der eucharistische Glaube (mitsamt seinen zentralen Glaubenswahrheiten) geteilt wird und Christen (unter der Spaltung leidend) sich leidenschaftlich um die Überwindung der Kirchentrennung bemühen - sei es in konfessionsverbindenden Ehen, die als ecclesiae domesticae Kirchengemeinschaft schon jetzt leben, sei es in ökumenischen Kreisen, in denen die wachsende Gemeinschaft der Kirchen lebendig zum Ausdruck kommt. Hier wie dort haben Christen die Einheit der Kirchen „in versöhnter Verschiedenheit" zu ihrem Anliegen gemacht; sie bedenken die Gemeinschaft der Kirchen nicht nur theoretisch, sondern sie erflehen sie inständig (*Hans Jorissen, Gemeinsam am Tisch des Herrn? Katholische Erwägungen zur Eucharistiegemeinschaft in konfessionsverbindenden Ehen*).

8. Im Blick auf die Frage der Abendmahlsgemeinschaft treffen einige römisch-katholische Bischofskonferenzen heute bereits Regelungen, die der erreichten theologischen Verständigung und der wachsenden Gemeinschaft zwischen den Kirchen entsprechen (*Hans-Georg Link, Kanzel- und Abendmahlsgemeinschaft in Vereinbarungen und Erklärungen zwischen verschiedenen Kirchen. Eine Bestandsaufnahme*).

9. Die Einheit der Kirche als „Gemeinschaft des Leibes Christi" findet im Abendmahl ihren dichtesten Ausdruck; diese Einheit muss sich auf dem Boden der Tatsachen und Konflikte unserer Welt sichtbar darstellen, wenn sie nicht ein bloßes Phantom bleiben will. Deshalb hat die Eucharistie nicht nur einen binnenkirchlichen „ekklesiologischen", sondern auch einen gesell-

schaftlichen und sozialen Ort. An und in diesem hat sich Orthodoxie orthopraktisch zu bewähren (Christian Link, Die Eucharistie: eine gesellschaftliche und soziale Herausforderung).

10. Erneuerte evangelische Liturgien, lutherische und reformierte, spiegeln den Geist ökumenischer Verständigung und sind daher offen für Eucharistische Gastfreundschaft (Heidi Leucht, Evangelisches Abendmahlsverständnis in den Liturgien des neuen Gottesdienstbuches; Gottfried Peters, Reformierte Liturgie und Abendmahl).

11. Die Leitfrage für eine ökumenisch sensible Feier der Eucharistie bzw. des Abendmahls in Kirchen, die „in einer gewissen, wenn auch nicht vollkommenen Gemeinschaft" miteinander stehen, lautet: Was können wir dazu beitragen, dass Angehörige der anderen Kirche in unserer Feier des Abendmahls bzw. der Eucharistie das Mahl Jesu Christi wiedererkennen können? (Hans-Georg Link, Ökumenische Sensibilität im Gottesdienst. Liturgische Vorschläge auf dem Weg zur Eucharistischen Gastfreundschaft).

Ergänzt wird das Plädoyer durch Darlegungen über „Das ökumenische Gespräch zur Eucharistischen Gastfreundschaft in den Niederlanden" (Margriet Gosker).

Dem theologischen Plädoyer und seiner ausführlichen Begründung in den einzelnen theologischen Beiträgen sind im Anhang zwei Dokumente angefügt, die sich mit der Eucharistischen Gastfreundschaft befassen: (1). Schon 1983 hatte die Gemeinsame Römisch-katholische/Evangelisch-lutherische Kommission das Dokument „Gegenseitige Zulassung zum Herrenmahl" erarbeitet, welches wegen fehlender Einmütigkeit bisher nicht veröffentlicht wurde. Das Dokument stützt in seiner Argumentation das hier veröffentlichte Plädoyer. (2). Dieses Plädoyer ist durch Erkenntnisse vorbereitet worden, die der Kölner Ökumenische Studienkreis im Winterhalbjahr 2000/2001 gewonnen und Johannes Brosseder zusammengefasst hat: „Mahl des Herrn. Eucharistische Gastfreundschaft, Abendmahlsverständnis, Abendmahlsgemeinschaft. Erwägungen und Anregungen des Kölner Ökumenischen Studienkreises".

In den Texten des II. Vatikanischen Konzils wird die Eucharistie in Wort und Sakrament als Quelle und Höhepunkt des kirchlichen Lebens bezeichnet, welche die Einheit der Kirche nicht nur ausdrückt, sondern auch bewirkt. In ihr ist nach einem Wort von Thomas von Aquin das ganze Mysterium unseres Heils zusammengefasst (Sth III 83,4). Denselben Sachverhalt vermag auch Martin Luther zu bezeugen, wenn er sagt, dass das Abendmahl aufgrund der verba testamenti die Summe bzw. ein Inbegriff des ganzen Evangeliums ist (Vom Missbrauch der Messe, WA 8,524,33; De captivitate Babylonica ecclesiae praeludium, WA 6, 525,36). Dieses hier veröffentlichte theologische Plädoyer für Eucharistische Gastfreundschaft verfolgt nur ein einziges Ziel, das theologische, ekklesiologische und gesellschaftliche Potential der Wirkkraft dieses „Testamentes Jesu Christi", dieser „Zusammenfassung des Mysteriums unseres Heils", dieser „Summe des Evangeliums" zu bezeugen und für die im Gottesdienst gründende Wiederherstellung der communio der Kirchen fruchtbar zu machen. Kann darauf ohne Not noch länger verzichtet werden?

Im Namen der Autorinnen und Autoren:
Johannes Brosseder / Hans-Georg Link

Theologische Beiträge

Das Zweite Vatikanische Konzil und der Zusammenhang von Taufe, Eucharistie und Kirche im Blick auf Eucharistische Gastfreundschaft

Von Johannes Brosseder

Das Thema der eucharistischen Gastfreundschaft hat in der ökumenisch-theologischen Diskussion seit dem Ende des Zweiten Vatikanischen Konzils verstärkt die Aufmerksamkeit auf sich gezogen. Je näher sich die Kirchen durch die Überwindung kirchentrennender Lehrdifferenzen kamen, je mehr aufgezeigt werden konnte, dass noch verbleibende Lehrdifferenzen alleine nicht ausreichten, um die Kirchenspaltung theologisch rechtfertigen zu können, und je mehr die Ergebnisse der ökumenischen Dialoge von vielen Christinnen und Christen in den Gemeinden positiv aufgenommen wurden, desto lauter wurde der Ruf nach Gottesdienstgemeinschaft. Dieser Ruf stieß keineswegs auf taube Ohren. In der Gestalt von Wortgottesdiensten auch von den beiden Ökumenischen Direktorien (1967/70 und 1993) ausdrücklich gefördert, blieb diese Förderung der Abendmahlsgemeinschaft wie der eucharistischen Gastfreundschaft bis auf wenige Ausnahmesituationen bisher versagt. Obwohl Abendmahlsgemeinschaft einerseits und eucharistische Gastfreundschaft andererseits in den Gemeinden verstärkt praktiziert werden, weil viele aufgrund einer theologisch bestens fundierten Gewissensentscheidung kein Verständnis mehr für die Verweigerung sowohl von Abendmahlsgemeinschaft wie von eucharistischer Gastfreundschaft aufbringen, machen sich die Stimmen ihrer Kritiker immer lauter vernehmbar; sie tun dies mit Argumenten, die der vorkonziliaren römisch-katholischen Tradition entstammen und sich insbesondere neben vielem anderen theologisch Misslichen dadurch auszeichnen, dass Kirche Jesu Christi erneut exklusiv mit der römisch-katholischen Kirche als Leib Christi identifiziert wird. Dies alleine schon ist Anlass genug, um sich römisch-katholischen konziliaren Perspektiven erneut theologisch zuzuwenden. Dabei ist besonderes Gewicht auf die Prioritäten im untrennbaren theologischen Zusammenhang von Taufe, Eucharistie und Kirche zu legen.

Die Abendmahlsgemeinschaft zwischen der römisch-katholischen Kirche und den lutherischen Kirchen wird auch von römisch-katholischen Theologen[1] seit 1971 theologisch für möglich und wünschenswert erachtet. In den

---

[1] *Abendmahl und Abendmahlsgemeinschaft*, in: Una Sancta 26 (1971) 68-88 (Arbeitsergebnis eines gemeinsamen Oberseminars des Instituts für Ökumenische Theologie (rk) und des Ökumenischen Seminars (ev) der Universität München unter der Leitung von PROF. DR. HEINRICH FRIES und PROF. DR. WOLFHART PANNENBERG im WS 1970/71). Eine ausführliche Würdigung dieses Textes bei U. KÜHN, *Abendmahl IV*, in: TRE 1 (1976) 145-212,

Überlegungen, die hier getätigt werden, geht es jedoch nicht um die auch von vielen römisch-katholischen Theologen für möglich und wünschenswert gehaltene Abendmahlsgemeinschaft, sondern um „weniger"; hier geht es nur um die Frage, ob die konfessionellen Gottesdienste geöffnet werden können für Christen aus anderen als der eigenen Konfessionskirche. Schon 1972 hatte die Groupe des Dombes für eine eucharistische Gastfreundschaft plädiert[2]. Für die evangelischen Christen aus konfessionsverbindenden Ehen hatte der Erzbischof von Strasbourg[3] schon 1972 die eucharistische Gastfreundschaft ermöglicht, ebenso auch der Bischof von Metz. Die kanadische und die südafrikanische Bischofskonferenz haben in jüngster Zeit vergleichbare Schritte unternommen. Im Jahre 2000 hat der Erzbischof von Strasbourg[4] diese Regelung ausgeweitet auf die Teilnehmerinnen und Teilnehmer einer in Strasbourg tagenden ökumenischen Konferenz. Es sind zahlreiche Situationen bekannt, in denen selbst höchste kirchliche Würdenträger bis hin zum Papst im Einzelfall evangelischen Christen eucharistische Gastfreundschaft gewährten. Die Deutsche Bischofskonferenz hat die Notfälle, in denen das Ökumenische Direktorium den Zutritt nicht-römisch-katholischer Christen zur Eucharistie der römischen-katholischen Kirche erlaubt, sehr restriktiv gehandhabt und eingegrenzt, während ihre Ökumenische Kommission eucharistische Gastfreundschaft gegenüber evangelischen Christen aus konfessionsverbindenden Ehen für möglich hält[5]. Diese weitergehende Regelung wurde in der Erzdiözese Bamberg im Amtsblatt veröffentlicht und in der Erzdiözese Wien als pastorale Handreichung den Pfarrern an die Hand gegeben, die im Einzelfall entscheidungsberechtigt sind.

---

hier 196. - H. FRIES, *Ein Glaube – Eine Taufe : – Getrennt beim Abendmahl?* Graz-Wien-Köln 1971. – K. RAHNER, *Strukturwandel der Kirche als Aufgabe und Chance*, Freiburg-Basel-Wien 1972. – J. BROSSEDER, *Abendmahlsgemeinschaft als Weg zur Kirchengemeinschaft?* In: *Auf Wegen der Versöhnung.* Beiträge zum ökumenischen Gespräch, hrsg. v. P. NEUNER – F. WOLFINGER, Frankfurt a. M. 1982, 220-230. - H. FRIES – K. RAHNER, *Einigung der Kirchen – reale Möglichkeit*, Freiburg-Basel-Wien 1983. – O. H. PESCH, *Gemeinschaft beim Herrenmahl.* Plädoyer für ein Ende der Denkverweigerungen, in: B. J. HILBERATH – D. SATTLER (HRSG.), *Vorgeschmack. Ökumenische Bemühungen um die Eucharistie.* Festschrift für THEODOR SCHNEIDER, Mainz 1995, 539-571. – P. KNAUER, *Gemeinschaft im Wort Gottes.* Zur Frage der eucharistischen Gastfreundschaft, in: Herder-Korrespondenz 56 (2002) 291-295.

[2] *Vers une même foi eucharistique?* Taizé-Paris 1972 = La documentation catholique 2.4.1972, 331-337, deutsch in: Herder-Korrespondenz 27 (1973) 33-36.

[3] In: *Eucharistische Gastfreundschaft.* Ökumenische Dokumente, hrsg. v. R. MUMM unter Mitarbeit v. MARC LIENHARD, Kassel 1974, 109-131.

[4] Brief v. 10. Juli 2000, veröffentlicht in: L'Église en Alsace. La vie diocésaine, Nr. 9 vom September 2000, S. 1 und 4-5.

[5] In: *Zur Frage der eucharistischen Gastfreundschaft bei konfessionsverschiedenen Ehen und Familien.* Eine Problemanzeige. Text und Dokumentation (Arbeitsgemeinschaft christlicher Kirchen in Nürnberg. Dokumente und Informationen, 1), Nürnberg [2]1998, 35-39.

Zwischen den Kirchen vereinbarte eucharistische Gastfreundschaft setzt den Konsens in den Grundfragen der Eucharistie und des Verhältnisses von Eucharistie und Kirche voraus. Das Verhältnis von Eucharistie und Kirche kann aber nicht angemessen bedacht werden, wenn nicht zuvor die ekklesiologische Relevanz und Dimension der Taufe erörtert worden sind. Dieser Zusammenhang ist vom Zweiten Vatikanischen Konzil gesehen und ausführlich dargelegt worden. Dieser innere Zusammenhang ist auch die Grundlage für die Erörterung eucharistischer Gastfreundschaft. Die Erörterung über den Zusammenhang von Taufe, Eucharistie und Kirche werden im Folgenden hineingestellt in den Gesamtzusammenhang der ökumenischen Erwägungen des Konzils. Folgende Texte des Zweiten Vatikanischen Konzils sind hier von Bedeutung:

Die auf dem II. Vaticanum versammelte römisch-katholische Kirche hat bekanntlich in „Sacrosanctum Concilium" (SC), in „Lumen gentium" (LG), in „Unitatis Redintegratio" (UR) und in anderen Dokumenten sich selbst und ihre Beziehung zu den anderen christlichen Kirchen und kirchlichen Gemeinschaften neu zu beschreiben versucht. Es kann kein Zweifel daran bestehen, dass das Konzil von der Absicht sich leiten ließ, „zu fördern, was immer zur Einheit aller, die an Christus glauben, beitragen kann" (SC 1). Es selbst hat zahlreiche Gesichtspunkte zur Förderung der Gemeinschaft der Christen beigetragen, ohne sich als Abschluss in dieser Hinsicht zu verstehen. Insofern entspricht alles, was Gemeinschaft unter Christen auch heute zu fördern in der Lage ist, den Intentionen des Konzils, die bislang noch längst nicht eingelöst worden sind.

1. Taufe

Grundlegend für die jetzt schon bestehende Gemeinschaft unter Christen ist die Taufe. Die Liturgiekonstitution des II. Vaticanums sagt von ihr: „So werden die Menschen durch die Taufe in das Pascha-Mysterium Christi eingefügt. Mit Christus gestorben, werden sie mit ihm begraben und mit ihm auferweckt (vgl. Röm 6,4; Eph 2,6; Kol 3,1; 2 Tim 2,11). Sie empfangen den Geist der Kindschaft, ‚in dem wir Abba, Vater rufen' (Röm 8,5), und werden so zu wahren Anbetern, wie der Vater sie sucht (vgl. Joh 4,23). Ebenso verkünden sie, sooft sie das Herrenmahl genießen, den Tod des Herrn, bis er wiederkommt (vgl. 1 Kor 11,26). Deswegen wurden am Pfingstfest, an dem die Kirche in der Welt offenbar wurde, diejenigen getauft, die das Wort des Petrus annahmen. Und ‚sie verharrten in der Lehre der Apostel, in der Gemeinschaft des Brotbrechens, im Gebet … sie lobten Gott und fanden Gnade bei allem Volk' (Apg 2,41-47)" (SC 6). Zur Gegenwart Christi wird unter anderem gesagt: „Gegenwärtig ist er mit seiner Kraft in den Sakramenten, so daß wenn immer einer tauft, Christus selber tauft …. Gegenwärtig ist er in seinem Wort, da er selbst spricht, wenn die heiligen Schriften in der Kirche gelesen werden. Gegenwärtig ist er schließlich, wenn die Kirche betet und singt, er, der versprochen hat: ‚Wo zwei oder drei versammelt sind in meinem Namen, da bin ich mitten unter ihnen' (Mt 18,20)" (SC 7).

Die Kirchenkonstitution des II. Vaticanum sagt zur Taufe Folgendes: „In jenem Leibe strömt Christi Leben auf die Gläubigen über, die durch die Sakramente auf verborgene und doch wirkliche Weise dem leidenden und verherrlichten Christus geeint werden. Durch die Taufe werden wir ja Christus gleichgestaltet: ‚Denn in einem Geiste sind wir alle getauft in einen Leib hinein' (1 Kor 12,13). Durch diesen heiligen Ritus wird die Vereinigung mit Tod und Auferstehung Christi dargestellt und verwirklicht: ‚Wir sind nämlich mit ihm begraben durch die Taufe auf den Tod'; wenn wir aber ‚eingepflanzt worden sind dem Gleichbild seines Todes, so werden wir es zugleich auch dem seiner Herrlichkeit sein' (Röm 6,4-5)" (LG 7). „Durch die Wiedergeburt und die Salbung mit dem Heiligen Geist werden die Getauften zu einem geistigen Bau und einem heiligen Priestertum geweiht" (LG 10).

„Durch die Taufe der Kirche eingegliedert, werden die Gläubigen durch das unauslöschliche Prägemal zur Ausübung der christlichen Religion bestellt, und, wiedergeboren zu Söhnen Gottes, sind sie gehalten, den von Gott durch die Kirche empfangenen Glauben vor den Menschen zu bekennen" (LG 11).

„Mit jenen, die durch die Taufe der Ehre des Christennamens teilhaftig sind, den vollen Glauben aber nicht bekennen oder die Kommunioneinheit unter dem Nachfolger Petri nicht wahren, weiß sich die Kirche aus mehrfachem Grunde verbunden. Viele nämlich halten die Schrift als Glaubens- und Lebensform in Ehren, zeigen einen aufrichtigen religiösen Eifer, glauben in Liebe an Gott, den Vater, den Allmächtigen, und an Christus, den Sohn Gottes und Erlöser, empfangen das Zeichen der Taufe, wodurch sie mit Christus verbunden werden; ja sie anerkennen und empfangen auch andere Sakramente in ihren eigenen Kirchen oder kirchlichen Gemeinschaften" (LG 15).

Und schließlich im Ökumenismusdekret: „Der Mensch wird durch das Sakrament der Taufe, wenn es gemäß der Einsetzung des Herrn recht gespendet und in der gebührenden Geistesverfassung empfangen wird, in Wahrheit dem gekreuzigten und verherrlichten Christus eingegliedert und wiedergeboren zur Teilhabe am göttlichen Leben nach jenem Wort des Apostels: ‚Ihr seid in der Taufe mit ihm begraben, in ihm auch auferstanden durch den Glauben an das Wirken Gottes, der ihn von den Toten auferweckt hat' (Kol 2,12; vgl. Röm 6,4). Die Taufe begründet also ein sakramentales Band der Einheit zwischen allen, die durch sie wiedergeboren sind. Dennoch ist die Taufe nur ein Anfang und Ausgangspunkt, da sie ihrem ganzen Wesen nach hinzielt auf die Erlangung der Fülle des Lebens in Christus. Daher ist die Taufe hingeordnet auf das vollständige Bekenntnis des Glaubens, auf die völlige Eingliederung in die Heilsveranstaltung, wie Christus sie gewollt hat, schließlich auf die vollständige Einfügung in die eucharistische Gemeinschaft" (UR 22).

Nimmt man die hier zitierten Beschreibungen der Taufe ernst, so kann kein Zweifel darüber bestehen, dass nach katholischer Lehre durch die Taufe die Getauften in Tod und Auferweckung Jesu Christi hineingetauft sind, mit Jesus Christus Gemeinschaft haben, ihm gleichgestaltet werden, Anteil haben an seinem Priestertum, von ihm her der Kirche Jesu Christi eingegliedert werden und untereinander durch ein sakramentales Band der Einheit verbunden sind, so dass jetzt schon eine in Christus selbst gegründete Einheit zwischen allen Getauften besteht, die auch durch Differenzen in anderen Bereichen und Fragen nicht aufgehoben ist. Diese in Christus selbst gründende und von ihm gegebene Einheit ist voll zur Geltung zu bringen bei der hier behandelten Fragestellung. Wo immer Christus selbst Gemeinschaft mit sich selbst und daher Anteil am göttlichen Leben gewährt, Gottesdienstgemeinschaft aber von Seiten der Kirche verweigert wird, bleibt auch die Frage, warum die gegebene Gemeinschaft der Getauften untereinander sich nicht in der Gemeinschaft des Brotbrechens fortsetzt. Wo Christus selbst Gemeinschaft gewährt, kann da eine Kirche Gemeinschaft den Kirchen oder kirchlichen Gemeinschaften verweigern, die ihrerseits den Gläubigen ihrer Kirchen Gemeinschaft mit Christus vermitteln? Wenn Christus das Haupt seines Leibes ist, dann ist jede Gemeinschaft mit Christus, die durch die Taufe gewährt wird, auch Gemeinschaft in und mit seinem Leib, die keine quantifizierenden Abstufungen erlaubt.

2. Eucharistie

Auch das Verständnis der Eucharistie selbst zwingt dazu, eingefahrene Vorstellungen über das Verhältnis von Eucharistie, Kirche und Gemeinschaft mit Jesus Christus neu zu bedenken. So ist es zwischen den Kirchen nicht strittig, dass die Feier der Eucharistie in Wort und Sakrament Quelle und Höhepunkt kirchlichen Lebens ist. Ferner ist nicht strittig, dass die Sakramente, im Glauben empfangen, das bewirken, was sie bezeichnen, nämlich Gemeinschaft mit Christus und daher Gemeinschaft untereinander. Weiter ist nicht strittig, dass Jesus Christus selbst Herr der Eucharistie ist, und er es ist, der an seinen Tisch lädt. Über das Verhältnis von der „Einheit der Gläubigen" (unitas fidelium) bzw. von der „Einheit des Volkes Gottes" (unitas populi dei) zur Eucharistie sagt die Dogmatische Konstitution über die Kirche folgendes: „Sooft das Kreuzesopfer … gefeiert wird, vollzieht sich das Werk unserer Erlösung. Zugleich wird durch das Sakrament des eucharistischen Brotes die Einheit der Gläubigen, die einen Leib in Christus bilden, dargestellt (repraesentatur) und verwirklicht (et efficitur; 1 Kor 10,17)" (LG 3). Oder an anderer Stelle: „Beim Brechen des eucharistischen Brotes gewinnen wir wirklichen Anteil am Leib des Herrn und werden zur Gemeinschaft mit ihm und untereinander erhoben. ‚Denn ein Brot, ein Leib sind wir, die vielen, die an dem einen Brote teilnehmen' (1 Kor 10,17). So werden wir alle zu Gliedern jenes Leibes (vgl. 1 Kor 12,27), ‚die Einzelnen aber untereinander Glieder' (Röm 12,5)" (LG 7). Und in LG Nr. 11 wird von der „Einheit des Volkes Gottes" (unitas populi dei) gesagt, sie werde durch dieses hocherhabene Sakrament sinnvoll bezeichnet (apte significatur) und wunderbar bewirkt (et mirabiliter efficitur). Eindrücklich wird in Nr. 13 die Einheit des Gottesvolkes beschworen und vom Geist Jesu Christi, dem Herrn und Lebensspender, gesagt, er sei für die ganze Kirche und die Gläubigen einzeln und insgesamt der Urgrund

„der Vereinigung und Einheit in der Lehre der Apostel und in der Gemeinschaft, im Brotbrechen und im Gebet" (vgl. Apg 2,42).

In dem Abschnitt der Kirchenkonstitution, der sich ausdrücklich mit den Christen aus anderen als der römisch-katholischen Kirche beschäftigt, wird gesagt, dass diese das Zeichen der Taufe empfangen, wodurch sie mit Christus verbunden werden; „ja, sie anerkennen und empfangen auch andere Sakramente in ihren eigenen Kirchen oder kirchlichen Gemeinschaften (imo et alia sacramenta in propriis Ecclesiis vel communitatibus ecclesiasticis agnoscunt et recipiunt)" (LG 15). Diese positive Qualifikation der Sakramente wird bei der Darstellung der reformatorischen Kirchen beibehalten, wenn im Ökumenismusdekret gesagt wird, dass sie bei der Gedächtnisfeier des Todes und der Auferstehung des Herrn im Heiligen Abendmahl bekennen, hier werde die lebendige Gemeinschaft mit Christus bezeichnet, und, so wird weiter gesagt, sie erwarten seine glorreiche Wiederkunft. Der Sache nach unterscheidet sich das nicht von dem zusammenfassenden Verkündigungsruf der Gemeinde im römisch-katholischen Gottesdienst im Anschluss an die Zitation des Einsetzungsberichtes: „Deinen Tod, o Herr, verkünden wir und Deine Auferstehung preisen wir, bis Du kommst in Herrlichkeit".

Erinnert man nun an die durch das sakramentale Band der Taufe schon jetzt bestehende Gemeinschaft der römisch-katholischen Kirche mit den anderen Kirchen, so kann man sagen, eine schon jetzt gefeierte Gemeinschaft im Abendmahl stellt in realer, wenn auch noch nicht in vollständiger Weise die „Einheit des Volkes Gottes" (unitas populi dei) dar. Darüber hinaus kann sie diese ebenso „wunderbar bewirken". Die Texte des Zweiten Vaticanums legen die theologischen Grundlagen einer eucharistischen Ekklesiologie dar. Diese können sowohl für die Erörterung der Frage von Abendmahlsgemeinschaft als auch für die Erörterung der Frage der eucharistischen Gastfreundschaft fruchtbar gemacht werden.

3. Ergebnis

Das Zweite Vatikanische Konzil hat durch die kirchliche Rezeption der biblischen, liturgischen und ökumenischen Bewegung sich geöffnet für Erneuerungen, an denen schon der Reformation gelegen war. Durch die Aufwertung des Wortes im Gottesdienst der römisch-katholischen Kirche, die ein wesentliches Anliegen reformatorischen Gottesdienstverständnisses aufgriff, entkrampfte sich das Verhältnis der Kirchen zueinander und ließ in den Kirchen der Reformation eine neue sakramentale Bewegung und Praxis entstehen. Beides ist von herausragender ökumenischer Bedeutung.

Von nicht minderer ökumenischer Bedeutung ist die seit dem Ende des Zweiten Vatikanischen Konzils auf allen Ebenen des kirchlichen Lebens gewachsene Gemeinschaft der Christen in den Kirchen untereinander wie auch die gewachsene Gemeinschaft der Kirchen selbst. Die zahlreichen offiziösen Lehrgespräche der Kirchen, die vielen Begegnungen von Christen aus den einzelnen Kirchen auf allen Ebenen des kirchlichen Lebens und die vielen ökumenischen Gottesdienste haben zu dieser gewachsenen neuen Communio der Kirchen beigetragen. Den vorläufigen Höhepunkt dieser gewachsenen Gemeinschaft zwischen den lutherischen Kirchen und der römisch-katholischen Kirche fcierten die Kirchen am 31. Oktober 1999, als sie in einem feierlichen Gottesdienst in Augsburg erstmals seit der Reformation in einem kirchenoffiziellen Akt die „Gemeinsame Erklärung zur Rechtfertigungslehre", die „Gemeinsame offizielle Feststellung" sowie den „Annex" unterzeichneten und in diesem Akt den „entscheidenden Schritt zur Überwindung der Kirchenspaltung" (GE 44) sahen. Diese gewachsene Gemeinschaft der Kirchen ist nicht ekklesiologisch neutral; sie ist eine theologisch qualifizierte Gemeinschaft, deren Dimensionen im künftigen Miteinander der Kirchen auszuloten und deren eucharistische Implikationen zur Geltung zu bringen sind.

Die „Gemeinsame Erklärung zur Rechtfertigungslehre", der Zuwachs an Gemeinschaft als „ekklesiologisches Faktum" und die Frage katholisch-evangelischer Abendmahlsgemeinschaft

Von Harding Meyer

Die „Gemeinsame Erklärung" schweigt zur Frage katholisch-lutherischer Abendmahlsgemeinschaft. Sie schweigt davon sogar dort, wo sie die auf der Grundlage des Rechtfertigungskonsenses zu erörternden Fragenbereiche benennt. Die „Gemeinsame Erklärung" versteht sich also nicht als eine Weiterführung in dieser Frage. Sie stellt das auch nicht in Aussicht, es sei denn indirekt durch den Verweis auf die Lehre vom kirchlichen Amt und die Lehre von den Sakramenten, die es auf der Grundlage des Rechtfertigungskonsenses im weiteren Dialog zu erörtern gilt (§43).

Es bleibt anscheinend trotz des erreichten und kirchlich rezipierten Rechtfertigungskonsenses beim gegenwärtigen Stand der Dinge: Lutherischer- wie überhaupt evangelischerseits wird die gelegentliche - also auf besondere Fälle begrenzte - Abendmahlsgemeinschaft zwischen katholischen und evangelischen Christen freigegeben; katholischerseits dagegen gelten die kirchenrechtlichen Bestimmungen, nach denen zwar ein evangelischer Christ in besonderen Notfällen und unter bestimmten Bedingungen in einer katholischen Eucharistiefeier kommunizieren darf, einem katholischen Christen jedoch der Empfang der eucharistischen Gaben in einem evangelischen Abendmahlsgottesdienst als einer nicht rechtmäßigen Eucharistiefeier[1] nicht gestattet ist und man dies allenfalls - wie die Würzburger Synode (1975) sagte - als persönliche Gewissensentscheidung duldet.[2]

---

[1] Das Zweite Vatikanische Konzil sagte im Sinne einer bis in die Alte Kirche (IGNATIUS VON ANTIOCHIEN) zurückreichenden Tradition: „Jede rechtmäßige Eucharistie (legitima eucharistia) steht unter der Leitung des Bischofs" (Lumen gentium 26). Die katholischen Teilnehmer nahmen das im katholisch/lutherischen Dialog über „Das Herrenmahl" wieder auf: „Entsprechend ist die Ordination zum Bischof bzw. zum Priester die unerlässliche Vorbedingung für den Vorsitz beim Herrenmahl; darum gibt es auch im Ausnahmefall keine Eucharistiefeier ohne einen ordinierten Priester" (Nr. 66; in: *Dokumente wachsender Übereinstimmung*, Bd. 1, hrsg. v. H. MEYER – H. J. URBAN – L. VISCHER, Paderborn-Frankfurt a.M. 1982, 291). Vom evangelischen Abendmahl gilt folglich - nach *Unitatis redintegratio* 22 -, dass es wegen des „defectus sacramenti ordinis" nicht „die ursprüngliche (genuina) und vollständige (integra) Wirklichkeit (substantia) des eucharistischen Mysteriums" bewahrt.

[2] Es heißt dort: „Es kann jedoch nicht ausgeschlossen werden, dass ein katholischer Christ - seinem persönlichen Gewissensspruch folgend - in seiner besonderen Lage Gründe zu erkennen glaubt, die ihm seine Teilnahme am evangelischen Abendmahl innerlich notwendig erscheinen lassen" (Gemeinsame Synode der Bistümer in der Bundesrepublik Deutschland. *Beschlüsse der Vollversammlung*. Offizielle Gesamtausgabe, Bd. I, Freiburg-Basel-Wien 1976, 216).

Dennoch reichen die Erwartungen und Forderungen, die sich mit der „Gemeinsamen Erklärung" verbinden, bei vielen ganz klar darüber hinaus. Dabei geht es nicht so sehr darum, ob die „Gemeinsame Erklärung" katholischen Christen jene persönliche Gewissensentscheidung erleichtert und - aus ihrer Sicht - gleichsam legitimiert. Das wird sie vermutlich tun. Die Frage ist vielmehr, ob die „Gemeinsame Erklärung" in ihrer „Bedeutung und Tragweite" sich auch auf das Problem katholisch-lutherischer Abendmahlsgemeinschaft erstreckt, so dass der erreichte Rechtfertigungskonsens für die katholische Kirche eine „tragfähige Grundlage" sein könnte, erneut das Problem der Abendmahlsgemeinschaft - vielleicht im weiteren Dialog - zu prüfen. Dass man evangelischerseits die katholische Kirche dazu ermutigen und sie darum bitten wird, ist klar. Worum würde es gehen?

1. Als *erstes* muss gesagt werden: *Die „Gemeinsame Erklärung" bedeutet noch nicht die Ermöglichung voller und uneingeschränkter katholisch-lutherischer Abendmahlsgemeinschaft.* Denn volle, keinen Beschränkungen unterworfene Abendmahlsgemeinschaft gibt es - nach katholischem und auch nach lutherischem Denken - erst dort, wo die Trennung der Kirchen überwunden und volle Kirchengemeinschaft hergestellt ist.

Eine solch volle Kirchengemeinschaft zwischen Katholiken und Lutheranern, zu der auch die Gemeinschaft im kirchlichen Amt mit hinzugehören würde, gibt es noch nicht, und sie wird auch durch die Annahme und Unterzeichnung der „Gemeinsamen Erklärung" nicht verwirklicht. Die „Gemeinsame Erklärung" lässt darüber keinen Zweifel, wenn sie ausdrücklich sagt, dass es noch „Fragen von unterschiedlichem Gewicht" gibt, „die weiterer Klärung bedürfen" (§43), und dabei die Lehre vom kirchlichen Amt und die Lehre von den Sakramenten ausdrücklich nennt, die beide unmittelbar mit dem Abendmahl und seiner Feier zu tun haben.

2. *Andererseits* gilt: *Die „Gemeinsame Erklärung" ist die Erfüllung einer schlechterdings notwendigen Grundvoraussetzung für die Abendmahlsgemeinschaft.* Nur wo Kirchen und Christen durch die Gemeinsamkeit im Glauben an Christus und an sein Evangelium verbunden sind, ist zwischen ihnen Gemeinschaft im Abendmahl sinnvoll und vertretbar. Das ist die *Grund*voraussetzung jeglicher Abendmahlsgemeinschaft, wenngleich sie noch nicht alle Voraussetzungen einer vollen Abendmahlsgemeinschaft erfüllt. Wo dieses gemeinsame Verständnis von Christus und seinem Evangelium fehlt, oder wo man gar sagt, dass hier unversöhnte Gegensätze bestehen, ist in jedem Falle eine gemeinsame Feier des Abendmahls nicht sinnvoll und vertretbar.

Indem die „Gemeinsame Erklärung" zeigt und bestätigt, dass die katholische Kirche und die lutherischen Kirchen im Verständnis des Evangeliums von Christus nicht mehr getrennt, sondern eins sind und dieses Evangelium gemeinsam bekennen und bezeugen, ist mit ihr die schlechterdings unverzichtbare *Grund*voraussetzung gegeben für jede Form von katholisch-lutherischer Abendmahlsgemeinschaft. Nur wer dem Gehalt und der Bedeutung der „Gemeinsamen Erklärung" zustimmt, kann darum ernsthaft von der

Möglichkeit einer Abendmahlsgemeinschaft zwischen evangelischen und katholischen Christen reden.

3. Aber die Bedeutung der „Gemeinsamen Erklärung" drängt darüber hinaus:

Ebensowenig wie der Rechtfertigungskonsens ohne seine „kerygmatische Gestalt" - *die gemeinsame Verkündigung der Rechtfertigungsbotschaft* - *bleiben kann, sollte ihm die „kommunitäre Gestalt" fehlen; vielmehr sollte dieser Konsens sich gerade dort widerspiegeln, wo par excellence die „Einheit der Gläubigen dargestellt" wird und es um „die Bezeugung der Einheit"[3] geht: in der Eucharistie.* Denn der im Rechtfertigungskonsens liegende *Zuwachs an Einheit oder Gemeinschaft* zwischen Katholiken und Lutheranern über die zuvor bereits bestehende „gewisse, wenn auch nicht vollkommene Gemeinschaft" hinaus[4], ist von zu großer Tiefe und zu großem Gewicht, als dass er *ekklesiologisch* unberücksichtigt bleiben kann. Dieser Zuwachs an Gemeinschaft, der im Verbund mit dem „Wachsen an Gemeinschaft"[5] gesehen werden muss, das sich auch in anderen theologischen Bereichen, vor allem im Verständnis von Abendmahl/Eucharistie vollzogen hat, der aber auch im Leben unserer Kirchen schlechthin unübersehbar ist, ist als *„ekklesiologisches Faktum"* zu verstehen und zu bewerten. Das heißt: Er ist kein zufälliges Faktum im Leben unserer Kirchen; er ist vielmehr ein Faktum von *ekklesialer und ekklesiologischer Relevanz*, das sich im Verständnis von Kirche und von daher in der Bestimmung der Beziehung unserer Kirchen widerspiegeln muss, auch und gerade in der Feier der Eucharistie. Denn die Feier der Eucharistie ist ja von eminent *ekklesiologischer* Bedeutung: Sie ist „Darstellung" und „Bezeugung" der Einheit oder Gemeinschaft der Kirche[6], und sie wäre darum in dieser ihrer ekklesiologischen Bedeutung erheblich geschmälert, ja unglaubwürdig, sollte sie gar nichts von jenem „ekklesiologischen Faktum" - dem „Wachsen der Gemeinschaft" - darstellen, bezeugen und widerspiegeln.

Zwar gilt auch weiterhin, dass eine volle und uneingeschränkte Abendmahlsgemeinschaft zwischen unseren Kirchen noch nicht vertretbar ist. Aber

---

[3] Im *Ökumenismusdekret* (UR 8) heißt es von der „Gemeinschaft im Gottesdienst" (communicatio in sacris), deren Mittelpunkt ja die Eucharistie ist, es gehe hier um zwei Dinge oder „Prinzipien", einmal um *die „Bezeugung der Einheit der Kirche"*, zum anderen um „die Teilnahme an den Mitteln der Gnade". In der *Kirchenkonstitution* (Nr. 3) heißt es ähnlich: „durch das Sakrament des eucharistischen Brotes (wird) die *Einheit der Gläubigen ... dargestellt* und verwirklicht."

[4] Was das Ökumenismusdekret (UR 3) über die „quaedam cum Ecclesia catholica communio", über die gemeinsame Taufe und über die „elementa et bona" in den anderen Kirchen sagt, gilt weiterhin; aber es ist vor nunmehr über drei Jahrzehnten, also *vor dem Beginn der Dialoge* gesagt und bedarf darum der Fortschreibung.

[5] „Kostbarste Frucht der Beziehungen der Christen untereinander und des von ihnen geführten theologischen Dialogs ist das *Wachsen der Gemeinschaft"*, so heißt es in der Enzyklika *Ut unum sint* JOHANNES PAULS II. (1995; Nr. 49).

[6] S.o. Anm. 3.

die Ermöglichung „eucharistischer Gastfreundschaft" in besonderen Fällen und bei besonderen Anlässen sollte doch eine gebotene und vertretbare Form sakramentaler Darstellung und Bezeugung jenes Zuwachses an Gemeinschaft zwischen unseren Kirchen sein.

Der internationale katholisch-lutherische Dialog hatte sich schon in seiner zweiten Phase mit der „Gegenseitigen Zulassung zum Herrenmahl" (1983) befasst. Sein Bericht konnte damals nicht die Zustimmung aller katholischen Kommissionsmitglieder gewinnen und blieb darum unveröffentlicht. Auch seine Überlegungen waren bestimmt von der Überzeugung, dass die Eucharistie „Bezeugung der Einheit der Kirche" ist und dass darum die *wachsende kirchliche Gemeinschaft* zwischen Lutheranern und Katholiken sich in einer entsprechenden *wachsenden eucharistischen Gemeinschaft* als ihrem Zeichen und Ausdruck widerspiegeln müsse. Diese Überlegungen finden nunmehr durch den erreichten und von den Kirchen rezipierten „Konsens in den Grundwahrheiten der Rechtfertigungslehre", wie die „Gemeinsame Erklärung" ihn ausspricht, eine entscheidende Verstärkung.

Das Mahl des Herrn im Neuen Testament

Von Rainer Stuhlmann

1. Das „Mahl des Herrn"[1] als Verkündigungshandlung

1.1 „Sichtbares Wort" - „sprechende Handlung"

Das Mahl des Herrn ist im Neuen Testament eine „Verkündigungshandlung"[2], vergleichbar den Zeichenhandlungen der Propheten Israels[3]. Auch Jesus hat sich vielfach solcher Zeichenhandlungen bedient. Seine Sündermahle sind „leibhaftes Ereigniswerden des Vergebungswortes Jesu"[4], seine Heilungen und Exorzismen sind sinnfälliges Geschehen der Proklamation der anbrechenden Gottesherrschaft. Einzug in Jerusalem auf dem Maultier und demonstrative Vertreibung der Händler aus dem Tempelhof sind weitere messianische Zeichenhandlungen. Und auch der Umstand, dass Jesus nur mit den zwölf Männern Pessach feiert, ist wie die besondere Berufung der Zwölf überhaupt, eine Zeichenhandlung für die von Jesus proklamierte Restitution des Zwölf-Stämme-Volkes, also der endzeitlichen Sammlung ganz Israels.

Immer wird die verbale Verkündigung durch eine Handlung verdeutlicht. Was die Worte hören lassen, vermittelt die Handlung den übrigen Sinnen. Die Handlung sagt nichts anderes als die Worte, aber sie sagt es anders: schmeckbar, riechbar, fühlbar, sichtbar. Sie tut, was sie sagt. Im Zuspruch empfangen die Menschen das Wort Gottes durch das eine Sinnesorgan Ohr, in der Verkündigungshandlung durch alle fünf Sinne.

Das hat spätere Theologie auf den Begriff *verbum visibile* (sichtbares Wort) gebracht. Diese Bezeichnung für das Mahl des Herrn (und die Taufe) ist schriftgemäß verwurzelt und darum biblisch eher angemessen als der zu vielen Missverständnissen Anlass gebende Begriff „Sakrament". Natürlich kann das gleiche Phänomen statt als „sichtbares Wort" mit umgekehrter Akzentuierung auch als „sprechende Handlung" bezeichnet werden.

1.2 Verkündigung durch Essen

Paulus kommentiert die ihm überkommene Tradition vom Mahl des Herrn mit dem Satz: „Sooft ihr von diesem Brot esst und aus dem Becher trinkt,

---

[1] So formuliere ich im Blick auf 1Kor 11,20. Dabei vermeide ich den in Analogie zu Ausdrücken wie „Herrenabend etc" missverständlichen Terminus „Herrenmahl" (vgl. M.BARTH, *Das Mahl des Herrn*. Gemeinschaft mit Israel, mit Christus und unter den Gästen, 1987,5).

[2] O. WEBER, *Grundlagen der Dogmatik II*, Neukirchen 1962, 656.

[3] Vgl. G.VON RAD, *Theologie des AT II*, 105.

[4] B. KLAPPERT, Art. *Herrenmahl*, in: ThBLNT I, [2]1997, 912-926; hier: 914.

verkündigt ihr den Tod des Herrn, bis dass er kommt" (1Kor 11,26). Damit bezeichnet Paulus das Mahl des Herrn als *eine Mahlzeit, die redet.*

Viele Ausleger weichen dem Problem dieser fremdartigen Formulierung dadurch aus, dass sie nur eine Verkündigung im Zusammenhang mit dem Mahl im Blick haben, z.b. in Predigt, Einsetzungsworten oder eucharistischen Gebeten. Aber anders als in unseren Mahlfeiern, bei denen den Essenden und Trinkenden nur verkündigt *wird,* sagt der Text eindeutig, dass die Essenden und Trinkenden *selber* eben mit ihrem Essen und Trinken verkündigen. M. Barth nennt dieses Phänomen eine „Simultaneität, ja Synonymität von zwei nur scheinbar grundverschiedenen menschlichen Verhaltensweisen"[5]. Auch Paulus versteht also das Mahl des Herrn als eine „Verkündigungshandlung".

Das wird plausibel durch die Analogie zum Pessachmahl[6]. Auch das ist eine Mahlzeit, die predigt. Nach der Vorspeise wird das ganze Mahl aufgetragen und vor aller Augen, Nasen und Mündern auf den Tisch gestellt. Jetzt werden im vorgeschriebenen Wechselspiel von Frage und Antwort zwischen Kindern und Hausvater anhand der vor ihnen liegenden Speisen (Bitterkräuter, Mazzen und Lamm) die großen Taten Gottes proklamiert, wobei das, was auf dem Tisch liegt und zum Verzehr bestimmt ist, jeweils Zeichen für das ist, was erzählt wird. Verkündigt wird in allem der Herr, der Gott Israels, der sein Volk in die Freiheit geführt hat.

Mit dem Satz „In dieser Nacht sind sie erlöst worden, und in dieser Nacht werden sie erlöst werden" (Mech.Ex. 12,42) ist der Rahmen abgesteckt, innerhalb dessen der Hausvater seiner Hausgemeinde angesichts der aufgetischten Speisen predigen kann. Die während der langen Mahlzeit geführten Tischgespräche sind dann so etwas wie eine Predigt in Gesprächsform, die durch die Dialogandacht vor der Mahlzeit angeregt wurde. Und indem gegessen wird, worüber gepredigt wurde (Mazzen, Bitterkräuter, Lammbraten), wird das Wort Fleisch, werden Hören und Reden ganzheitliche Akte und bleiben nicht nur noetische. „Schmecket und sehet, wie freundlich der Herr ist" (Ps 34,9).

1.3 Die Bedeutung des Tischsegens[7]

Mit dem Pessachmahl feiern Jüdinnen und Juden ihre von Gott geschenkte Freiheit. Das geschieht in der ihnen eigenen Weise. Leben und Glauben, Fest

---

[5] A.a.O., 99.

[6] Vgl. meinen Aufsatz *„Pessach des Herrn" und „Mahl des Herrn".* Ihr differenzierter Zusammenhang im Neuen Testament, in: Hören und Fragen in der Schule des NAMENS. FS B. KLAPPERT, hg.v. J. DENKER u.a., Neukirchen 1999, 74-88.

[7] Vgl. P. FIEBIG, *Der Sinn der Berakha,* in: MGKK 34 (1929), 201-203; BILL IV, 627-634; J. JEREMIAS, *Das ist mein Leib...,* 1972, 9f; B. KLAPPERT, a.a.O., 913; H. KLAUCK, *Herrenmahl und hellenistischer Kult,* 1982, 66f; D. FLUSSER, *Die Sakramente und das Judentum,* in: Jud. 39 (1983), 3-18, hier: 6f; J. J. PETUCHOWSKI, *Jüdische Gedanken zum Sakramentsbegriff,* ebd., 27-33; hier: 29f; O. HOFIUS, *Herrenmahl und Herrenmahlparadosis,* in: ZThK 85 (1988), 371-408; hier: 396f.; O. BETZ, *Jesu Tischsegen,* in: DERS., *Aufsätze I,* 1987, 202-231.

und Gottesdienst fallen in eins. Der Gottesdienst ist ein Festmahl. Und das Festmahl ist ein Gottesdienst.

Das gilt zunächst für alle Mahlzeiten. Der Tischsegen bringt das zum Ausdruck[8]. Das Segenswort (hebr.: *berakha*) proklamiert die Speisen als Gottes Eigentum und erbittet, dass die, die davon essen, darin den Segen Gottes empfangen.

Zwei Stellen aus dem Talmud formulieren prägnant dieses Verständnis des Segens: bBer 35 a.b: „Es ist dem Menschen verboten, von dieser Welt ohne Segensspruch zu genießen; wer von dieser Welt ohne Segensspruch genießt, begeht eine Veruntreuung. - Die Worte ‚Dem Herrn gehört die Erde und ihre Fülle' Ps 24,1 und ‚Die Erde gab er den Menschenkindern' Ps 115,16 sind kein Widerspruch; das eine gilt vor dem Segen, das andere nach dem Segen." - TosBer IV,1: „Nicht darf ein Mensch irgend etwas genießen, bis dass er den Segen gesprochen hat; denn es ist gesagt (Ps 24,1): ‚Dem Herrn gehört die Erde und ihre Fülle, der Erdkreis und die, die darauf wohnen.'" - „Wer genießt von dieser Welt ohne Segen, siehe, so veruntreut er Heiliges. Und er wird sich bald über alle Gebote hinwegsetzen."

Auch wenn die *berakha* im Christentum zum x-beliebigen Tischgebet degeneriert ist, im Judentum ist sie bis heute mehr als ein Dankgebet. „Gesegnet seiest du, Herr, unser Gott, König der Welt, der du..." ist der konstitutive Beginn einer solchen *berakha*, dem dann spezifische Sätze des „berichtenden Gotteslobes" folgen.

Erstaunlich ist, dass zunächst nicht die Lebensmittel, sondern Gott selbst gesegnet wird. Wenn Menschen Gott segnen, machen sie kund, was Gott für sie in diesen Lebensmitteln getan hat, tut und in Zukunft zu tun versprochen hat. Sie erkennen den Schöpfer und Eigentümer der Gaben als solchen an. Sie antworten mit ihrem Segnen dem empfangenen Segen Gottes. Der Segen Gottes findet in ihrem Segnen Resonanz. So kommt es zum „Kontaktschluss". Gemeinschaft mit Gott als Manifestation des Segens wird so konstituiert.

Mit dem Lobpreis des Schöpfers wird zugleich die Gemeinschaft der Geschöpfe untereinander konstituiert: Der Schöpfer dessen, was ich verzehre, ist zugleich mein Schöpfer. Wenn Menschen proklamieren, dass Gott Eigentümer und Geber sowohl der Lebensmittel ist als auch dessen, der sie genießt, dann impliziert das folgende beiden Bekenntnisse: Erstens: „Alles, was ich bin und habe, verdanke ich dem Schöpfer. Da ist nichts, was ich nicht empfangen habe." Zweitens: „Ich darf auf Kosten dieser anderen Geschöpfe, die ich verzehre, leben."

Es ist nicht bedeutungslos, dass die *berakha* „über" den Lebensmitteln gesprochen wird. Das unterscheidet sie von anderen Formen des Gotteslobes und verbindet sie mit anderen Arten der *berakha*. Gotteslob in Gestalt der *berakha*

---

[8] Ausführlicher habe ich den Sachverhalt erörtert in: *Trauung und Segnung*, in: PTh 84 (1995), 487-503; hier: 492-496; vgl. M. L. FRETTLÖH, *Theologie des Segens*, 1998, 390-392.

ist nicht nur ein mentales oder verbales Geschehen. Der Segen ist an die Lebensmittel gebunden; er wird in ihrem Verzehr empfangen. Im Verzehr jedweder Lebensmittel - nicht nur besonderer, etwa „geweihter" - gewinnen Menschen Anteil am Heiligen, am Eigentum Gottes.

Dass in den Lebensmitteln das Heilige, die Kraft des Schöpfers, steckt, ist vom Gebet der Menschen unabhängig. Das ist Wirkung des schöpferischen Wortes Gottes. Das Gebet der Menschen zielt aber darauf, dass die Kraft des Heiligen das Leben derer, die die Speisen verzehren, fördert und nicht etwa schädigt.

Beim jüdischen Segnungsritus geschieht also bis heute etwas grundsätzlich anderes als in Weihehandlungen anderer Religionen. Nicht verwandeln heilige Menschen durch heilige Riten Profanes in Heiliges. Genau umgekehrt: Etwas Heiliges wird zu alltäglichem Genuss freigegeben. Auch das nennt die Bibel „heiligen". Das Eigentum Gottes wird sozialisiert. Es wird Menschen zum Gebrauch überlassen. Die *berakha* ist - im Gegensatz zur Weihe - nicht ein Kultakt, sondern ein Rechtsakt. Zugespitzt formuliert: Mit ihr wird die Lizenz zum Genuss anderer Geschöpfe dankbar in Empfang genommen.

Die Segnung macht den Kontakt mit dem Heiligen im Alltag der Welt erträglich und lebensförderlich. Damit wird der Alltag „geheiligt". Im Genuss anderer Geschöpfe erfahren Menschen die Lebenskraft Gottes. Der Genuss ist vom Schöpfer und nicht vom Teufel. Leibsorge und Seelsorge werden eins.

Im Tischsegen findet die Solidargemeinschaft aller Geschöpfe ihren Ausdruck. In anderen Geschöpfen begegnen wir der Macht des Heiligen, der wir uns selber verdanken. Die alten und neuen Asketen denken zu kurz: Rigoroser Vegetarismus ist nicht radikal genug, denn der Verzicht auf Fleisch verschleiert nur, dass jede Nahrungsaufnahme Vernichtung anderer Geschöpfe ist. Dieser Übergriff auf andere Geschöpfe ist eine Tabuverletzung. Beim Essen gewinnt exemplarisch das Gesetz des Lebens sichtbare Gestalt: „Anderes muss sterben, damit ich leben kann."

Nur in der Vergewisserung der Gemeinschaft mit Gott können Menschen wagen, nach Gottes Eigentum zu greifen, ohne sich an ihm zu vergreifen. Nur in der Gewissheit der Verbundenheit mit dem Schöpfer dürfen sie die Solidargemeinschaft der Geschöpfe zu verletzen wagen. Wenn Menschen über den zum Verzehr bestimmten Geschöpfen Gott segnen, ist das Ausdruck ihrer Selbstbescheidung, ihrer Ehrfurcht vor dem Schöpfer und ihres Wissens um das Geheimnis des Lebens.

Segnung ist also eine Rechtssetzung, ein Akt göttlicher Ermächtigung des Menschen: Menschen, die kein Recht haben, auf Kosten anderer Geschöpfe zu leben, empfangen in der Segnung eben dieses Recht. Sie bekennen, dass es ein gewährtes, ein geschenktes Recht ist. Die Lizenz zum Genuss wird nicht erworben, sondern empfangen. Damit ist und bleibt die Freiheit zu genießen an den Schöpfer gebunden.

Ist das Recht zum Genuss der Mitwelt ein vom Schöpfer gewährtes Recht, dann ist eben dieser Genuss vor dem Schöpfer und den Mitgeschöpfen zu verantworten. Die Hege, Pflege und Bewahrung der Schöpfung wird zur Verpflichtung, die mit dem Genuss unlösbar verbunden ist. Wer ins Recht gesetzt ist, auf Kosten anderer zu leben, der ist einverstanden, dass andere Geschöpfe auf seine Kosten leben. So kann im Wechselspiel von Wachsen und Vernichten, von Leben und Sterben die Solidarität der Geschöpfe untereinander gefördert werden. Das ist die Perspektive, in der dann ethische Maßstäbe zu finden sind. Von dieser Perspektive her sind dann auch Verzicht und Askese theologisch begründbar.

Der Segensspruch sagt dem Schöpfer also nicht nur Dank, er vermittelt auch seinen Segen. Wer von den gesegneten Speisen isst, erhält Anteil am Segen des Schöpfers, an seiner Schöpferkraft. Das leibliche Wohl und das geistliche Heil sind untrennbar verknüpft. Leibsorge ist zugleich Seelsorge und umgekehrt.

Das ist für das Verständnis dessen, was Jesus bei seinem letzten Mahl tut, wichtig. Durch den Segensspruch über der Mahlzeit bekommen alle Anteil am Segen. Durch das Essen bekommen sie Anteil am Heil. Den Tischsegen hat Jesus bei allen Mahlzeiten gesprochen. Er ist für die Speisungsgeschichten ebenso wie für die Erscheinungsmahle belegt, meist mit Sätzen wie „nahm er das Brot, dankte und brach es" (Mk 6,41 par; 8,6 par; Lk 24,30; Joh 21,13). Das Wort „danken" (*eucharistein*) ist Gräzisierung des ebenfalls belegten *eulogein* und wird sachgemäß zu übersetzen sein mit „Er sprach das Segenswort". Die Formel will also nicht die übrigen Mahlzeiten Jesu vom Mahl des Herrn her deuten, etwa sakramentalisieren, sondern umgekehrt: Sie weist darauf hin, dass das letzte Mahl Jesu in einer Reihe vieler Mahlzeiten stand, die jüdischem Denken entsprechend durch Essen und Trinken Anteil geben am Segen des Schöpfers.

2. Die Ursprünge des Mahles des Herrn

2.1 Jesu Abschiedsmahl

Die Analogie des Mahles des Herrn zum Pessachmahl ist nicht nur eine formale. Zwischen beiden besteht auch ein differenzierter historischer und vor allem theologischer Zusammenhang.

Nicht nur Paulus, sondern auch alle übrigen Überlieferungen vom Mahl des Herrn sehen es in Jesu letztem Mahl verwurzelt. Nach Matthäus, Markus und Lukas war es ein Pessachmahl, innerhalb dessen Sederordnung Jesus die Deuteworte vor dem Essen des gebrochenen Brotes und vor dem Trinken aus dem gemeinsamen Becher spricht. Nach den gemeinsamen Zeugnissen der ersten drei Evangelien müssen wir uns den Ablauf etwa so vorstellen[9]:

Jesus nimmt den etwa Handteller großen Mazzen, spricht den Segen darüber: „Gepriesen seiest du Herr, unser Gott, König der Welt, der du das Brot aus der Erde wachsen lässt". Dann zerbricht er ihn in zwölf Stücke und gibt jedem der Mahlgenossen ein Stück von diesem so gesegneten Brot. Statt wie

---

[9] Vgl. zum Folgenden J. JEREMIAS, *Die Abendmahlsworte Jesu*, Göttingen [4]1967; B. KLAPPERT, a.a.O.

sonst mit seinen Jüngern das Brot zu brechen, also zu teilen, teilt er hier aus, ohne mitzuessen. Dazu sagt er: „Das - mein Leib". Da es im Semitischen bekanntlich kein Äquivalent für das estin / est gibt, um dessen Verständnis im Lauf der Theologiegeschichte so hart gestritten wurde, ist also nicht nur zu verstehen: „Das bin ich", sondern auch: „Das geschieht mit mir". Eine sprechende Handlung für Jesu Lebenshingabe. Er stirbt zugunsten der Zwölf, zugunsten ganz Israels. Indem die Zwölf dieses Brot essen, bekommen sie nicht nur Anteil am Segen des Herrn, der das Brot wachsen lässt - wie sonst immer, sondern auch Anteil am Heil, das der Tod Jesu bewirkt.

Nach dem Mahl nimmt Jesus einen Becher mit Rotwein, spricht den Segen darüber: „Gepriesen seiest du Herr, unser Gott, König der Welt, der du die Frucht des Weinstocks wachsen lässt..." und gibt aus dem einen gesegneten Becher allen zu trinken. Dazu sagt er: „Das - mein vergossenes Blut". Die Wendung „vergossenes Blut" ist stehende Metapher für „gewaltsamer Tod". Das Kelchwort als solches ist also Hinweis darauf, dass Jesus gewaltsam stirbt. Im Zuge der Zeichenhandlung aber wird auch hier der Tod Jesu als stellvertretende Lebenshingabe gedeutet für die, die aus dem gesegneten Kelch trinken. Da im Blut das Leben liegt, bekommen sie Anteil an dem Leben Jesu, das er in den Tod gibt.

Mit dem „für viele" wird das Stichwort aus Jes 53 aufgenommen. Hier wie da ist es nicht exklusiv (viele, aber nicht alle), sondern inklusiv gemeint (die vielen, nicht nur die zum Gottesvolk Gehörenden) und muss darum sachgemäß mit „für alle" übersetzt werden, wie es 1Tim 2,6 richtig tut. Damit wird im Becherwort ausgesprochen, was Mk 10,45 mit der Wendung „und gebe mein Leben als Lösegeld für die vielen" unter Aufnahme von Jes 43,3f formuliert.

Unter Anspielung auf Ex 24,8 und im Hinblick auf das dort geschilderte Bundesmahl (V.11) wird der Tod Jesu als Bekräftigung des Sinaibundes verstanden. Damals wurde das Volk mit dem sühnenden Bundesblut besprengt. Mose und die siebzig Ältesten durften daraufhin Gott schauen, ohne zu vergehen, und am Mahl teilnehmen. Mit der Mahlszene auf dem Sinai steht zugleich das Völkermahl vor Augen, das nach Jes 25,6-8 Israel mitsamt den Völkern am Tisch des Herrn bereitet wird. Jesu Tod bekräftigt damit den Sinaibund und öffnet ihn zugleich für die vielen, nämlich die Völkerwelt.

Die Verheißung von Jes 25,6-8 steht auch hinter Mk 14,25. Die Todesankündigung Jesu ist verbunden mit der brennenden Erwartung, dass durch Jesu Tod hindurch Gott seine Herrschaft aufrichte und zum großen messianischen Mahl lade, das Jes 25,6-8 verheißen ist. Indem Jesus seinen Jüngern den gesegneten Pessach-Wein zu trinken gibt, schenkt er ihnen Anteil an diesem zukünftigen Mahl.

Das Johannesevangelium kennt zwar keinen Bericht über die Einsetzung des Mahls des Herrn. Gleichwohl spielt die Pessachtradition auch hier eine große Rolle für die Deutung des Todes Jesu als Heil. Nach der von den Synoptikern abweichenden Chronologie stirbt Jesus hier zu der Zeit, als die Pessachlämmer in Massen im Tempel geschlachtet werden. Und mit Verweis auf

Ex 12,10.46; Num 9,12 wird berichtet, dass Jesus im Unterschied zu den Mitgekreuzigten nicht die Arme und Beine gebrochen wurden. Aus dem Schriftzitat wie aus dem Todestermin kann der Kundige schließen, dass Jesus das wahre Pessach-Lamm ist.

2.2 Erscheinungsmahle und Sündermahle

Das Abschiedsmahl Jesu ist nicht die einzige Wurzel für das Mahl des Herrn. Zur Feier des Mahles des Herrn wäre es in der Urgemeinde nicht gekommen, wenn der Gekreuzigte sich den Seinen nicht als der Lebendige erwiesen hätte und sie als Auferstandener an seinen Tisch geladen hätte.

Die beiden überlieferten Erscheinungsmahle, das Abendessen in Emmaus mit den Beiden (Lk 24,30) und das Frühstück am See Tiberias mit den Sieben (Joh 21,13), blicken wie die Feier des „Mahles des Herrn" der Gemeinde auf Jesu Tod und Auferstehung zurück. In der Mahlfeier präsentiert sich der lebendige Herr als Gastgeber, der so den Seinen Anteil gibt an seinem Leben. Hier wie da steht im Mittelpunkt die wunderbare Erkenntnis, dass der Gastgeber der Herr ist und die zu Tisch Sitzenden Gäste des Herrn.

Der Zusammenhang mit den sog. „Sündermahlen" liegt auf der Hand: Hier wie da handelt es sich um Sättigungsmahle, die mit dem Brotsegen Jesu und dem Brotbrechen eröffnet werden und eine der gewöhnlichen täglichen Mahlzeiten sind. Hier wie da lädt Jesus Sünder zum Mahl, Menschen, die den Bund Gottes gebrochen haben, um die Vergebung der Sünden und die Stiftung neuer Gemeinschaft, die er ihnen zuspricht, leibhaftig und mit allen Sinnen wahrnehmbar Ereignis werden zu lassen.

3. Das Mahl des Herrn in der urchristlichen Gemeinde

3.1 Die Vakanz der Gastgeberstelle und ihre Folgen

Die täglichen Mahlzeiten der Urgemeinde sind dennoch nicht einfach die Fortsetzung solcher Mahle[10]. Anders als bei den Sündermahlen, bei Jesu Abschiedsmahl und bei den Mahlzeiten mit dem Auferstandenen ist bei der Feier des Mahles des Herrn durch die Gemeinde *der Platz des Gastgebers unbesetzt*. Denn der den Tischsegen spricht, ist - anders als bei Sündermahlen und Erscheinungsmahlen - ein Gast und nicht der Gastgeber.

Das heißt nicht, dass der Gastgeber abwesend ist. Aber seine Präsenz hat eine andere Gestalt bekommen. Der Herr hat seine Gastgeberrolle delegiert. Ein Gast hat jetzt die Feier des Mahles des Herrn zu leiten. Das ist eine nicht zu unterschätzende neue Situation in zweifacher Hinsicht.

---

[10] Dieser wichtige Sachverhalt wird vielfach übersehen. Das führt zu einer unverantwortlichen kurzschlüssigen und oberflächlichen Argumentation. Zuletzt wieder besonders krass bei J. ZINK mit dem reißerischen Titel: *Zum Abendmahl sind alle eingeladen.* Warum ziehen die Kirchen Grenzen?, Stuttgart 1997.

3.1.1 Voraussetzungen für die Teilnahme am Mahl

Neu ist die Situation zum einen im Blick auf die Teilnahme. War bei den Mahlzeiten des irdischen Jesus wie des Auferstandenen unmissverständlich klar, wer hier wozu einlädt und worauf sich die einlassen, die der Einladung folgen, so bedarf es bei der Feier des Mahles des Herrn durch die Gemeinde einer besonderen Vermittlung. Das Mahl redet nicht unmittelbar von selbst - im Unterschied zu den Mahlfeiern, bei denen der auferstandene Jesus selber das Brot gebrochen hat.

Das also ist neu: für die Teilnahme an diesen Mahlfeiern gibt es eine Voraussetzung (wenn auch keine Bedingung): Die teilnehmen, müssen angemessen wahrnehmen können, worauf sie sich einlassen und wer sie wozu einlädt. Dass ein Mensch, „der von diesem Brot isst und aus diesem Kelch trinkt,...den Tod des Herrn verkündigt, bis dass er kommt", dass ihm die Sünden vergeben werden, dass er teilhat am „Neuen Bund" und an der „Gemeinschaft des Leibes Christi" - das alles versteht sich nicht von selbst. Das alles nehmen nur die wahr, die bereits auf dem Weg der Christusnachfolge mindestens erste Schritte getan haben.

Das Mahl des Herrn ist also unabdingbar bezogen auf die Verkündigung - in Predigt, Unterricht und Seelsorge und auf die Taufe als die andere leibhafte Form der Verkündigung. Ohne dass das im Neuen Testament so ausdrücklich formuliert ist, ist *faktisch die Taufe Voraussetzung für die Teilnahme am Mahl des Herrn.*

Der Wunsch getauft zu werden, ist die erste Reaktion auf die Verkündigung des Evangeliums (Apostelgeschichte 2,41; 8,36), während das Mahl des Herrn in der durch die Taufe konstituierten Gemeinde gefeiert wird (2,42). Während wir einmal am Anfang in den Leib Christi hineingetauft werden (1.Korinther 12,13), kommunizieren wir mit ihm lebenslang im Mahl (10,16-17). Die Taufe markiert Gottes unwiderrufliche Entscheidung, also den Anfang des Weges, auf dem Menschen Christus nachfolgen, und ist darum unwiederholbar. Das Mahl markiert Gottes kontinuierliche Zuwendung auf dem durch unsere Brechungen gekennzeichneten Weg unserer Nachfolge und ist darum so etwas wie eine Wegzehrung, deren wir immer neu bedürfen.

Von diesen biblischen Einsichten her haben die verschiedenen Kirchen Ordnungen geschaffen, mit der die Einladung zum Mahl des Herrn geregelt wird. Fragen müssen sich die Kirchen heute, ob diese damals selbstverständlichen Voraussetzungen nicht zu Zulassungsbedingungen pervertiert wurden, die gesetzlich gehandhabt werden und damit alles verderben. Die eigentliche Voraussetzung für die Teilnahme ist die den je eigenen Möglichkeiten entsprechende *Fähigkeit, angemessen wahrzunehmen und zu empfangen, was uns geschenkt wird*, wenn in diesem Mahl Jesus Christus sich selbst gibt[11].

---

[11] Das ist auch im Blick auf Menschen mit schweren Behinderungen bewusst und überlegt so formuliert.

Von diesem Grundgedanken her sind heute kirchliche Ordnungen für die Zulassung zum Mahl des Herrn kritisch zu prüfen.

3.1.2 Die Leitung der Mahlfeier

Neu ist die Situation zum anderen im Blick auf *die Leitung der Mahlfeier*. Dass es dafür eines besonderen Amtes bedurft hätte, lässt das Neue Testament an keiner Stelle erkennen - im Unterschied zu anderen Aufgaben, für die es schon in ältester Zeit Ämter gegeben hat (z.B. Apostel, Propheten. Lehrer, Heiler usw., 1.Kor 12,28 u.ö.). Ein Amt zur Leitung der Mahlfeier wie überhaupt des Gottesdienstes hat es in neutestamentlicher Zeit offensichtlich nicht gegeben. Vielleicht kommt schon darin ein Gespür dafür zum Ausdruck, dass die Leitung der Mahlfeier dadurch gefährdet ist, dass der Gast, der die Mahlfeier leitet, sich die Rolle des Gastgebers anmaßen könnte oder sein Leitungshandeln beim Mahl mindestens in diese Richtung hin missdeutet oder missverstanden werden kann.

Wenn Geber und Gabe des Mahles der Herr ist, dann haben die Gäste, die die Mahlfeier leiten, vor allem darauf zu achten, dass sie *dem Gastgeber den Platz freihalten*. Wenn sie stellvertretend handeln, ersetzen sie den Gastgeber nicht. Sie werden vielmehr seine Platzhalter. Sie haben auf eine für alle Gäste unmissverständliche Weise *dem Herrn und seinem Tun Raum zu geben*, damit alle Gäste unmittelbar, nämlich unbeeinträchtigt durch die, die die Mahlfeier leiten, mit dem Gastgeber, dem Herrn des Mahles, direkt „kommunizieren" können.

Verantwortliche und angemessene Leitung des Mahles ist darauf bedacht, dass mit der Leitungsfunktion *nicht die Rolle des Gastgebers usurpiert* wird und so in die Souveränität des Herrn des Mahles eingegriffen wird.

Wenn aber schon der Gastgeber bei seinen Mahlfeiern nach dem Grundsatz verfährt „*Wer zu mir kommt, den werde ich nicht hinausstoßen*" (Johannes 6,37), um wie viel mehr ist es dann den Gästen, die die Mahlfeier leiten, verboten, andere Gäste vom Mahl des Herrn auszuschließen!

3.2 Die Präsenz des Gastgebers

Die Realpräsenz des Herrn in seinem Mahl ist im Neuen Testament als „Personalpräsenz" gedacht: Der freie souveräne Herr gibt sich den Seinen in seinem Mahl. Wie im Segen der Schöpfer sich durch die „Lebens-Mittel" in seine Geschöpfe hineingibt, um sie mit seiner heilvollen Präsenz zu stärken, zu trösten und aufzurichten, damit sie wachsen können, so gibt sich der Herr in seinem Mahl in den „Lebens-Mitteln" Brot und Gewächs des Weinstocks. Überlegungen zu einer Wandlung der Nahrungsmittel („Elemente") liegen dem Neuen Testament fern. Wie aber tritt die Präsenz des Auferstandenen als Gastgebers in Erscheinung?

Bei der Beantwortung auch dieser Fragen ist der Umstand, dass Jesu letztes Mahl ein Pessachmahl war, hilfreich. Der Kyrios Jesus ist beim „Mahl des Herrn" so anwesend, wie Adonai, der Gott Israels, anwesend ist beim „Pessach des Herrn". Wie Israel beim Pessach seiner Erlösung aus der Sklaverei Ägyptens durch den Gott Israels *gedenkt*, so gedenkt die Christenheit ihrer Erlösung aufgrund des Todes und der Auferweckung Jesu. Wie Israel dabei seinen Gott, den Befreier, *verkündigt*, so verkündigt die christliche Gemeinde den Tod ihres Herrn Jesus samt seiner befreienden Wirkung. Wie Israel das Kommen seines Herrn und seines Messias zur Befreiung ganz Israels und die Aufrichtung der Gottesherrschaft *erwartet*, so erwartet die christliche Gemeinde das Kommen ihres Herrn und seiner universalen Herrschaft.

Das „Mahl des Herrn" ist wie das „Pessach des Herrn" ein Verkündigungsgeschehen in den drei Zeitformen: Vergangenheit, Gegenwart und Zukunft: Erzählen, Preisen, Erwarten. Der Herr bleibt hier wie da wirklich der Herr: unverfügbar und souverän. Aber als solcher verspricht er sich seinem Volk. Er ist der Bundesgott. Nahe ist er in seinem Verheißungswort: „Ich bin für dich da."

Das gemeinsame Essen dessen, was Zeichen für Gottes Heilshandeln in Vergangenheit, Gegenwart und Zukunft ist - beim Pessach: Mazzen, Kräuter, Lammfleisch, beim Mahl des Herrn: Brot und das Gewächs des Weinstocks -, ist hier wie da eine Zeichenhandlung, die die Aufnahme und Annahme von Gottes unverfügbarem Verheißungswort zu einem ganzheitlichen, alle Sinne umfassenden Geschehen macht. Also: Der Herr Jesus ist beim „Mahl des Herrn" so anwesend, wie der Herr, der Gott Israels, anwesend ist beim „Pessach des Herrn".

3.3 Die Unterschiede zum Pessach

Das setzt für die christliche Gemeinde tiefgreifende christologische Reflexionen voraus, die durch die Erscheinungen des Auferstandenen ausgelöst, aber an Jesu impliziten christologischen Worten und Taten, hier insbesondere an der Deutung seines Todes beim letzten Mahl, Anhalt haben. Dass für die christliche Gemeinde aus dem „Pessach des Herrn" das „Mahl des Herrn" wird, ist Frucht ihrer Christologie.

Darum kann sich die Feier des Mahles des Herrn auch von der Feier des Pessach des Herrn lösen - in zwei Aspekten auch äußerlich sichtbar: Das Mahl des Herrn feiert die Urgemeinde täglich, später wöchentlich am Tag des Herrn. Und an die Stelle von Mazzen, Kräutern und Lamm treten Brot und das Gewächs des Weinstocks, an die Jesus bei seinem letzten Mahl seine besondere Haggada zur Heilsbedeutung seines Todes geknüpft hat. Darüber hinaus legt es sich nahe, dass das jüdische Sabbatmahl die Feier des Mahls des Herrn in der nachösterlichen Gemeinde mitbestimmt hat: Es wird wöchentlich gefeiert. Bei ihm spielen Brot und Wein eine herausragende Rolle.

Selbstverständlich hat die erste Christenheit, zu der zunächst ja ausschließlich Jüdinnen und Juden gehörten, das Pessachfest (wie den Sabbat und die anderen Feste) weiter gefeiert[12]. Freilich wird die Feier von der Überzeugung her, dass Christus das „wahre Pessachlamm" (1.Kor 5,7; Joh 19,31) ist, christo-

---

[12] Ausführlicher in meinem in Anm. 6 zitierten Aufsatz, 81-86.

logisch modifiziert. Jedenfalls gibt es einige Hinweise im Neuen Testament auf eine solche „judenchristliche" Pessachfeier (1.Kor 5,6-8; Lk 22,15-20; Apg 12,3f; 20,6).

Aus alledem wird deutlich, dass sich Pessach des Herrn und Mahl des Herrn bei allen Gemeinsamkeiten auch gravierend voneinander unterscheiden. Die gerade aufgezählten äußeren Unterscheidungsmerkmale weisen auf Unterschiede auch in der Sache hin, die *sämtlich im Osterereignis begründet* sind. Anders als die Judenheit glaubt die Christenheit, dass mit der Auferweckung des Gekreuzigten die verheißene neue Schöpfung mitten in der alten *schon begonnen* hat.

Was die Judenheit für das Ende der Zeit erwartet, von dem glaubt die Christenheit, dass es mit der Auferweckung Jesu schon begonnen hat: die Versöhnung der ganzen Welt, die Entgrenzung des Heils für alle Völker, konkretisiert in der universalen Geisterfahrung. Aus der Erfahrung, dass der Gekreuzigte als einziger vorab aus den Toten auferweckt wurde, schließen sie, dass Gott ihn rehabilitiert und mit besonderer Würde ausgezeichnet, ja dass Gott sich mit ihm solidarisiert und sogar identifiziert hat. Darum bekennen sie ihn als Messias Israels und den Sohn Gottes. Von daher wird die auch in Israel geglaubte Selbsthingabe Gottes radikalisiert, indem die Passionsgeschichte Jesu als Gottes Passionsgeschichte verstanden wird.

Das alles wird - im Unterschied zum Pessachfest - im Mahl des Herrn dankbar gefeiert, das darum schon bald als „Eucharistie" („Dank") bezeichnet werden kann.

4. Verkündigung in den drei Zeitformen

Das Mahl des Herrn feiern, das ist ein *Tun zu seinem Gedächtnis*. Das meint im biblischen Sprachgebrauch mehr als nur ein mentales Geschehen, mehr als nur „sich seiner erinnern", „sich ihn ins Gedächtnis rufen". Gedenken meint in der Bibel ein Realität stiftendes Tun: etwas wird Wirklichkeit, Realität. Des Herrn gedenken, meint: der Herr wird wirksam, real präsent. Er ruft sich ins Gedächtnis. So wenig er sich als Souverän durch menschliches religiöses Tun dazu zwingen, manipulieren, magisch verfügbar machen lässt, so sehr bleibt er sich und seiner Verheißung treu, wenn Menschen im Vertrauen auf seine Verheißung ihn bitten zu kommen.

Wenn Menschen zum Mahl des Herrn einladen, dann geschieht das darum sachgemäß so, dass *Gäste andere Gäste einladen*, weil sie die Einladung des Gastgebers gehört haben, ihr folgen und sein versprochenes Kommen erwarten. *„Den Tod des Herrn verkündigen, bis dass er kommt"* - meint in anderer Formulierung das Gleiche. Es ist eine Verkündigung in den drei Zeitformen Vergangenheit Gegenwart und Zukunft - als Erzählen, Preisen und Erwarten. Dabei ist die Formulierung „Tod des Herrn" wie „das Wort vom Kreuz" eine Kurzformel, die Gottes Heilshandeln zugunsten der Welt in Jesu Tod und Auferstehung beschreibt.

Vor allem Paulus sieht die Auferweckung des Gekreuzigten in Analogie zum Exodusgeschehen, knüpft also auch hier an die Pessachtradition an.

(1) Wie der Herr im Exodus seines Volkes sich selbst als Gott erwiesen hat, nämlich in seinem Für-Sein sein Herr-Sein bekundet hat, so hat er in der Auferweckung Jesu aus den Toten sich selbst als der erwiesen, der dem Nichtseienden ruft, dass es sei (Röm 4,17).

(2) Wie sich Israel dem im Exodusgeschehen zum Ausdruck kommenden Erwählungshandeln Gottes verdankt, so die christliche Gemeinde dem Erwählungshandeln Gottes, das in der Auferweckung des Gekreuzigten sichtbar wird (Röm 8,28ff; 9,5ff).

(3) Wie Gott im Exodus Israel in die Freiheit geführt hat, so hat er die christliche Gemeinde durch Jesu Tod und Auferweckung für die Freiheit befreit (Gal 5,1).

(4) Wie Gottes Befreiungshandeln im Exodus Hoffnung auf universale Freiheit gestiftet hat, so die Auferweckung des Gekreuzigten Hoffnung auf die Befreiung der ganzen Schöpfung (Röm 8,17-25).

Gottes Gottsein, die Erwählung seines Volkes, dessen Freiheit und die Hoffnung auf universale Befreiung sind im Exodus- wie im Auferweckungsgeschehen begründet. Gedenkt Israel im Pessach des Herrn dessen Befreiungstat aus der Sklaverei in Ägypten und die Kirche aus Juden und Heiden im Mahl des Herrn dessen Auferweckung aus den Toten, dann ist der theologische Zusammenhang zwischen beiden unabweisbar.

4.1 Von Gottes Tun in der Vergangenheit erzählen

Erzählt wird von der Auferweckung des Gekreuzigten so, dass deutlich wird, wer Gott ist. Solches Erzählen führt zur Gotteserkenntnis. Der Gott, der Freiheit will und Freiheit schafft, wird (wieder)erkannt als der Gott, der Israel aus der Sklaverei Ägyptens befreit hat. Im Mahl des Herrn wird der Befreier aus allen Mächten, die Menschen versklaven, wird der universale Erlöser der Welt proklamiert. In diesem Zusammenhang ist auf den heute so umstrittenen *Begriff des Opfers* nicht zu verzichten[13]. Nicht die Vermeidung der Opferterminologie führt weiter, sondern ihre Klärung und Präzisierung.

Das Gottesbild, das Katechismen und Choräle im Anschluss an Anselm von Canterbury in unsere Köpfe und Herzen gepflanzt haben und das uns das Verständnis biblischer Texte verstellt, ist von der Heiligen Schrift her zu korrigieren. Der Gott der Bibel gleicht eben nicht einem beleidigten Corpsstudenten, der Satisfaktion fordert und dessen Zorn durch Blut gestillt werden muss.

Von Opfer ist im Zusammenhang mit dem Tod Jesu nur als Selbstopfer, als Selbsthingabe zu reden. Selbsthingabe ist die einzig angemessene Deutung, wenn davon die Rede ist, dass „Gott den Sohn, den Einziggeborenen, gab" (Joh

---

[13] Vgl. M. L. FRETTLÖH, *Braucht Gott Opfer?*, in: *Ich glaube an den Gott Israels*, hg. v. F. CRÜSEMANN u.a., Gütersloh 1998, 49-54; R. WETH (HG.), *Das Kreuz Jesu. Gewalt – Opfer – Sühne*, Neukirchen 2001.

3,16), denn Jesus wird im Joh nicht müde, die Einheit von Vater und Sohn zu proklamieren (3,35; 5,19-23.36f; 7,29; 10,30.38; 17,20-23).

So fern solche Rede von der Einheit von Vater und Sohn modernem Denken ist, das natürlich zwischen zwei individuellen Persönlichkeiten unterscheidet, so sehr entspricht es antikem Denken. Das ist auch die Verstehensvoraussetzung von Gen 22: Der Vater lebt im Sohn weiter, hat in ihm seine Zukunft. Darum ist die Hingabe des Sohnes nicht „eine Hingabe anstelle des Vaters", wie es modernes Denken nahe legt, sondern mehr als nur die Hingabe des Vaters, es ist die radikalisierte Selbsthingabe des Vaters. Nur darum kann die Bindung Isaaks zum Modell für die Deutung des Todes Jesu werden. Die Deutung des Todes Jesu als Liebe Gottes (Joh 3,16; Röm 8,32) ist ja nur dann plausibel, wenn er als radikale Selbsthingabe Gottes verstanden wird.

Also nicht Gott opfert einen Menschen, sondern *Gott opfert sich selbst*: - als Sohn, der so seine souveräne Freiheit als Liebe definiert, - als Vater, der mit seinem Sohn sich radikal selbst, nämlich auch seine Zukunft, opfert.

Damit wird dem Opfergedanken allgemeiner Religionsgeschichte ebenso widersprochen wie den Denkkategorien Anselms. Anders als die Götter der Völker, die Blut sehen wollen, denen Opfer gebracht werden müssen, handelt der Gott Israels, der Bundesgott, dessen Sein im radikalen Für-Sein besteht, selber im Opferkult. Im priesterlichen Handeln ist Gott Subjekt, ergreift Gott die Initiative, um so die Welt mit sich wieder ins Lot zu bringen. Im Rahmen dieser jüdischen Denkvoraussetzungen kann der Tod Jesu, wenn er als Opfer gedeutet wird, nur als Selbsthingabe, als *Ausdruck der radikalen Liebe Gottes* verstanden werden.

Es versteht sich von selbst, dass gerade die Deutung des Todes Jesu als Gottes Selbstopfer jedes menschliche Opfer überflüssig macht, ja strikt verbietet. Das gilt in gleicher Weise für kultisch-religiöse wie politisch-soziale Opfer. Nachdem Gott den Gekreuzigten von den Toten auferweckt hat, haben Menschen nicht mehr zu opfern, weder Gott noch Menschen und Mächten, weder sich selbst noch andere Menschen.

Bei aller Würdigung des Todes Jesu ist das Mahl des Herrn jedoch nicht auf den Tod Jesu fixiert. Verkündigt wird dieser Tod nur, weil er überwunden wurde, weil der, der in den Tod gegangen ist, auferstanden ist. Das Mahl des Herrn ist kein Totengedächtnis, sondern die *Feier des Lebens*. Leben und Freiheit sind die Gaben, die an diesem Tisch empfangen werden. Eine angemessene liturgische Gestaltung, dementsprechende Texte und Lieder können darum nur von der Freude bestimmt sein.

4.2 Gottes Tun in der Gegenwart preisen

Ist Gottes Selbsthingabe der Ausdruck seiner radikalen Liebe, dann wird diese Liebe in der Gegenwart als doppeltes Heil im Mahl des Herrn empfangen: als Sündenvergebung und als Stiftung neuer verlässlicher Gemeinschaft.

4.2.1 Sündenvergebung: bedingungs-, aber nicht folgenlos

Sündenvergebung wird zwar ausdrücklich nur in der Überlieferung des Mt zum Mahl des Herrn erwähnt, der Sache nach gehört sie aber wesentlich zu allen vier Überlieferungen. Sowohl die Erwähnung des Bundesmahles am Sinai in der Überlieferung des Mk und Mt wie der Zuspruch des in Jer 31 verheißenen Neuen Bundes in der Überlieferung des Lk und Paulus bringen zum Ausdruck, dass im Mahl des Herrn die Vergebung der Sünden empfangen wird.

Die Sündenvergebung ist bedingungslos, aber nicht folgenlos. Das erweist die Verwurzelung in den Sündermahlen des irdischen Jesus ebenso wie der Umstand, dass weder der Verräter noch der Verleugner von Jesu letztem Mahl ausgeschlossen wurden. Sowohl die Zwölfzahl, die auf das ganze restituierte Israel zielt, wie die Betonung „für alle" (inklusives „die vielen") unterstreichen die Universalität der Sündenvergebung.

Ausschluss vom Abendmahl gibt es darum im Neuen Testament nur als *Selbstentschluss zum befristeten Verzicht („eucharistisches Fasten")*. Paulus rät der Gemeinde in Korinth, dass jede und jeder sich selbst prüfe, ob die Teilnahme am Mahl des Herrn etwa „unangemessen" sei, weil er „den Leib nicht unterscheide" (1Kor 11,27-29), also meine, er könne den „Leib Christi" empfangen ohne Rücksicht auf die anderen, die zum „Leib Christi" gehören.

Damit geht Paulus auf aktuelle Missstände in der Gemeinde von Korinth ein, die wir aus dem Brief des Paulus erschließen können. Vorausgesetzt ist, dass die Feier des Mahles des Herrn mit einer Sättigungsmahlzeit verbunden ist, zu der alle, mindestens die Wohlhabenden, etwas mitbringen, das dann miteinander geteilt wird. Die Gäste am Tisch des Herrn haben auch „einander zu bewirten" (V.33), also Verantwortung dafür, dass alle satt werden.

In Korinth hatte das dazu geführt, dass die einen schlemmten und sich betranken, während die anderen hungerten (V.21). Statt das „Mahl des Herrn" (V.20) zu feiern, hielten einige ihr „privates Mahl" (V.21). Das aber führte zur Spaltung am Tisch des Herrn (V.18-19). Die Starken und Reichen schlossen die Schwachen und Armen faktisch aus.

Demgegenüber schärft der Apostel ein, dass die Gemeinschaft der Gäste unabdingbar zum Mahl des Herrn gehört. Beides nennt er „Leib Christi". Das Mahl des Herrn stiftet die Gemeinschaft mit dem Leib Christi. Und das heißt zugespitzt: die Gemeinschaft mit dem Gastgeber und zugleich die Gemeinschaft der Gäste untereinander, das eine nicht ohne das andere.

Faktisch gab es also in Korinth einen Ausschluss vom Mahl des Herrn. Nur wird er nicht empfohlen, sondern scharf kritisiert. Partei ergreift Paulus für die Ausgeschlossenen, die Hungernden, und kritisiert die, die vom Mahl des Herrn ausschließen, die schlemmten und sich betranken. Fazit: *Wer andere vom Mahl des Herrn ausschließt, der schließt sich faktisch selber aus.*

Nun werden auch die, die Spaltungen vollziehen, in dem sie andere ausgrenzen und damit faktisch vom Mahl des Herrn ausschließen, keineswegs mit Ausschluss vom Mahl bedroht. Sie werden vielmehr vor den Herrn des Mahles gestellt, d.h. ihnen wird eingeschärft, dass der Gastgeber, der ihnen seine Gemeinschaft gewährt und dadurch die Sünden vergibt, zugleich ihr Richter ist, vor dem sie Rechenschaft abzulegen haben.

Weil der himmlische Richter der einzige ist, dem ein definitives Urteil über Menschen zusteht, ist Menschen jedes definitive Urteil über Menschen verwehrt. Wohl ist Erziehung („Zucht") nötig, die gegenseitige Ermutigung wie Kritik bedeutet. Sie geschieht dann richtig, wenn sie dem Urteil Christi, des souveränen Herrn, Raum gibt. Die „Zucht" ist dann missbraucht, wenn sie dem Urteil Christi, des souveränen Herrn, vorgreift.

Wenn denn die, „die von diesem Brot essen und aus diesem Kelch trinken, den Tod des Herrn verkündigen, bis dass er kommt" (V.26), dann werden sie mit dem Empfang der durch seinen Tod erwirkten Vergebung der Sünden zugleich vor den Richterstuhl dessen gestellt, der kommt, und damit seinem Urteil unterstellt („..der isst und trinkt sich selber zum Gericht", V.29). So wenig es im Mahl des Herrn eine Gnade gibt, die zuvor durch religiöse oder moralische Leistungen verdient werden muss, so wenig gibt es hier unwirksame, folgenlose, „billige Gnade".

Erst lange Zeit nach der Entstehung des Neuen Testaments ist das Mahl des Herrn mit der Bußpraxis der Kirche verknüpft worden. Damit wurde aus der universalen Einladung des Herrn an seinen Tisch die eingeschränkte und reglementierte Zulassung der Kirche zum Tisch des Herrn. Und mit der Ordnung für eine geregelte Zulassung war dann natürlich auch die Möglichkeit sowohl der Verweigerung der Zulassung zum Mahl wie des Ausschlusses vom Mahl gegeben.

Im Neuen Testament aber ist die Buße nicht die Voraussetzung der Sündenvergebung, sondern ihre natürliche und fröhliche Folge. Die Gäste haben zum Mahl des Herrn nichts mitzubringen. Sie dürfen kommen, wie sie sind. Der Zuspruch der Vergebung verwandelt sie und ermöglicht ihnen die Umkehr.

4.2.2 Stiftung neuer Gemeinschaft

Der Befreiung als Vergebung der Sünden entspricht positiv die *Stiftung neuer verlässlicher Gemeinschaft*. Wie der Gott Israels den zerbrochenen Bund für sein Volk erneuert, so stiftet der Herr in seinem Mahl neue auf seiner Treue basierende Gemeinschaft mit sich und der Gäste untereinander. Darin kommt Gottes kreatives, allem menschlichem Tun zuvorkommendes Erwählungshandeln zum Zuge. So sammelt der Herr seine Kirche als seinen Leib.

Ohne Zweifel konstituiert im Neuen Testament die Mahlgemeinschaft die Kirchengemeinschaft - und nicht umgekehrt. Die in der Taufe unwiederholbar grundgelegte und im Mahl stets neu konstituierte Kirchengemeinschaft wird dann zur allen damit aufgetragenen Aufgabe. Ihr haben die Feiernden in ihrem Alltag zu entsprechen.

Die Christusgemeinschaft, die als Aufnahme in seinen Leib empfangen wurde, ist im konkreten Alltag zu realisieren. Mahlgemeinschaft ist Motor für die Ethik. Empfangene Liebe ist in Solidarität mit den Schwachen und Hilfsbedürftigen zu bewähren. Empfangene Vergebung und Versöhnung führt zur Vergebung und Versöhnung untereinander.

4.3 Gottes Tun für die Zukunft erwarten

Wie jede Pessachfeier seit Jahrhunderten bis heute mit dem sehnsuchtsvollen Ausruf endet „Nächstes Jahr in Jerusalem!", so schauen die zum Mahl des Herrn Versammelten aus nach dem Kommen des Herrn, dem neuen Jerusalem, dem neuen Himmel und der neuen Erde, und rufen: „Maranatha - unser Herr, komm!"

4.3.1 Vorgeschmack des Himmels auf Erden

Der Widerspruch zwischen der verheißenen Fülle des Lebens und der Erfahrung gegenwärtigen Mangels erzeugt Hunger und Durst, die durch dieses Mahl nicht gestillt, sondern im Gegenteil noch verstärkt werden. Wer das Mahl des Herrn feiert, wird in den Wartestand versetzt. Der wird nicht satt und zufrieden, sondern erwartungsvoll und ungeduldig. Noch stehen die großen Verheißungen Gottes aus. Ihre Bekräftigung im Mahl des Herrn führt zu brennender Erwartung ihrer Einlösung.

Darum ist es sinnvoll, dass es am Tisch des Herrn nur einen Bissen zu essen und nur einen Schluck zu trinken gibt. Nichts was satt macht, aber etwas, das auf den Geschmack bringt, den Vorgeschmack des Himmels, die Vorfreude himmlischen Jubels. Das Mahl des Herrn gleicht einer Bewirtung in einer Oase. Es gibt Kraft für die nächste Etappe auf dem Weg durch die Wüste dem Gelobten Land entgegen.

4.3.2 Dem Urteil des kommenden Richters Raum geben

Die gleiche Argumentationsstruktur wie im Blick auf die Selbstprüfung (1.Kor 11) findet sich auch in anderen Texten, in denen es um *Abgrenzung und Ausschluss anderer* geht, ohne dass ein Zusammenhang mit dem Mahl des Herrn erkennbar ist. Dabei folgt Paulus dem, was er grundsätzlich über das „Richten" schreibt: *„Der Herr ist's aber, der mich richtet. Darum richtet nicht vor der Zeit, bis der Herr kommt, der auch ans Licht bringen wird, was im Finstern verborgen ist, und wird das Trachten der Herzen offenbar machen. Dann wird einem jeden von Gott sein Lob zuteil werden"* (1.Korintherbrief 4, 4-5).

Das gilt selbst für das harte Urteil des Paulus über den Menschen, der mit einer Frau in unerlaubtem Verwandtschaftsverhältnis zusammenlebt (1.Kor 5). Nur wer diesen Text ohne den Zusammenhang mit den Sätzen in 4,4-5 liest, wird daraus das Recht folgern können, die Kirche habe das Recht, Menschen in eigener Verantwortung zu exkommunizieren.

Abgrenzungen und Trennungen sind von Anfang an innerhalb der christlichen Gemeinde unvermeidlich, Kritik ist nötig. Zu fragen aber bleibt, ob bei aller scharfen Kritik von Menschen an Menschen dem Urteil des kommenden Richters Jesus Christus vorgegriffen oder Raum gegeben wird. Innerbiblische Sachkritik, die sich an diesem Kriterium orientiert, ist in diesem Zusammenhang unumgänglich.

Mit dem Kriterium aus 1.Kor 4,4-5 sind auch die zahlreichen sog. *Ketzerpolemiken* im Neuen Testament (vgl. z.B. 2.Thessalonicherbrief 2, 1-12) kritisch zu lesen. Zu fragen bleibt auch hier bei jedem einzelnen Text, ob bei aller scharfen Kritik von Menschen an Menschen dem Urteil des kommenden Richters Jesus Christus vorgegriffen oder Raum gegeben wird.

Hier wird deutlich, dass solche Texte nicht nur den zeitweisen Ausschluss einzelner aus der Gemeinde im Blick haben, sondern Trennungen zwischen verschiedenen mehr oder weniger großen Gruppen. Die Anfänge der Konfessionsbildung liegen bereits im Neuen Testament. Dass mit solchen Trennungen auch getrennte Feiern des Mahles des Herrn verbunden waren, versteht sich von selbst. Das ist die bis heute dauernde Realität getrennter Kirchen.

Wenn Menschen mit ihren Abgrenzungen und Trennungen dem Urteil des kommenden Richters Raum geben, dann *sind sie sich des Risikos bewusst*, dass mit der Abgrenzung gegenüber anderen auch der Selbstausschluss von der Gemeinschaft mit dem Herrn der Kirche verbunden sein könnte. Wer Ketzer ist, wird sich erst am Ende herausstellen. Schon deshalb müssen Abgrenzungen und Trennungen innerhalb der christlichen Gemeinde *unter dem Vorbehalt der Vorläufigkeit* stehen. Von ihrem Wesen her drängen Trennungen auf Überwindung. Wenn Menschen sie gegenwärtig nicht überwinden können, leiden sie an solchen Trennungen mit Recht. Jedenfalls dürfen sie sich damit nicht einfach abfinden.

Von den vier Überlieferungen der sogenannten „Einsetzungsworte" im Neuen Testament gleicht keine der anderen. Daraus ist zu schließen, dass schon in sehr früher Zeit das Mahl des Herrn in unterschiedlichen Gemeinden unterschiedlich gefeiert wurde. Dass sich dabei in verschiedenen Gemeinden verschiedene Ordnungen herausbilden, ist offensichtlich kein Schade.

Nicht die Wiedergewinnung einer Einheitsliturgie für die Feier des Mahles ist darum die Aufgabe, sondern der *Respekt vor der Vielfalt der Liturgien* und die *Freiheit „eucharistischer Gastfreundschaft"*.

„Ein Brot ist es, darum sind wir viele ein Leib" (1 Kor 10,17)

Biblische und altkirchliche Dimensionen von koinonia und ihre ekklesiologische Relevanz für die gegenwärtige ökumenische Debatte

Von Johanna Rahner

Die Frage nach Eucharistie- und Kirchengemeinschaft wird im ökumenischen Gespräch der letzten Jahre auf dogmatische, ja auf Fragen des Kirchenrechts konzentriert. Dabei sollte man nicht aus den Augen verlieren, dass sich das Kirchenrecht als Disziplin versteht, die in den seltensten Fällen der theologischen Entwicklung die Fackel voranträgt, sondern ihr fast immer mehr oder minder deutlich folgt. Ebenso muss im Blick bleiben, dass dogmatische Lehrstücke, gerade wenn sie lehramtlichen Charakter haben, nichts anderes sein können und wollen, als Auslegung und Interpretation biblischer Aussagen. So erscheint legitim, auf jenes biblische Fundament selbst hin zurück zu fragen, „in der Hoffnung, daß man dort mehr zu hören bekommt, als man aus seiner geschichtlichen Tradition schon wußte oder zu wissen meinte. Es geht nicht darum, diese geschichtliche Herkunft, die Bindung an bestimmte kirchliche Tradition zu leugnen oder zu suspendieren, wohl aber darum, die für exklusiv und definitiv gehaltenen Horizonte zu überschreiten"[1].

Dabei ist es wohl zunächst Paulus, der als erster ein durchgehendes Konzept von Einheit der Kirche entwickelt[2] und zur Grundlage und Orientierung verschiedenster Denkmodelle wird. Er sei daher als Ausgangspunkt der folgenden Überlegungen gewählt.

1. Koinonia bei Paulus

1.1 Das neue Sein in Christus und seine heilschaffende Vergegenwärtigung[3]

Der im Kreuz Jesu sichtbar gewordene Neubeginn Gottes mit dem Menschen hat nach Paulus sehr konkreten Einfluss auf das Sein des Menschen. Es ist Veränderung, Neuschöpfung, ein neues Leben in Christus, durch Christus. Dieses neue Sein der Glaubenden beschreibt Paulus einerseits mit dem Gedanken der Rechtfertigung des Sünders, betont aber andererseits, dass die

---

[1] J. BLANK, *Eucharistie und Kirchengemeinschaft*, in: DERS., *Paulus: Von Jesus zum Christentum*. Aspekte der paulinischen Lehre und Praxis, München 1982, 148-168, hier: 149.

[2] Vgl. W.-D. HAUSCHILD, *Die theologische Begründung der Kircheneinheit im frühen Christentum*, in: *Kirchengemeinschaft – Anspruch und Wirklichkeit*, FS G. KRETSCHMAR, hrsg. v. W.-D. HAUSCHILD, Stuttgart 1986, 9-43; hier 14.

[3] Vgl. zum Folgenden bes. S. MIRBACH, *Ihr aber seid Leib Christi*. Zur Aktualität des Leib-Christi-Gedankens für eine heutige Pastoral, Regensburg 1998; H. VERWEYEN, *Gottes letztes Wort*. Grundriss der Fundamentaltheologie, Regensburg ⁴2002, 392ff.

Existenz der Glaubenden von Grund auf neu bestimmt ist. Sie ist verwandelt dadurch, dass die Glaubenden - so formuliert es Paulus - ‚Anteil haben an Christus', ‚seinen Geist besitzen', ‚Christus angehören', ‚in Christus' sind. In Christi Tod hat sich eine neue Daseinssphäre eröffnet, die nicht mehr die Sphäre der Sünde, des Verderbens ist, sondern die Sphäre des Heils, des Lebens. ‚Leib Christi' ist für Paulus die Kernmetapher für das neue Sein der Christen, der Glaubenden, der durch ihren Glauben von Gott Gerechtfertigten.

Die Rede vom Tod Jesu für unsere Sünden ist bei Paulus nicht einfach eine Fortschreibung des alttestamentlichen Sühnegedankens (so sehr er auf diesen immer bezogen bleibt), sondern er gewinnt eine viel weitere, tiefere Bedeutung: Wir alle sind in den Tod Christi hineingezogen (2 Kor 5,14). Dieser Tod umgibt uns wie ein Raum. Die Adam-Christus-Typologie von Röm 5 verstärkt das korporativ-persönliche Verständnis des Todesleibes Christi: Durch Adams Sünde ist der Tod in die Welt gekommen, doch weit größer ist die im Tod Christi offenbar gewordene Gnade Gottes. In Adam sind wir alle gestorben, um wie viel mehr - so sagt es Röm 5,15 und 17 - werden alle in Christus lebendig gemacht. Das durch Jesu Tod eröffnete Heil ist wahrhaft universal; es gilt allen Menschen ohne Ausnahme. So gelingt es Paulus, in einer ganz eigenen Sprach- und Bildwelt - sie kann als genuine Eigenschöpfung verstanden werden - das auszudrücken, was er andernorts (vgl. 1 Kor 15) mit der von ihm nicht allzu geliebten Begriffs- und Bildwelt der ‚Auferstehung' in Worte zu fassen versucht: Mit dem Tod Christi am Kreuz verliert der alles verschlingende Schrecken Tod - die Chaosmacht schlechthin - seine Herrschaft. Der Tod selbst ist verschlungen, indem der Todesleib Christi am Kreuz sich selbst den Tod ‚einverleibt' (vgl. 1 Kor 15,54f) [4]. Dieser ‚Leib Christi' liegt daher allem gegenwärtigen und allem künftigen Heil zugrunde.

Paulus kennt zwei Grundvollzüge, die diesen Lebens- und Heilsraum offen sichtbar machen, ihn bekennen, ihn feiern, ihn vergegenwärtigen sollen: die *Taufe* und das *Herrenmahl*.

In Aufnahme der uralten Bild- und Symbolkraft von Chaoswasser und neues Leben schaffendem Geist Gottes[5] zentriert sich die paulinische Tauftheologie genau um diese beiden Elemente: Taufe bedeutet für Paulus des im Tod Christi eröffneten Heils teilhaftig zu werden verbunden mit der Gabe des Geistes. Den Taufvorgang interpretiert Paulus daher auf besondere Weise: Nach Röm 6 ist Taufe für Paulus ein *Hinein*getauft-*hinein*gehalten werden in den das Heil eröffnenden Todesleib Christi, in jene durch seinen Tod eröffnete Heilssphäre[6]. Innerhalb der paulinischen Tauftexte wird sehr schnell deut-

---

[4] Vgl. H. VERWEYEN, *Warum Sakramente?* Regensburg 2001, 45f.

[5] Ebd.

[6] In Gal 3,27f kann Paulus so die Wirkung der Taufe auch als neues Einsein in Christus bezeichnen; ein Einsein, das alle geltenden theologischen, soziologischen und politisch-gesellschaftlichen Differenzen hinter sich lässt.

lich, dass dieser Heilsraum nicht erst durch die Taufe entsteht, sondern, dass er dem Taufvorgang selbst vorgeordnet ist. Da der Raum des Heils bereits durch Christi Tod eröffnet ist, existiert er vor jedem menschlich oder kirchlich vermittelnden Handeln. Der Heilsraum des Todesleibes Christi ist eine vorgegebene Größe, in die die zu Taufenden eingegliedert werden. 1 Kor 12,13 erläutert diese Eingliederung als ein geistliches Geschehen. Durch die Taufe werden die Getauften in die Schöpfermacht Gottes selbst, in die umfassende Bewegung des Heils hineingenommen, „das durch die Proexistenz und Theozentrik Jesu Christi bestimmt ist"[7]. Getauftsein als In-Christus-Sein heißt so werden wie der, in dessen Sein-für-andere die Glaubenden hineingefunden haben. Eben dies bezeugt und besiegelt der öffentlich vollzogene Akt der Taufe. Taufe bedeutet, sich öffentlich zu diesem sola gratia geschaffenen Heil zu bekennen, sich hinein fallen lassen in die im Tod Jesu sichtbar gewordene Liebe Gottes. Taufe ist die öffentliche Annahme dieser allen Menschen geschenkten Gnadengabe, die im Tod Jesu allen Menschen ermöglichte Umkehr[8].

Was nun im Leben der Christen in der Taufe einmalig geschieht, hat seine Entsprechung in dem sich wiederholenden Geschehen des Herrenmahls. Hier wird der Unterschied zwischen der grundlegenden christologisch-soteriologischen Dimension und der Dimension der Gemeinde noch deutlicher als in der Taufe. Das entscheidende Stichwort in der Abendmahlsüberlieferung 1 Kor 11,23-25 ist die Formulierung des ‚Leib *für euch*'. ‚Leib Christi' ist auch hier wesentlich die ‚Proexistenz' Christi: „Der am Kreuz hingerichtete Leib wird in Brot und Wein für die Gemeinde gegenwärtig. [...] Leib Christi bezeichnet [...] das Ereignis dieses Todes, den im Abendmahl gegenwärtigen Leib, genauer das im Abendmahl fruchtbar werdende Ereignis dieses Todes, oder den Bereich, in dem der Segen und die Herrschaft dieses Todes heute noch wirksam sind"[9].

Und darum ist auch das Stichwort ‚Gemeinschaft' – ‚koinonia' das Schlüsselwort der eucharistischen Texte des Paulus. Denn dadurch, dass Jesus Christus Anteil an seinem Heil schaffenden Leben und Sterben, seinem ‚Leib und Blut' gewährt, werden die Glaubenden in die engste Lebensgemeinschaft mit ihm hinein genommen. Diese aber ist gerade durch Jesu „radikale Proexistenz"[10], sein radikales Dasein-für andere bestimmt. Deswegen ist für Paulus die aus dem Herrenmahl erwachsende koinonia nicht einfach Teilhabe, sondern eben *gemeinsame* Teilhabe durch Teil*gabe*[11]. Die gemein-

---

[7] MIRBACH, 169.

[8] Dass das freilich keine billige Gnade ist, das zeigt Röm 6,3ff; hier folgt auf die Heilszusage als Geschenk die innere Verpflichtung aus diesem Geschenk.

[9] MIRBACH, 172.

[10] Ebd. 173.

[11] Vgl. T. SÖDING, *Ihr aber seid der Leib Christi'* (1 Kor 12,27). Exegetische Beobachtungen zu einem zentralen Motiv paulinischer Ekklesiologie, in: Cath 45 (1991) 135-162, hier: 148f.

same Teilhabe wird dort wirksam, wo sie aus den Teilhabenden Gemeinschaft werden lässt. Das Brot ist ‚Teilhabe am Leib Christi' und so gilt: ‚weil es ein Brot ist, sind wir viele ein Leib' (vgl. 1 Kor 10,16f). D.h. Paulus trennt hier bewußt zwischen dem christologischen Leib und dem ekklesiologischen ‚ein-Leib-Sein'. Gerade indem er beides unterscheidet, macht er noch einmal explizit deutlich, dass die Glaubenden den Christusleib niemals selbst konstituieren oder bilden können[12]. Christi Proexistenz, im Herrenmahl vergegenwärtigt[13], setzt eine eigene Dynamik in Kraft: Das für Paulus zentrale, stets gegenwärtig zu haltende Ereignis ist ‚der Tod des Herrn' (vgl. 1 Kor 11,26). In der Vergegenwärtigung dieses Todes öffnet sich der neue Heilsraum, der das neue Sein-in-Christus leibhaftig spürbar werden lässt, und für den bei Paulus das ‚Wort vom Kreuz' die angemessenste Kurzformel darstellt.

Das Sakrament des Herrenmahls wird freilich nur dort wirklich wahrgenommen, wo erkannt wird, dass darin die in den Tod und damit für uns alle zum Heil hingegebene Existenz Jesu in den Raum der Gemeinde hineinragt. Und zwar so, dass Anteilhaben an diesem ‚Leib Christi' bedeutet, sich hinein nehmen zu lassen in jenes Leib-sein-für-andere. Teilhabe am ‚Leib Christi' bedeutet nicht das Herrenmahl als Mittel des Heils für sich behalten, sondern es ist ein sich aufsprengen lassen auf andere hin. Das ist die entscheidende Wirkung der Feier des Herrenmahls für Paulus. Die Freiheit des Daseins-für-andere, wie sie Jesus Christus verkörpert, entzieht sich jedem Haben- und Besitzenwollen. Und diese Freiheit vergegenwärtigt der ‚Leib und das Blut Jesu Christi'. Aus der Wirkung dieser Freiheit konstituiert sich die Gemeinschaft der Feiernden. D. h., erst das gelungene im Miteinander menschliche Mahlhalten aus dem Bewusstsein des Seins-für-andere heraus ist Herrenmahl[14]. Dieses menschliche Miteinander ist aber kein von den Menschen selbst geschaffenes, sondern hier erschafft Christi erinnertes Dasein-für das neue Miteinander. Durch menschliches Tun ist das Der-eine-Leib-Christi-Sein niemals erreichbar. Ja, Paulus argumentiert noch schärfer: Angesichts der Zustände in der Gemeinde zu Korinth gibt der Sakramentsempfang als solcher dann keinen Anteil am Leib Christi, wenn nicht wirklich zugelassen wird, was er bewirken will: koinonia. Wo die Wirkung - Gemeinschaft als

---

[12] Vgl. H. MERKLEIN, *Entstehung und Gehalt des paulinischen Leib-Christi-Gedankens*, in: DERS., *Studien zu Jesus und Paulus*, Tübingen 1987, 319-344, hier: 332ff.

[13] Zum alttestamentlichen Hintergrund dieses Vergegenwärtigungsereignisses der liturgischen Feier vgl. J. RAHNER, *‚Er aber sprach vom Tempel seines Leibes'* (Joh 2,21). Jesus v. Nazaret als Ort der Offenbarung Gottes im vierten Evangelium, (BBB 117), Bodenheim 1998, 129ff.

[14] „Eucharistie ist letztlich der freudige Dank für die Befreiung von der irrigen Ansicht, zuerst zugreifen zu müssen, gerade wenn es um die ‚eiserne Ration' geht. Der in den Tod hineingebrochene Leib Christi fegt unwiderruflich das Brot vom Tisch, das wir nicht zu brechen bereit sind" (VERWEYEN, *Sakramente*, 74). Die Nähe des gesamten Gedankengangs zu D. BONHOEFFERS Ideal von Kirche soll nicht unerwähnt bleiben (vgl. dazu bes. D. BONHOEFFER, *Sanctorum Communio*. Eine dogmatische Untersuchung zur Soziologie der Kirche, Werke Bd. 1, München 1986).

Nachfolge des Leib-Seins-für - verweigert wird, ist es ein Essen und Trinken zum Gericht (vgl. 1 Kor 11,20.24.27.34)[15].

Genau darum ist die Feier des Herrenmahls memoria und eucharistia in einem: Vergegenwärtigende und dankbare Erinnerung der Gabe, die es uns ermöglicht, eine ‚neue Schöpfung in Christus' zu werden: Christi Tod verschlingenden Tod. Mit dem Dank dafür verbindet sich die Bitte, dass wir selbst in und durch die Vergegenwärtigung dieser Heilsgabe in diese neue Schöpfung umgewandelt werden. Das ist der Urgrund und Ursprung christlicher Gemeinde, christlicher koinonia überhaupt. Koinonia im paulinischen Sinne ist entweder Hineinnahme in Christi Hingabe, eine Hineinnahme, die das Heilsereignis am Kreuz transparent und erfahrbar für alle macht, oder sie ist keine Gemeinschaft in Christus.

1.2 Gemeinde als koinonia unter dem ‚Wort vom Kreuz'[16]

Mit seinen Ausführungen über das Herrenmahl im 1 Kor beschließt Paulus bekanntlich eine lange Reihe der Auseinandersetzungen mit seinen Gegnern und über die Probleme der Gemeinde[17]. In den Kapiteln 12-14 geht es dann um konkrete Anweisungen für das Leben der Gemeinde, die ‚in Christus ein Leib ist' (vgl. Röm 12,5). Das ist kein Zufall. Wie ein Richtung weisendes Portal stehen die Äußerungen zum christlichen Herrenmahlverständnis vor den Anweisungen für die Gemeinde. Zentrum der gesamten Ausführungen Pauli ist die sich im Tod hingebende Existenz Jesu Christi als ‚Leib für euch' (1 Kor 11,24). Sie bildet die Mitte der Existenz der Gemeinde als Gemeinschaft: Durch die Teilhabe an Leib und Blut des Herrn erhält die Gemeinde ihre entscheidende Struktur: den Aufbau aus einem Dasein-für-andere, einem Aufbau aus einer Liebe heraus, die allein dazu imstande ist, Verschiedenartigkeiten zu schützen, Charismen zu fördern und Vielfalt zu pflegen, ohne aus der Einheit herauszufallen.

Die Gemeinde in Korinth ist, so könnte man auf einen ersten, oberflächlichen Blick meinen, das voll entwickelte und fruchtbar gewordene Ideal der paulinischen Missionsbemühungen. Das wird bereits in der Danksagung am Briefbeginn sichtbar. Doch hier formuliert Paulus als Lob, was ihm zugleich

---

[15] Vgl. BLANK, 152ff. Im Gal ist das Verhältnis von christologischer Grundlegung, Bekenntnis und Gemeinschaft etwas komplexer. Sicher: Aufgrund des falschen Christuszeugnisses, des ‚anderen Evangeliums', wird hier die Gemeinschaft in Frage gestellt – „Durch das Christusbekenntnis werden Kirche und Nicht-Kirche geschieden" (HAUSCHILD, 16). Aber das Bemühen des Paulus um die Kollektensammlung zeigt an, von welcher Bedeutung ihm dieses ‚Zeichen der Einheit im Vollzug' sowohl als Folge wie als Beleg des gemeinsamen Bekenntnisses ist.

[16] Vgl. zum Folgenden bes. T. SÖDING, *Kreuzestheologie und Rechtfertigung*. Zur Verbindung von Christologie und Soteriologie im Ersten Korintherbrief und im Galaterbrief, in: DERS., *Das Wort vom Kreuz* – Studien zur paulinischen Theologie, Tübingen 1997, 153-183.

[17] D.h., das Verständnis von Erkenntnis und Weisheit, von Essen und Mahlhalten, von Geistbegabung und Freiheit, von Herrenmahl und Gemeinschaft (vgl. 1 Kor 8; 10 und 11).

als entscheidende Gefährdung der korinthischen Gemeinde bewusst wird: Er anerkennt die Fülle an Geistesgaben in Korinth, sieht aber zugleich die gemeinschaftsbedrohende Dynamik, die mit ihnen verbunden ist. Wo die Teilhabe in Taufe und Herrenmahl, aber auch die individuellen Geistesgaben der Abgehobenheit und Entrückung einzelner dienen und zur individualisierbaren Haben-Seite der persönlichen Erlösung degradiert werden, da droht das Heil selbst verloren zu gehen. Und so kritisiert Paulus alle Fehlentwicklungen von der innersten Mitte seiner Theologie, vom ,Wort vom Kreuz' her. Dieses zieht sich als cantus firmus durch den ganzen Brief. Die paulinische Kreuzestheologie erweist sich hier als das erkenntniskritische Prinzip schlechthin. Darum kann und will Paulus nichts anderes kennen als Jesus Christus und diesen als Gekreuzigten (vgl. 1 Kor 2,2).

Es beginnt mit der kritischen Bewertung der Parteiungen in der Gemeinde (Thema der Kapitel 1-4) in 1 Kor 1,18-31 aus dem Zentrum des Offenbarungsereignisses heraus: Im Gekreuzigten erscheint Gott als derjenige, der das, was vor den Menschen nichts gilt, erwählt, so dass sich niemand vor Gott rühmen und brüsten könnte (vgl. 1 Kor 1,22f). Das Kreuz ist die göttliche Umwertung aller Werte, weil der Gekreuzigte ein für alle Mal Gott als den bekundet, der gerade in der Tiefe des Abgrunds, im tödlichen Elend, Gott und Retter ist. Gottes Maßstab ist ein anderer als der, der bei den Korinthern zu gelten scheint. Jeder Gedanke von Erwählung wird unters Kreuz zurückgerufen. Angesichts der willentlich ohnmächtigen ,Macht' des Kreuzes gibt es nichts mehr, dessen sich ein Mensch vor Gott rühmen könnte. Und diese Umwertung hat Folgen. Die Kreuzestheologie ist der Beweggrund der paulinischen Kritik am Umgang miteinander beim Herrenmahl; sie bildet die Grundlage der Kritik jener Geistesgaben, die nicht mehr dem Aufbau der Gemeinde, sondern der persönlichen Vollkommenheit dienen wollen (1 Kor 14), und sie steht im Zentrum der paulinischen Infragestellung jenes (Miss-)Verständnisses christlicher Freiheit, die unter dem Schlagwort ,alles ist erlaubt' die Rücksicht auf die Schwachen vergisst (1 Kor 8). Dem vertikalen Überordnungsdenken der Korinther setzt Paulus die Horizontale des Kreuzes entgegen: ,Gewiß wir alle haben Erkenntnis. Doch die Erkenntnis macht aufgeblasen, die Liebe aber baut auf' (1 Kor 8,1). Erkenntnis, die dem Geist Gottes entspringt, dient nicht dem Egoismus des Wissenden, sondern sie ist eine Gabe, die der Gemeinde als innere Kraft des Aufbaus zukommt. Wahre Erkenntnis ist Erkanntsein durch Gott, Berufen- und Herausgerufen sein durch Gottes Geist zum Dienst an der Gemeinschaft.

Darum ordnet Paulus alle Einzelkritik um jene im Herrenmahl zentrierte Grundmahnung in 1 Kor 11. Weder jene, die sich der höheren Erkenntnis brüsten (vgl. 1 Kor 8), noch jene, die das Herrenmahl missbrauchen (vgl. 1 Kor 10/11), noch jene, die sich als die besseren Beter wähnen (vgl. 1 Kor 12/14), sind im Recht, wenn sie das ,mehr' und ,besser', das sie haben, nicht dazu bewegt, sich in jenes Dasein-für-andere hinein nehmen zu lassen. Zu diesem haben sie sich doch in der Taufe bekannt. Dieses wollen sie im Herrenmahl wirksam vergegenwärtigen. Daher gruppiert Paulus seine konkreten

Anweisungen zur Grundstruktur der Gemeinde um das ‚Hohelied der Liebe'
(1 Kor 13). Weder christliche Freiheit noch Geistesgaben sind Individual-
rechte, die von der Gemeinde getrennt oder gar in Abgrenzung von ihr wirksam werden. Alles ist auf den Aufbau der Gemeinschaft bezogen. Und Erkenntnis und Gaben haben sich an der Liebe zu orientieren. Sie verlieren dort
ihr Recht, wo sie sich gegen den Maßstab der Liebe durchsetzen wollen. Sie
haben sich an den Früchten messen zu lassen, die sie erbringen: nach innen
zur Gemeinde hin, und nach außen für die Unmündigen, die (noch) nicht
Glaubenden (vgl. 1 Kor 14,23f). Das Sich-hinein-nehmen-Lassen in die
Grundbewegung Christi auf andere hin durchbricht für Paulus sogar notwendig die Grenzen der Binnengemeinde. Die Nützlichkeit der Charismen zeigt
sich gerade in ihrer ‚Außenwirkung'. Christliche Gemeinde wird nach außen
hin glaubhaft und ihr Zeugnis ist dann glaubwürdig, wenn sie das, von dem
sie Zeugnis ablegt, auf eine Weise erfahrbar macht, die wirklich überzeugt;
d.h. zur eigenen Stellungnahme herausfordert. Auch das ist notwendige Folge
und Konsequenz des ‚Worts vom Kreuz' - denn das verkündet nach Paulus
bekanntlich Heil für alle Menschen, universal und ohne Grenzen.

1.3 Der eine Leib der Kirche und der Leib Christi[18]

Zunächst ist festzuhalten, dass nur 1 Kor 12,27 und Röm 12,5 den Begriff
‚Leib Christi' auch als Kennzeichnung von Kirche verwenden. Doch selbst
an diesen Stellen muß das ‚Sein-in-Christus' zunächst christologisch-soteriologisch und nicht einfach ekklesiologisch verstanden werden[19]. Freilich hat
dieser Leib, z. B. Röm 12,5 durchaus auch ekklesiologische Bedeutung: Die
Gemeinde ist *ein* Leib *in* Christus, d.h. eine gegliederte, aber stets aufeinander bezogene Vielheit, deren Einheit im todverschlingenden Tod Christi
gründet[20]. Der Organismus der Gemeinde selbst ist durch Christi Tod, die
Hingabe seines Leibes zustande gekommen. Das wird Röm 12 deutlich, wo
die Kirche selbst als geistliche Größe verstanden wird, die im Raum der
Heilstat Jesu, der Herrschaft des auferweckten Gekreuzigten ihr Leben gewinnt[21].

Das bedeutet aber nun, dass der ‚Leib Christi' gerade nicht dadurch zustande kommt, dass Glaubende sich zu einer Gemeinschaft zusammen finden,
um eine Körperschaft zu bilden. Diese Gemeinschaft ist *Folge*, nicht *Vorgabe*
des Leibes Christi[22]. Von hierher gewinnt die Leib-Metapher, wie sie in 1

---

[18] Vgl. dazu bes. T. SÖDING, *Leib*, 141ff; A. LINDEMANN, *Die Kirche als Leib*. Beobachtungen zur ‚demokratischen' Ekklesiologie bei Paulus, in: ZThK 92 (1995), 140-165.

[19] Vgl. MERKLEIN, 335f; LINDEMANN, 159f.

[20] Vgl. SÖDING, Leib, 152.

[21] Vgl. MIRBACH, 177.

[22] „Wo das Wort von Christus gehört wird, ist [das agressive Selbst-Sein-Wollen] des
menschlichen Subjekts überflüssig geworden. Die Verhältnislosigkeit […] ist ebenso beendet. Darin besteht also die Leiblichkeit der Kirche: sie ist genau dann und nur dann leib-

Kor 12 für die Gemeinde und die einzelnen Dienste, Ämter und Charismen in ihr verwendet wird, ihre eigentliche Deutung.

Im ersten Teil des 12. Kapitels betont Paulus die Vielfalt der Gnadengaben, die aber - so die Grundüberzeugung des Apostels - in dieser Vielfalt immer auf den einen Geist bezogen bleiben[23]. Die Sinnspitze des Gesagten ist diese: Der Geist verteilt verschiedene Gaben und äußert sich nicht nur in einer bestimmten Form. Sei es die Weisheitsrede, die Erkenntnisrede, die Unterscheidung der Geister, die Prophetie, Heilungsgaben, Wunderkräfte, Zungenrede und ihre Auslegung: Alles ist gewirkt von dem einen Geist[24]. Der Geist äußert sich in vielfältiger Weise, er ist nicht uniform. Darum ist die Gemeinde prinzipiell plural und solidarisch. Das illustriert Paulus im Folgenden mit Hilfe des Bildes vom Leib.

Paulus betont den notwendigen Beitrag jedes einzelnen Gliedes, damit der Leib überhaupt Leib sein kann. Das ist das Ziel der Ausführungen in 12,14-19: das Grundprinzip einer pluralen Gemeinde in der Vielfalt und Einheit ihrer Geistesgaben.

In gleicher Weise betont Paulus die Zugehörigkeit aller Glieder zum Leib gegenüber jenen, die sich selbst (aus eigener Geringschätzung) nicht zugehörig fühlen, aber auch jenen gegenüber, die anderen aufgrund eigenen Prestigedenkens die Zugehörigkeit absprechen[25]. „Das Gleichnis vom Leib und seinen Gliedern trifft bis zu diesem Punkt auf jede funktionierende Gemeinschaft zu. Erst im Schlußsatz spricht Paulus unter Anknüpfung an die vorangegangenen Verse das Besondere der Anwendung des Organismusgedankens auf die christliche Gemeinde an: ‚Ihr aber seid Leib Christi, und als einzelne Glieder' (1 Kor 12,27)"[26].

Auffallend daran ist nun, dass Paulus nur an dieser einzigen Stelle die christliche Gemeinde selbst als Leib Christi bezeichnet, eine weitere Anwendung auf die Gemeinde oder Kirche gibt es nicht! Und: Paulus identifiziert seine Gemeinde nicht einfach mit *dem* Leib Christi. So ist 1 Kor 12,27 eher als Zusage zu verstehen, da Paulus hier auch explizit in die direkte Anrede wechselt: *Ihr* seid Leib Christi. Das ist im Zusammenhang von 1 Kor 12 wohl so zu verstehen, dass der Organismusgedanke selbst bereits ein besonderes

---

lich, wenn sie ein Verhältnis zum Leib Christi hat. Oder anders gesagt: die Kirche existiert darin leiblich, daß sie im Raum des Christusleibes stattfindet" (ebd. 178).

[23] Zum dialektischen Verhältnis von Einheit und Vielfalt vgl. LINDEMANN, 147f

[24] Die Nachordnung der Zungenrede hat ihren Grund im Hauptkriterium aller Geistesgaben: Dem Kriterium des Nutzens und der Auferbauung: Alles ist erlaubt, aber nicht alles nutzt; alles ist erlaubt, aber nicht alles baut auf! – so hatte Paulus schon in 1 Kor 10 eingeschärft. An dieser Frage der Auferbauung der Gemeinde findet die christliche Freiheit ihre Grenze, und sie ist auch das Kriterium für die Bewertung der Geistesgaben.

[25] Der Kopf kann eben nicht zu den Füßen sagen, ich brauche euch nicht (vgl. 1 Kor 12,21f)! Alle Glieder bedürfen einander und sind zur gegenseitigen Fürsorge verpflichtet. Sie sind miteinander verbunden und zwar so, dass das Leid eines Gliedes die anderen leiden lässt, die Freude eines Gliedes auch die der anderen Glieder ist (vgl. 1 Kor 12,25f).

[26] MIRBACH, 182f.

Umgehen miteinander erfordert. Um wie viel mehr gilt das, wenn die Gemeinde nicht einfach Leib, sondern eben Leib *Christi* ist. „Die Gemeinde soll transparent auf diesen Christus sein, der sein Leben hingibt für die Menschen. Die ‚Zu-sage' ‚Ihr aber seid Leib Christi' ist *ein [als Zusage] formulierter Imperativ*"[27]. Es ist eine Aufforderung an die Gemeinde, das darzustellen und erfahrbar zu machen, was sie selbst in ihrem Innersten erfüllt. Dieses ekklesiologische Verständnis ist dem ihr selbst grundlegenden, christologisch-soteriologisch Vorgegebenen nur als Funktion zugeordnet. Die Gemeinde *ist* nicht einfach Leib Christi, sondern sie muss erst werden, was sie sein soll.

2. Biblische Konzeptionen von koinonia nach und neben Paulus

2.1 Der Kolosser- und der Epheserbrief

Die Rezeption paulinischer Theologie im nachpaulinischen Schrifttum zeichnet sich dadurch aus, dass viele Begriffe und theologische Grundmotive des Paulus nicht oder in veränderter Form vorkommen[28]. Kol und Eph vertreten einfach nicht paulinische Theologie und entfalten sie weiter, sondern sie übernehmen auch nicht-paulinische Vorstellungen und versuchen sie in ein, zwar Paulus imitierendes, aber nicht nur durch ihn bestimmtes theologisches Gedankengebäude einzuarbeiten.

Bezeichnend für diese veränderte Denkweise ist z. B. das Verständnis dessen, was man als die innere Mitte der Heilsverkündigung bekennt. Paulus verkündigt das Evangelium, das das Heilsereignis Gottes in Jesus Christus zum Inhalt hat, an die Welt; Kol und Eph verstehen das Ganze, d.h. Inhalt *und* Verkündigung, als das Geheimnis, die Mitte. Kol legt dabei Wert auf die weltumfassende Wirkung dieses Geheimnisses; Eph auf das Ergebnis: die eine Kirche aus Juden und Heiden. Während Paulus den Begriff ‚Leib Christi' mit drei verschiedenen Bedeutungen belegt: einer persönlichen, einer eucharistischen und, mit Einschränkung, einer ekklesiologischen, verwenden die Deuteropaulinen diesen Begriff ausschließlich ekklesiologisch[29].

---

[27] Ebd. 183f; und das ist gegenüber dem zuvor Gesagten durchaus eine neue Perspektive (gegen LINDEMANN, 153).

[28] Kernbegriffe wie Gerechtigkeit, Sünde, Rechtfertigung etc. kommen entweder gar nicht vor oder werden anders verstanden.

[29] So verwendet z. B. der Autor des Kol, wenn er den persönlichen Leib Jesu Christi meint, den Begriff des ‚Leibes seines Fleisches' (vgl. z. B. Kol 1,22). „Der Ausdruck ‚Leib Christi' ist im Kontext des Kolosserbriefes offenbar so eindeutig für die Ekklesiologie reserviert, daß selbst im Zusammenhang des Todes Jesu die Identifizierung seines Leibes mit der Kirche für möglich gehalten wird. Wenn das christologische Leib-Christi-Verständnis, das bei Paulus eine wichtige Vorgabe für die beiden anderen Begriffsinhalte ist, im Kolosserbrief durch die Ergänzung ‚Leib seines Fleisches' abgegrenzt werden muss, zeigt sich schon allein hierin eine deutliche Umwertung nicht nur der Begriffe selbst, sondern auch des Verhältnisses von Christologie und Ekklesiologie. Wenn eine Verwechslung der Größen ‚Christus' und ‚Kirche' bei der Rede vom ‚Leib Christi' im Bereich des Denkbaren

Von zentraler Bedeutung hierfür ist die Tatsache, dass die Bezeichnung der Kirche als ‚Leib Christi' ergänzt wird durch die Zuordnung Christi als ihr ‚Haupt' (vgl. Kol 1,18). Dieses theologische Denken geschieht wohl kaum in den Spuren des Paulus, denn außer der Übernahme des Bildes ‚Leib' findet sich keine Parallele. Es scheint eher so, als ob der Schreiber des Kol das Bild des kosmischen Christus, des Weltenleibs, der Christus als das Haupt und damit als lenkendes Prinzip hat, aus einer ganz anderen Tradition übernimmt und irgendwie paulinisch weiterinterpretiert. Diese Einpassung geschieht aber auf Kosten des ursprünglichen Leib-Christi-Begriffs. Nicht mehr die Christologie und die Soteriologie stehen im Mittelpunkt, sondern die Ekklesiologie. Der Kol verkürzt den Leib-Christi-Begriff auf die Ekklesiologie[30].

Während die Ausführungen des Kol in diesem Punkt aber eher fragmentarisch bleiben, liefert der Eph - in gleicher Weise nur formal in den Spuren des Paulus wandelnd - eine ausgeführte Ekklesiologie, die das Thema ‚Einheit' geradezu in ihren Mittelpunkt stellt. Aus Eph 2,11ff und 4,7ff darf man zu Recht annehmen, dass die Frage der Verhältnisbestimmung von Juden- und Heidenchristen bzw. die strukturelle Gestalt der Kirche der Anlass dieses konkreten Nachdenkens über ‚Einheit' sind. Der Einheitsgedanke des Eph ist an der bleibenden Leitfunktion Christi interessiert (vgl. Eph 4,15f): Christus sorgt für seine Kirche. Die Soteriologie ist hier (noch) keine Funktion der Ekklesiologie - dem schiebt gerade die Haupt-Metapher einen Riegel vor. Wenngleich die Kirche als himmlisches Anwesen und als Heilsraum verstanden wird, so ist sie dies nie als selbständige Größe oder gar in ihrer weltlich-institutionellen, soziologischen Erscheinungsform, sondern sie ist es als Wesen *in Christus*. Gerade die Aussagen von Christus als Haupt sollen die totale Abhängigkeit der Kirche von Christus deutlich werden lassen. Und nicht nur das. Kirche *ist* nicht einfach ihrem Wesen nach Heilsraum, sondern, sie *soll* erst den ganzen Heilsraum durchdringen. Sie soll erst ihres Wesens inne wer-

---

liegt, ist die unbedingte Vorordnung der Christologie, wie sie bei Paulus außer Zweifel steht, kaum mehr gewahrt" [MIRBACH, 189]. Hatte Paulus die Leib-Metapher in ermahnenden Abschnitten seiner Briefe verwendet - also als Aufforderung; als ‚Rede ins Gewissen' der Gemeinde -, so verwenden sie die Deuteropaulinen auch in lehrhaften Abschnitten: Die Gemeinde hat sich nicht mehr zu bemühen, so zu sein, sie ist es. Ein weiteres fällt auf: Nicht nur der Begriff ‚Leib Christi' hat einen Bedeutungswandel hinter sich, auch der Begriff ‚Kirche' (ekklesia) wird innerhalb der Deuteropaulinen nicht mehr für die einzelne Ortsgemeinde verwendet, wie dies noch bei Paulus der Fall war, sondern in Kol und Eph tritt die Universalkirche in den Mittelpunkt.

[30] „Auf der Basis des [allgemein menschlichen] Grundwissens, daß kein Leib ohne ein ihn lenkendes Haupt lebensfähig ist, wird hier zum Ausdruck gebracht: Der Welt [...] kommt keine Autonomie zu, denn als Leib wird sie eben von Christus als ihrem Haupt regiert. Anders akzentuiert heißt dies aber auch, daß die Welt und in ihr der Mensch nicht gewissermaßen ‚kopflos' sich selbst überlassen sind, sondern heilvoll existieren können, weil sie dieses Haupt haben. Der Verfasser des Kolosserbriefes interpretiert diese kosmologische Aussage des Hymnus nun durch den Zusatz (‚nämlich der Kirche') zu einer ekklesiologischen um: Als Leib, dessen Haupt Christus ist, gilt nicht mehr die Welt, sondern die universale Kirche" [ebd. 191]. Vgl. auch MERKLEIN, 323f.

den in Christus. Daher dominieren die Wortfelder ‚wachsen', ‚erfüllen',
‚bauen', ‚erkennen' etc. Die Kirche soll erst noch werden, was sie von ihrem
innersten Wesen eigentlich schon ist[31].

‚Einheit' im Eph wird daher noch ganz im paulinischen Sinn vom Christusereignis her bestimmt (vgl. 2,16ff). D.h. in dieser Vorstellung denkt Eph
(und Kol!) fast noch paulinisch: Das All ist auf Christus hin geschaffen, Frieden und Versöhnung schafft allein Christi Tod; allein Christus rettet den vom
Zerfall bedrohten Kosmos - das Heil ist also universal und kommt allein
durch Christus. Aber je deutlicher der Heilsgedanke im Einheitsgedanken
ekklesiologisch konturiert wird, desto autarker erscheint er seinem christologischen Grund gegenüber: „Weil das Fortwirken von Christi Erlösungswerk
in der Welt an die Kirche gebunden ist und sie damit soteriologische Bedeutung erhält, wird ihre Einheit (die in der Realität nicht besteht) zu einem theologischen Thema"[32].

Die paulinische Leib-Christi-Theologie hat demgegenüber noch deutlicher
die unbedingte Vorordnung Christi vor der Kirche bewahrt. Christus kann
dort kein Teil des Leibes der Kirche werden, sondern bleibt ihr voraus und
damit gegenüber[33]. Für die Verhältnisbestimmung von Christologie, Soteriologie und Ekklesiologie hat daher die Umdeutung, dass Christus das Haupt
des Leibes ist, der seine Kirche ist, gravierende Folgen. Ekklesiologie und
Soteriologie sind nicht mehr klar voneinander zu unterscheiden. Statt einer
funktionalen Zuordnung zum Heilsereignis, dem Kirche zu dienen hat,
kommt Heil nur noch innerhalb der Kirche zustande, die der Leib Christi ist.
Dort, wo Kirche ihr himmlisches Sein nicht mehr als Aufgabe sieht, in die sie
durch Christus berufen wurde, und die sie erfüllen soll, sondern wo sie sich
schon als Erfüllung, als vollständig und makellos missversteht, da droht die
Ekklesiologie in soteriologisch unangemessener Weise neben die Christologie zu treten. Da ist kirchliche Einheit nicht mehr Gabe und Aufgabe, sondern Habe der Kirche, an der sie nun selbst teilhaben lässt - oder eben nicht[34].

2.2 Die johanneische Tradition

Einen ganz anderen Weg als Kol und Eph im ‚Gefolge' der Theologie des
Paulus beschreitet die johanneische Traditionslinie. Auch in ihr ist der Ein-

---

[31] Vgl. MERKLEIN, 343.

[32] HAUSCHILD, 18.

[33] Vgl. MERKLEIN, 341f.

[34] Als Gesamturteil ist daher naheliegend: Der Ausgangspunkt der Deuteropaulinen „ist nicht
die paulinische *Lehre* vom Leib Christi, sondern nur die von Paulus gewählte *Metapher*,
deren begriffliche Entfaltung sie nicht erkannt haben. Sie gehen von der kosmischen
Christologie des Umfeldes ihrer Adressaten aus (‚Christus ist alles in allem'), die sie […]
korrigieren wollen, nutzen für diese Korrektur aber ausschließlich den dritten ekklesiologischen Aspekt des paulinischen Begriffs […], und zwar nicht bloß in einem funktionalen
Sinn [so Paulus], sondern [übertragen] in eine [Wesenaussage]. Der wesentliche christologische Aspekt, den dieser Begriff bei Paulus besitzt, geht dabei verloren" [S. MIRBACH,
Leib Christi, 201].

heitsgedanke zunächst konzeptionell eine Dimension der Christologie. Einheit der Kirche wird auch innerhalb des johanneischen Schrifttums „konsequent christologisch begründet"[35]. Strenger noch als Paulus verbindet die johanneische Theologie aber den Einheitsgedanken mit Verkündigung und Lehre. Durch die Gestalt des Geist-Parakleten bleibend an die christologische Mitte gebunden[36], besitzt diese Verkündigung selbst ein einheitsstiftendes Moment: Die Einheit der Kirche ist „jeweils aktuelles, aus der Annahme der Verkündigung resultierendes Geschehen"[37]. Freilich verschafft sich gerade darin die christologische Mitte ihre einheitsstiftende Dynamik[38]. Erst dadurch kann sich die Verkündigung, das Kerygma des Evangeliums, als Medium der authentischen Weitergabe des Offenbarungsereignisses und als Garant der Einheit, dem Bleiben in der Wahrheit, ja als Zeugnis, das in die Wahrheit einführt, verstehen[39]. Die durch Jesus gestiftete und durch den Geist-Parakleten garantierte Einheit der Jünger wird so zum Zeichen der Wahrheit für die Welt. Damit wird Einheit zum Wahrheitskriterium[40]. In analoger Weise zur paulinischen Gedankenlinie betont auch das johanneische Schrifttum den christologischen Vorrang gegenüber jeglichem ekklesiologischen Einheitsgedanken: Christus selbst zieht die Gemeinschaft der JüngerInnen in seine Gemeinschaft mit dem Vater hinein. Die Einheit ist Folge der Einheit von Vater und Sohn. Jene Einheit, deren Offenbarung am Kreuz als vollendete sichtbar wird (vgl. Joh 19,30)[41], wird zugleich zur inneren Verpflichtung der JüngerInnengemeinschaft (vgl. Joh 17). Hier verbindet die christologische Mitte des Einheitsgedankens Einheit und Zeugnisgabe unmittelbar miteinander. Die Zeugnisgabe als Transparenz auf Christi Hingabe wird johanneisch weit weniger am konkreten Verhalten orientiert, als dies noch bei Paulus der Fall war. Das johanneische Schrifttum konzentriert die Zeugnisgabe als Medium der Einheit auf das christologische Bekenntnis, aber auch hier ist „Einheit […] nichts Selbstverständliches, aber ein unaufhebbares Anliegen, das aus der Kraft des Todes Jesu nicht unerreichbar erscheint und darum seinen Bekennern ständig im Gebet und menschlichen Bemühen aufgegeben ist"[42].

---

[35] HAUSCHILD, 19.
[36] Vgl. dazu J. RAHNER, *Vergegenwärtigende Erinnerung*. Die Abschiedsreden, der Geist-Paraklet und die Retrospektive des Johannesevangeliums, in: ZNW 91 (2000), 72-90, hier: 76ff.
[37] HAUSCHILD, 20.
[38] Vgl. RAHNER, *Erinnerung*, 88ff.
[39] Zum Zeugnisbegriff und zum Verhältnis Geist-Paraklet - Evangelium vgl. ebd. 89f.
[40] Vgl. HAUSCHILD, 21.
[41] Vgl. RAHNER, *Tempel*, 110ff.
[42] R. SCHNACKENBURG, *Die Einheit der Kirche unter dem Koinoniagedanken*, in: *Einheit der Kirche*, hrsg, v. F. HAHN u.a., (QD 84), Freiburg u.a. 1979, 52-93, hier: 90.

3. Die nachapostolische Zeit

Ein Blick in die Wirkungsgeschichte der neutestamentlichen Einheitskonzeptionen in der nachapostolischen Zeit ist mit der Tatsache zu konfrontieren, dass die Frage nach der Einheit der Kirche, obgleich sie in sehr unterschiedlicher Weise vorgebracht wird, in der Alten Kirche immer Thema ist. Wenngleich nicht überall eine theologische Begründung der Einheit gesucht und versucht wird, ist die altkirchliche Literatur in weiten Teilen von diesem Ringen um Einheit bestimmt. Wird sie auf der einen Seite auf vielfältige Weise und mit deutlichen Anleihen an den biblischen Vorbildern begründet, so wird sie auf der anderen Seite schlicht vorausgesetzt und so ihr Erhalt als *die* Aufgabe der Kirche schlechthin verstanden. Die Einheitsmodelle und Einheitsgedanken sind so vielfältig, dass hier nur die Grundlinien aufzeigbar sind.

Bereits für *Ignatius von Antiochien* ist Kircheneinheit das beherrschende Thema seiner Briefe, ja ist das Strukturelement seiner ganzen Theologie[43]. Er steht dabei in der Wirkungsgeschichte sowohl paulinischen als auch johanneischen Gedankenguts. Widersprechen zum einen Spaltungen „sowohl Gottes Wesen, welches als Einheit definiert ist, als auch der Bestimmung des Menschen, welcher [...] zur Einigung mit Gott bereitet ist (Phld 8,1)"[44], ist zum anderen der Kampf um die Einheit von der christologischen Mitte des Glaubens her zu begründen. Die Verbindung Christi mit dem Vater ist das Vorbild aller Kircheneinheit (IgnEph 5,1; IgnMg 7,1)[45]. Diese ist aber nun keine vorgegebene, sondern eine anzustrebende. Das Ideal ‚Einheit' steht der Verwirklichung nach noch aus, es ist ‚Postulat' - Kircheneinheit ist für Ignatius eine „ständig zu bewährende[...] Praxis der ‚Einigung'"[46]. Das bedeutet, dass die Einheit Gottes nicht einfach Vorgabe für die Einheit der Gemeinden ist, sondern sie fordert. Darum erhalten für Ignatius gerade die sichtbaren Vollzüge und Konkretionen dieser Einheit eine besondere Bedeutung: Übereinstimmung des christlichen Bekenntnisses, eucharistische Gemeinschaft und die Einheit der Gemeinde mit dem Bischof. Dieser ist insofern ‚Garant der Einheit', weil er auch und gerade im Vorstehen der Eucharistie die Einheit der Gemeinde in ihrem Christusbezug verdeutlicht (vgl. IgnEph 3,2)[47]. „Bemühet euch, nur eine Eucharistie zu feiern; denn es ist nur ein Fleisch unseres Herrn Jesus Christus und nur ein Kelch zur Einigung mit seinem Blute, nur ein Altar, wie nur ein Bischof ist in Verbindung mit dem Presbyterium und (den) Diakonen" (IgnPhld 4). Hier wird deutlich, dass Kirche bei Ignatius gerade

---

[43] Vgl. HAUSCHILD, 26.

[44] Ebd. 29.

[45] Dabei präferiert Ignatius den johanneischen Gedanken der Einheit von Vater und Sohn gegenüber dem paulinischen Leib-Christi-Gedanken (vgl. ebd. 29).

[46] Ebd. 32.

[47] Vgl. ebd. 33. Nicht näher eingegangen werden kann hier auf die breite Wirkungsgeschichte dieser ‚äußeren' Zeichen der Kircheneinheit vgl. dazu aber bes. W. ELERT, *Abendmahl und Kirchengemeinschaft in der alten Kirche hauptsächlich des Ostens*, Berlin 1954.

dann Kirche ist, wenn sie Eucharistie feiert, wenn „die Einheit des Glaubens und der Liebe zur realen Anwesenheit der Erlöserexistenz Christi in seinem Fleisch und Blut, im Essen seines Fleisches und im Trinken seines Blutes sich verdichtet"[48]. Die eucharistische Zentrierung des Einheitsgedankens ist von zentraler Bedeutung, weil sich hier die christologische Mitte als Wesens- und Konstitutionsprinzip der Kirche und ihrer Einheit zum Ausdruck bringt[49]. Darin begründet sich zugleich die Betonung der Zentrierung der Gemeinde und ihrer Feier des Herrenmahls um die Person des Bischofs (vgl. IgnPhld 4; IgnSm 8,1-2). Dieser soll Gestalt und Zeichen dieser christologischen Rück-bindung sein. Die Herrenmahlfeier mit dem Bischof ist das Zeichen, das die im Christusereignis gestiftete Einheit verwirklicht. Der Bischof ist freilich auch Ausdrucksgestalt der Einheit und Reinheit des christologischen Be-kenntnisses bzw. seines apostolischen Ursprungs. So kann man zu Recht auch behaupten: Die Einheit der Kirche stellt sich bei Ignatius „in der Über-einstimmung in der Lehre dar, und zwar deswegen, weil diese Einheit ihren letzten Bezugspunkt in Gott hat, welcher die Wahrheit ist"[50].

Eine andere Gedankenlinie findet sich im *1. Clemensbrief*. Hier ist die Einheit der Kirche als Gabe „schlechthin vorausgesetzt"[51]: „Warum gibt es Streitigkeiten und Verbitterung, Uneinigkeiten und Spaltungen, ja Krieg bei euch? Haben wir nicht einen Gott und einen Christus und einen Geist der Gnade, der auf uns ausgegossen ist, und eine Berufung in Christus?" (1. Clem 46,5f). Der Bezug zu Gott und Christus konstituiert die Einheit der Kir-che und darum ist jegliches menschliche Bemühen nur Folge dieser bereits geschenkten Einheit. Sie ist nicht „Produkt menschlicher Bemühung, sondern eine nachträgliche Realisierung der von Gott in Christus gesetzten Heilstatsa-che und Bestimmung"[52]. Damit verschiebt sich der Akzent von einer theolo-gischen Begründung oder christologischen Zentrierung - und damit letztlich von der Idee einer die ‚Einheit' sakramental vergegenwärtigenden Wirkung des Herrenmahls - auf die Ebene der Paränese und die Frage der praktischen Verwirklichung: „Kircheneinheit wird [...] zu einem Thema der Ethik"[53]. Einheit gilt es zunächst in Glaube und Bekenntnis wie in der strukturellen Eintracht zu bewähren (vgl. 1 Clem 38ff), anstatt sie zu feiern[54].

Folgt man diesen bei Ignatius und im 1. Clemensbrief offengelegten Spu-ren, so wird deutlich, dass sich innerhalb der gesamten altkirchlichen Litera-tur die Frage der Kircheneinheit bleibend in dem skizzierten Spannungsfeld von Gabe und Aufgabe bewegt. Ebenso deutlich wird, dass es in der Alten

---

[48] MIRBACH, 24.
[49] Einheit der Kirche begründet sich nach IGNATIUS also nicht notwendig primär aus dem Gottesbegriff (gegen HAUSCHILD, 30).
[50] Ebd. 34; zur Verbindung zwischen IGNATIUS und IRENÄUS vgl. ebd.
[51] Ebd. 35.
[52] Ebd. 37.
[53] Ebd.
[54] Zum bleibenden Postulatscharakter beider Ansätze vgl. ebd. 41.

Kirche *einen* zentralen Ort gibt, an dem der Gabe- wie der Aufgabecharakter von Anfang an konkret wird: die Feier des Herrenmahls. Die Spannung zwischen dem, was hier theologisch sein soll und kann, und dem, was im kirchlichen Leben verwirklicht wird, prägt die Alte Kirche in jedem Abschnitt ihrer Entwicklung. Macht sich dieses spannungsvolle Miteinander von Sein und Sollen im 1. und 2. Jahrhundert zunächst am Thema ‚Einheit' fest, so dominiert später das Thema ‚Heiligkeit und Reinheit'[55]. Daher ist es kaum erstaunlich, dass sich die Frage der eucharistischen Mahlgemeinschaft und der Kirchengemeinschaft in zunehmendem Maße an der Frage der ‚Reinheit' im Sinne von Rechtgläubigkeit orientiert: „Nun betrifft die Heiligkeit der Eucharistie und der eucharistischen Mahlgemeinschaft nicht nur die in der Taufe grundgelegte und im sittlichen Leben der Christen bewährte Heiligkeit, sondern auch die im Glaubensbekenntnis ausgedrückte Reinheit ihres Glaubens. Sie wird im Laufe der Zeit immer mehr zum entscheidenden Kriterium der Kirchen- und Abendmahlsgemeinschaft"[56]. Nicht mehr jeder Getaufte wird zur Herrenmahlfeier zugelassen, seine ‚Würdigkeit' wird am Dogma geprüft. Die Einheit des Bekenntnisses wird zur Bringschuld für die eucharistische Gemeinschaft. Ohne Zögern möchte man hier fragen, wo denn jene andere (primäre!) Seite der biblischen Tradition geblieben ist, die die eucharistische Gemeinschaft auch als sakramental vergegenwärtigendes, wirksames Zeichen und Instrument der Einheit im Glauben zur Geltung bringt? Freilich zu einer Zeit, in der Kircheneinheit zunehmend eine andere als nur eine theologische, nämlich eine (reichs-)politische Zielsetzung[57] erhält, scheint es nicht mehr opportun, diese Frage zu stellen. Und dennoch bleibt sie theologisch im Blick.

Als Beispiel dafür kann die eucharistisch-christologisch zentrierte Eschatologie des *Origenes* ebenso gelten wie die ebenfalls eschatologisch dimensionierte Leib-Christi Lehre Augustins. Origenes verteidigt in jenem berühmten Bild des auf jedes einzelne seiner Glieder wartenden himmlischen Christus zunächst die Erlösungsfähigkeit der ganzen Schöpfung, schreibt aber zugleich den einzelnen ChristInnen bleibend den Gemeinschaftscharakter von Erlösung ins Stammbuch. Dieser Gemeinschaftscharakter bringt sich gerade im eschatologischen Warten der einzelnen Glieder aufeinander als Folge der christologischen Gabe des Wartens zum Ausdruck. „Er [Christus] wartet also, daß wir uns bekehren, daß wir seinem Beispiel folgen, daß wir in seine Fußstapfen treten und er sich ‚mit uns' freue und ‚mit uns den Wein

---

[55] Vgl. ebd. 40.
[56] K. KERTELGE, *Abendmahlgemeinschaft und Kirchengemeinschaft im Neuen Testament und in der Alten Kirche*, in: *Einheit der Kirche*, hrsg. v. F. HAHN u.a., (QD 84), Freiburg u.a. 1979, 94-132, hier: 118.
[57] Das geschieht bereits vor der konstantinischen Wende, als der angefochtene Status im Imperium romanum die Tendenz zur Vereinheitlichung von Lehrgrundlage und Organisation forciert (vgl. HAUSCHILD, 42), wird danach aber noch prägender (vgl. KERTELGE, 127).

trinke im Reiche seines Vaters'. [...] Wann vollendet er dies ‚Werk'? Wenn er mich, den letzten und schlimmsten aller Sünder, vollendet und vollkommen gemacht haben wird. [...] Auch die von hinnen scheidenden Heiligen [...] warten auf uns [...]. Es warten auch Isaak und Jakob, und alle Propheten [...], um mit uns zusammen die vollendete Glückseligkeit zu erreichen. [...] ‚Ein Leib' nämlich ist's, der der Rechtfertigung harrt, ‚Ein Leib', der zum Gerichte aufsteht. ‚Sind es auch viele Glieder, so doch Ein Leib[...]'. Warten wirst [...] auch du, wie du selbst erwartet wirst" (Lev hom. VII,2). Kraftquelle und Zentrum der Vergegenwärtigung dieser Gabe des Wartens ist für Origenes die um das wirksame Wort und die Gaben zentrierte Feier des Herrenmahls (vgl. u.a. Joh. Comm XXXII,24)[58], die die Feiernden selbst in die Pflicht nimmt. ‚Leib Christi' ist für Origenes notwendig beides: die christologisch-sakramentale Heilsgabe des Herrenmahls und die daraus erwachsende Wirkung der Gemeinschaft der Glaubenden, die sich in Fürsorge für- und Dienst aneinander zum Ausdruck bringt (vgl. Röm. Comm IX,2). Origenes nimmt beides gerade auch in seiner eschatologischen Dimension ernst und bringt diese betont zur Geltung.

Ein gewisser Höhepunkt der Vätertradition findet sich indes bei keinem Geringeren als bei *Augustinus*. In einer der paulinischen Überlieferung angemessenen Differenzierung spitzt Augustinus die sakramental-christologische Grunddimenion in dem berühmten Satz zu: „Werdet das, was ihr seht, und empfangt das, was ihr seid: Leib Christi" (Sermo 272). Der eucharistische Leib Christi wird zum Sakrament des ekklesiologischen Leibes. Unverkennbar steht hier die christologische Dynamik des eucharistischen Geschehens im Zentrum. Ganz im Gefolge der Deuteropaulinen, ja noch über sie hinausgehend, sind hier Kirche und Christus nicht zu trennen. Doch ist Kirche, was sie sein soll und sein darf, nur von ihrem Haupt her. Sie ist nicht einfach der ‚Christus prolongatus', das in die Geschichte hineinverlängerte Christusereignis, sondern sie lebt von der je aktuellen gnädigen Zuwendung Christi, der sich immer neu mit ihr identifiziert[59]. So setzt Augustinus nicht einfach die empirische Kirche mit dem Leib Christi gleich. Kirche bleibt immer das ‚corpus permixtum', ein Leib aus echten und falschen Gliedern, die allein Gott zu unterscheiden weiss[60]. Ekklesiologisch entscheidend ist aber der innere Zusammenhang von Empfangen und Sein: „Empfangt denn und esset den Leib Christi, selber in Christi Leib geworden zu Gliedern Christi; empfangt und trinket das Blut Christi. Löst euch nicht wieder auf, eßt das

---

[58] Zum Verhältnis von Wort und Sakrament vgl. MIRBACH, 51f. Die enge theologische Verbindung von Teilhabe an Christi Heilswerk und sich daraus wirksam ergebender Gemeinschaft der ChristInnen untereinander ist weitgehend Gemeingut altkirchlicher Literatur; zu nennen wären hier z. B. JOHANNES CHRYSOSTOMOS; CYRIL V. ALEXANDRIEN, JOHANNES DAMASCENUS (vgl. dazu besonders ELERT, 28ff; P. NORMANN, *Teilhabe – ein Schlüsselwort der Vätertheologie*, Münster 1978).

[59] Vgl. MIRBACH, 89 (mit Verweis auf E. FRANZ).

[60] Vgl. ebd. 97.

Band eurer Einheit; erkennt eure Würde, trinket euren Preis. Wie sich dies umwandelt in euch, wenn ihr es eßt und trinkt, so wandelt ihr euch in Christi Leib, wenn ihr fromm und folgsam wandelt. [...] So beginnt ihr nun zu empfangen, was ihr begannt zu sein" (Sermo Denis 3)[61].

4. Schlussfolgerungen

Blickt man auf die biblisch-neutestamentlichen und die altkirchlichen Vorgaben, so ergeben sich einige Gesichtspunkte für die Beurteilung der gerade im ökumenischen Gespräch anstehenden Diskussion.

1. Der innerhalb ökumenischer Dialogpapiere schillernd gewordene Begriff der koinonia-communio[62] erhält durch die Besinnung auf die neutestamentlichen und altkirchlichen Vorgaben eine notwendige christologische Präzisierung. Koinonia im biblischen Sinn ist eine christozentrisch-eucharistische Metapher. Koinonia als kirchliche Gemeinschaft erwächst aus der Kraft des Kreuzestodes Jesu, dessen Heilswirkung in der Taufe bekannt und in der gemeinsamen Teilhabe am Herrenmahl in seiner Gemeinschaft stiftenden Wirkung vergegenwärtigt wird. Eine Rückbesinnung auf den biblischen Horizont von koinonia-communio verdeutlicht das Verhältnis kirchlicher Gemeinschaft zur ihrem christologischen Grund: Sie entsteht in angemessener Weise aus der in der Selbsthingabe des Sohnes sichtbar gewordenen Kondeszendenz Gottes und gewinnt von dort her ihren inneren Maßstab. Kirche im biblisch-paulinischen Sinn ist koinonia-communio, indem sie auf die Hingabe Christi hin transparent ist und so in seiner Nachfolge steht, oder sie ist es nicht! Dieses am Kreuz Christi orientierte Zentrum bildet den ‚bleibend kritischen Stachel' für das Selbstverständnis aller kirchlichen koinonia-communio[63].

2. Das Herrenmahl wird heute - durchaus in angemessener Rückbesinnung auf die biblisch-altkirchliche Tradition - als *das* Zeichen der Einheit der Kirche verstanden. Das Neue Testament und mit ihm die ganze Alte Kirche betonen daneben aber auch den Gedanken der einheits*stiftenden* Funktion des Herrenmahls. Das Herrenmahl ist das Sakrament der Einheit der Kirche im Sinne von Zeichen *und* Werkzeug. Die Einheit der Kirche ist Gabe und Aufgabe dieses Sakraments und in diesem Sinne ist kirchliche Gemeinschaft wohl auch und besonders *creatura sacramenti*[64].

---

[61] Zitiert nach MIRBACH, 100.

[62] In seiner bisherigen Uneindeutigkeit innerhalb des ökumenischen Dialogs zu Recht kritisiert von E. GELDBACH, *Koinonia*. Einige Beobachtungen zu einem ökumenischen Schlüsselbegriff, in: MD 44 (1993) 73-77.

[63] Vgl. VERWEYEN, *Grundriss*, 54 FN 11.

[64] Zu einem analogen Gedanken zur gemeinschaftsstiftenden Funktion des Herrenmahls und der kommunialen Dimension des Rechtfertigungsgeschehens bei M. LUTHER vgl. *Ein Sermon von dem hochwürdigsten Sakrament des heiligen wahren Leichnams Christi und von*

3. Die neutestamentliche und die altkirchlichen Überlieferung verbinden die eucharistische und die kirchliche Gemeinschaft mit zwei weiterführenden Elementen: der Orthodoxie und der Orthopraxie. Beide sind in einer offenen Spannung zueinander zu erhalten und beide sind dem biblischen Zeugnis gemäß auch und gerade als Gabe der und nicht allein als Bringschuld für die Gemeinschaft des Herrenmahls zu kennzeichnen.

4. Da es mit dem Rückblick auf die Tradition allein nicht getan ist, kann, darf und soll der Rückblick in einem notwendigen Ausblick enden. Beim Thema Herrenmahl und Kirchengemeinschaft kommt bereits bei Paulus die eschatologische Dimension des Geschehens verpflichtend ins Spiel (vgl. 1 Kor 11,26). Das strukturiert den Zeichencharakter des Herrenmahls noch einmal neu. Gerade angesichts dieser Vorläufigkeit allen kirchlichen Tuns scheint es hier geradezu geboten, das Herrenmahl nicht nur als ‚Zeichen der verlorenen Einheit der Christen' (Kardinal Bea), sondern auch als Zeichen der in Jesus Christus selbst begründeten Hoffnung zu begehen[65]: „Nicht indem wir rational und politisch an Unionen herumbasteln, begegnen wir uns in dieser Tiefe, sondern indem wir die Ansprüche jener Communio anerkennen, die uns vorweg in der Selbstteilgabe Gottes gewährt worden ist"[66].

---

den *Bruderschaften* von 1519 (WA 2,756ff); dazu immer noch einschlägig: P. ALTHAUS, *Communio sanctorum*. Die Gemeinde im lutherischen Kirchengedanken, München 1929.
[65] Vgl. KERTELGE, 131.
[66] H. U. V. BALTHASAR, *Communio – Ein Programm*, in: IkaZ 1 (1972) 4-17, hier: 14.

Der Ertrag der Erörterung und Klärung kontroverser Aspekte in Verständnis und Praxis von Abendmahl/Eucharistie[1] durch den ökumenischen Dialog

Von Harding Meyer

„Jesus, der Herr, nahm in der Nacht, in der er ausgeliefert wurde, Brot, sprach das Dankgebet, brach das Brot und sagte: Das ist mein Leib für euch. Tut dies zu meinem Gedächtnis! Ebenso nahm er nach dem Mahl den Kelch und sprach: Dieser Kelch ist der Neue Bund in meinem Blut. Tut dies, sooft ihr daraus trinkt, zu meinem Gedächtnis!" (1Kor 11, 23 - 25).

Unsere Kirchen haben in diesem biblischen Bericht stets Jesu Einsetzung des Sakramentes des „Abendmahls" gesehen. Für sie ist die Feier des Abendmahls der von Jesus Christus selbst dargebotene Ort, an dem er unter Brot und Wein als der Gekreuzigte und Auferstandene wirklich gegenwärtig ist und denen, die Brot und Wein gläubig empfangen, Heil und Gemeinschaft mit sich schenkt.

Im näheren Verständnis dieses Sakramentes und im Blick auf seinen Vollzug haben sich aber Unterschiede ergeben und ist es zu Kontroversen gekommen, die zwischen unseren Kirchen als kirchentrennend empfunden und beurteilt wurden. Dabei ging es vor allem um vier Fragenkreise: I. um das Verständnis der *Gegenwart Christi im Abendmahl,* II. um das Verständnis der *Eucharistie als Opfer,* III. um *Einzelfragen,* die sich auf die *Abendmahlspraxis* beziehen, vor allem auf die Fragen (1) der Kommunion unter beiden Gestalten, Brot und Wein, (2) des Abendmahls als Gemeinschaftsmahl, (3) des Umgangs mit den konsekrierten Elementen nach dem Abendmahlsgottesdienst, und IV. um die *Bedeutung des kirchlichen Amtes* für das Abendmahl und seine Feier.

Der offizielle Dialog der letzten Jahrzehnte zwischen unseren Kirchen über das Abendmahl hat sich intensiv und wiederholt mit diesen Fragen beschäftigt.[2] Im Blick darauf, was das Abendmahl als Sakrament *ist,* was es *be-*

---

[1] Die schwerfälligen Doppelungen „Abendmahl/Eucharistie" und „Abendmahl oder Eucharistie" werden im Folgenden aus sprachlichen Gründen vermieden, und es ist statt dessen jeweils von „Abendmahl" oder „Eucharistie" die Rede.

[2] Besonders hervorgehoben seien das Dokument *Das Herrenmahl* (1978) der Gemeinsamen römisch-katholischen/evangelisch-lutherischen Kommission (in: *Dokumente wachsender Übereinstimmung,* Bd. I, hrsg. v. H. MEYER u.a., Paderborn-Frankfurt a.M. 1983, 271-295), das Dokument *Die Gegenwart Christi in Kirche und Welt* (1977) des Dialogs zwischen Reformiertem Weltbund und dem Sekretariat für die Einheit der Christen (ebd., 487-517), die Konvergenzerklärungen der Kommission für Glauben und Kirchenverfassung (*Lima-Erklärung,* 1982) in ihrem Teil über „Eucharistie" (ebd., 557-567), der Bericht der bilateralen Arbeitsgruppe der Deutschen Bischofskonferenz und der Kirchenleitung der Vereinigten Evangelisch-Lutherischen Kirche Deutschlands *Kirchengemeinschaft in Wort*

deutet und was es *schenkt* - also besonders in den ersten beiden Fragenkreisen und von daher auch im dritten Fragenkreis - hat er zu Verständigungen geführt, angesichts derer die bestehenden Unterschiede nicht mehr als kirchentrennend gelten können. Die jeweils erreichte Verständigung hat dabei zumeist die Gestalt eines „differenzierten Konsenses", d. h. eines Konsenses in den Grundüberzeugungen, der bleibenden Verschiedenheiten Raum gibt, weil diese Verschiedenheiten auf den gemeinsamen Grundüberzeugungen aufruhen und sie nicht in Frage stellen.

Die folgende Darstellung des Dialogertrages basiert ganz auf den Dialogberichten und Dialogdokumenten. Sie sind in den Text eingearbeitet, ohne dort als Zitate gekennzeichnet zu werden. Die wörtlichen Aussagen der Dialoge zu den einzelnen Sachfragen sind zusammengestellt in dem dieser Darstellung beigefügten Text *„Verweise auf die Dialogdokumente"*.

I. Die Gegenwart Christi im Abendmahl

Katholische und evangelische Christen bekennen gemeinsam:
Im Sakrament des Abendmahls ist der gekreuzigte und auferstandene Herr Jesus Christus, durch sein schöpferisches Wort kraft des Heiligen Geistes, mit seinem Leib und seinem Blut unter den Zeichen von Brot und Wein wirklich gegenwärtig.

Er gibt denen, die diese Zeichen im Glauben empfangen, Gemeinschaft mit sich selbst und Anteil am Heil, das Gott in ihm der Welt geschenkt hat.

Die Gegenwart Christi in Brot und Wein ist nicht begrenzt auf den bloßen Augenblick des Empfangs dieser Gaben.

Die katholische Lehre von einer „Wandlung des Wesensbestandes" (Transsubstantiation) des dargebrachten Brotes und Weines in Leib und Blut Jesu Christi bei unverändertem Weiterbestand der äußerlichen Erscheinungsformen (Akzidentien) von Brot und Wein versteht sich als eine „angemessene" und „sehr geeignete" Weise, die wirkliche Gegenwart Christi in der Eucharistie zu verstehen[3]. Sie will das Geheimnis der Gegenwart Christi im Sakrament nicht verstandesmäßig erklären. Der Begriff „Substanz" legt auch keine unpersonale oder naturhafte Auffassung der Gegenwart Christi nahe, weil dieser Begriff nicht physisch verstanden wird. Die Transsubstantiations-

---

und Sakrament (1984; Paderborn/Hannover 1984) und die Studie des Ökumenischen Arbeitskreises evangelischer und katholischer Theologen *Lehrverurteilungen - kirchentrennend?* in ihrem Teil über „Eucharistie/Abendmahl" (hrsg. v. K. LEHMANN – W. PANNENBERG, Freiburg-Göttingen 1986, 77-124). Obwohl es sich nicht um einen kirchlich offiziellen Dialog im strengen Sinne handelt, möchte ich doch die Studie des Ökumenischen Arbeitskreises evangelischer und katholischer Theologen *Das Opfer Jesu Christi und seine Gegenwart in der Kirche*. Klärungen zum Opfercharakter des Herrenmahls, besonders ihren „Abschliessenden Bericht", mit einbeziehen (hrsg. v. K LEHMANN - E. SCHLINK, Freiburg-Göttingen 1983, 215 - 238).
[3] Konzil von Trient; DH 1652.

lehre will vielmehr die Wirklichkeit der eucharistischen Gegenwart Christi - gegenüber einer nur symbolischen, spiritualisierenden Deutung - unverkürzt bezeugen und schließt andere Weisen, die Wirklichkeit dieser Gegenwart zu verstehen, nicht definitiv aus.

Die Überzeugung, dass der einzelne die Eucharistie nur in gläubiger Anteilnahme zum Heil empfängt, wird durch die *katholische Lehre* von der Wirksamkeit der Sakramente „durch den Vollzug selbst (ex opere operato)" nicht in Frage gestellt. Diese Lehre soll vielmehr die Priorität des Handelns Gottes in den Sakramenten bezeugen, deren Betonung ebenfalls ein evangelisches Anliegen ist. Auch die katholische Überzeugung, dass die Früchte der Eucharistie über den Kreis der Feiernden hinausreichen und „auch für die in Christus Verstorbenen" gelten[4], beeinträchtigt nicht die Bedeutung der gläubigen Mitfeier. Nach heutigem katholischen Verständnis geht es hier um die Möglichkeit der Fürbitte für die Verstorbenen, die auch der evangelischen Tradition vertraut ist.

Wenn die *katholische Kirche* die Auffassung verworfen hat, die hervorragende Frucht der Eucharistie sei die Sündenvergebung[5], so wollte sie damit den umfassenden Charakter des von Gott geschenkten Heils schützen, der durch ein verengtes Verständnis von Sündenvergebung geschmälert wird.

Nach *katholischer Lehre* schenkt der Herr seine eucharistische Gegenwart über den Vollzug des Sakramentes hinaus, solange die Gestalten von Brot und Wein bestehen. Die nach der Eucharistiefeier verbleibenden eucharistischen Gaben werden darum aufbewahrt, und den Gläubigen ziemt es, ihnen „den Kult der Gottesverehrung (zu erweisen), der dem wahren Gott geschuldet wird".[6] Das widerspricht nicht dem Mahlcharakter der Eucharistie, sofern der „erste und ursprüngliche Zweck" der Aufbewahrung der eucharistischen Gaben, insbesondere der Hostie, darin besteht, sie an die Kranken und Abwesenden auszuteilen[7] und diese so in die Feier der Eucharistie einzubeziehen.

Evangelischerseits hat man die Wirklichkeit der Gegenwart Christi im Abendmahl dadurch zum Ausdruck gebracht, dass man - gegenüber einer nur zeichenhaft-symbolischen Deutung - von einer wirklichen Gegenwart des Leibes und Blutes Christi „in, unter und mit" Brot und Wein gesprochen hat.[8] Wie auf katholischer Seite so ist auch hier die Annahme einer räumlichen und naturhaften Gegenwart Christi ausgeschlossen. Obwohl der Gedanke einer „Wandlung" des Brotes und Weines auch den Reformatoren geläufig

---

[4] Konzil von Trient; DH 1743.
[5] Konzil von Trient, can. 5; DH 1655.
[6] Konzil von Trient; DH 1643.
[7] *Instructio de cultu mysterii eucharistici*, Nr. 49 (AAS LIX/1967, 566f).
[8] Z. B. *Formula Concordiae. Solida Declaratio* VII, 36 (BSLK 983, 15f); 38 (BSLK 984, 8-20) u. ö.

war[9], lehnten sie mit unterschiedlichen Gründen die Lehre von einer „Transsubstantiation" ab.

Auch nach *evangelischer Lehre* gilt, dass die Gegenwart Christi im Abendmahl eine gottgeschenkte Gabe ist und nicht vom Glauben der Empfänger abhängt. Es wird aber betont, dass diese Gabe nur im Glauben zum Heil empfangen wird.

Wenn man *evangelischerseits* in der Vergebung der Sünden die eigentliche Heilsgabe des Abendmahls sieht[10], so umfasst diese Gabe doch die ganze Fülle des Heils. „Denn wo Vergebung der Sünde ist, da ist Leben und Seligkeit".[11]

Evangelischerseits wird das Empfangen der Gaben von Brot und Wein als die Mitte der Abendmahlsfeier betont. Das geschieht, um die stiftungsgemäße Hinordnung des Abendmahls auf das gläubige Empfangen der Gaben zu wahren. Es bedeutet nicht, dass damit die sakramentale Gegenwart Christi auf den bloßen Augenblick des Empfangs der Gaben begrenzt wird. Diese umgreift die gesamte Mahlfeier.

Wo die Wirklichkeit der Gegenwart Christi im Abendmahl so bezeugt und gelehrt wird, hat die Verschiedenheit der Vorstellungsweisen, der Begrifflichkeit und der Akzentsetzungen ihren kirchentrennenden Charakter verloren.

II. Die Eucharistie als Opfer

Gemeinsam bekennen katholische und evangelische Christen:
Wir feiern das Abendmahl als Lobopfer und Danksagung an Gott, den Vater, für alles, was er in Schöpfung, Erlösung und Heiligung für die Welt getan hat und tut. Dieser Dank und dieses Lobopfer schließen ein, dass wir uns Gott hingeben in Gebet und Bekenntnis, im Tun und Leiden und im Dienst am Nächsten.

Insbesondere danken wir Gott und lobpreisen ihn für das Kreuzesopfer seines Sohnes, Jesus Christus. Im Abendmahl ist er als der Gekreuzigte und Auferstandene gegenwärtig, der für unsere Sünden gestorben und für unsere Rechtfertigung wieder auferstanden ist, als das Opfer, das ein für allemal für die Sünden der Welt dargebracht wurde.

Dieses Opfer kann weder fortgesetzt noch wiederholt, noch ergänzt werden; wohl aber kann und soll es je neu in der Mitte der Gemeinde wirksam werden. Das geschieht im Abendmahl, dem Mahl des Gedächtnisses (Anamnese, Memorial), das sich des heilschaffenden Sühnopfers Christi nicht nur erinnert, sondern es wirksam gegenwärtig setzt.

---

[9] *Apologie der Augsburger Konfession* 10, 2 (BSLK 248); *Regensburger Religionsgespräch 1541* (CR 4, 263).
[10] *Apologie der Augsburger Konfession* 24, 90 (BSLK 374, 26f).
[11] M. LUTHER, *Kleiner Katechismus* (BSLK 520).

Indem wir im Abendmahl durch den gläubigen Empfang von Brot und Wein mit Christus zu einem Leib vereinigt werden und teilhaben an seinem Tod und seiner Auferstehung, werden wir selbst kraft des Heiligen Geistes hineingenommen und einbezogen in seine Selbsthingabe an Gott, den Vater. Im Glauben können wir vor Gott auf das für uns geschehene, vollgenügsame Kreuzesopfer Christi verweisen, es ihm vorhalten und so gewiss sein, dass wir auch mit Christus leben werden.

Die katholische Kirche lehrt: In jeder Eucharistiefeier wird durch Christus „ein wirkliches und eigentliches Opfer dargebracht".[12] „Dieses Opfer ist ein wirkliches Sühnopfer und es bewirkt, dass wir ‚Barmherzigkeit erlangen und Gnade finden ...' (Hebr 4, 16). ... Es ist ein und dieselbe Opfergabe, und es ist derselbe, der jetzt durch den Dienst der Priester opfert und der sich selbst damals am Kreuz darbrachte, nur die Art der Darbringung ist verschieden".[13] Mit dieser Lehre soll zum Ausdruck gebracht werden, dass in der Eucharistiefeier mit der Person des gekreuzigten und auferstandenen Jesus Christus und den Gaben seines einmal dahingegebenen Leibes und vergossenen Blutes auch das *Heilsgeschehen* seines einmaligen Kreuzesopfers selbst sakramental und wirksam gegenwärtig wird. Dieses eucharistische Opfer tritt nicht neben das Kreuzesopfer Christi und wiederholt oder ergänzt es nicht, setzt es auch nicht fort, sondern ist dessen Gegenwärtigsetzung (repraesentatio).[14]

Wenn katholische Theologie und Liturgie sagen, dass die Kirche in der Eucharistiefeier Christus „opfert", dann geschieht das aus dem Glauben heraus, dass die Glaubenden mit Christus vereint, sein Leib geworden sind und so auch in sein Kreuzesopfer hineingenommen werden und an ihm teilhaben. Die Rede von der Eucharistie als „Opfer der Kirche" meint darum kein eigenes und selbstmächtiges Tun der Kirche, das dem Opfer Christi etwas hinzufügt, sondern sie meint ein allein auf Christi Opfer verweisendes, die eigene Ohnmacht bekundendes, sich ganz auf Christus verlassendes und ihn dem Vater vorstellendes und darbringendes Handeln.

Die Reformatoren bejahten die Deutung des Abendmahls als „Dank- oder Lobopfer" für das im Sakrament gegenwärtige Kreuzesopfer. Sie konnten sagen, „dass wir uns mit Christus opfern"[15] und - im Sinne von 1 Petr 2,5 - „Dankopfer" (sacrificia eucharistica, sacrificia laudis) bringen in Anrufung und Bekenntnis Gottes, im Leiden und in guten Werken[16]. Sie nahmen jedoch Anstoß an der Lehre vom „Messopfer". Sie meinten, diese Lehre widerspreche der Einzigkeit und Vollgenügsamkeit des Kreuzesopfers, sofern sie eine multiplizierende Wiederholung des Kreuzesopfers impliziere. Vor allem aber stelle sie die alleinige Heilsmittlerschaft Christi in Frage, weil sie dem Han-

---

[12] Konzil von Trient; DH 1751.

[13] Konzil von Trient; DH 1743.

[14] Konzil von Trient; DH 1740 („... visibile ... sacrificium, quo cruentem illud semel in cruce peragendum repraesentaretur ...").

[15] LUTHER, WA 6, 369.

[16] *Apologie des Augsburger Bekenntnisses*, art. XXIV, 25 (BSLK 356).

deln des Priesters bzw. der Kirche eine selbstmächtige Opfer- und Versöhnungskraft zuspreche und so die Eucharistie zu einem Werk menschlicher Selbstrechtfertigung mache. Infolge der Messopferlehre trete auch die Kommunion der Gemeinde zurück und werde einer Vorstellung Raum gegeben, die - in Verbindung mit der Lehre von der Wirksamkeit der Sakramente ex opere operato - vom gläubigen Empfang der eucharistischen Gaben dispensiere.

Der gegenwärtige Dialog jedoch hat gezeigt, dass diese evangelischen Vorwürfe das heutige katholische Verständnis vom eucharistischen Opfer nicht mehr treffen, vor allem wenn man, wie es heute geschieht, die Lehre vom „Messopfer" - im Lichte des biblischen „Gedächtnis"-Gedankens - als sakramentale Gegenwärtigsetzung des Kreuzesopfers Jesu Christ interpretiert und das „Opfer der Kirche" als ein gnadenhaftes Hineingenommenwerden in das vollgenügsame Opfer Christi versteht.

Wenn also die katholische Kirche von der Eucharistie als einem „wirklichen Sühnopfer" spricht, die evangelischen Kirchen dagegen die Rede vom „Messopfer" meiden, stellt diese Verschiedenheit im Verständnis des Abendmahls doch keinen kirchentrennenden Gegensatz mehr dar. Sie ruht auf einer gemeinsamen Grundüberzeugung, die durch sie nicht in Frage gestellt oder geschmälert wird.

III. Die Abendmahlspraxis

1. Die Kommunion unter beiden Gestalten

Katholische und evangelische Christen sind *gemeinsam* der Überzeugung, dass zur stiftungsgemäßen Vollgestalt des Abendmahls der Empfang von Brot und Wein gehört.

Die Reformation betonte nachdrücklich diese stiftungsgemäße Vollkommenheit und Ganzheit des sakramentalen Zeichens. Sie betrachtete darum den Entzug des Laienkelches als Missbrauch, freilich ohne zu verneinen, dass Christus unter jeder der beiden Gestalten ganz gegenwärtig ist.

Auch auf *katholischer Seite* wird heute betont, dass das sakramentale Zeichen in der Kommunion unter beiderlei Gestalt vollkommener sei als unter nur einer Gestalt.[17] Deshalb wird heute in einer Reihe von Fällen die Austeilung auch des Kelches an die Laien offiziell gestattet.[18]

Wenn hier auch weiterhin Unterschiede in Lehre und Praxis bestehen, so haben diese keinen kirchentrennenden Charakter.

2. Das Abendmahl als Gemeinschaftsmahl

Gemeinsam sind evangelische und katholische Christen der Überzeugung, dass das Abendmahl wesentlich ein Gemeinschaftsmahl ist.

---

[17] *Instructio de cultu mysterii eucharistici*, Nr. 32 (a.a.O. 558).
[18] Ebd.

Nach *evangelischem* Verständnis ist die Kommunion der Gemeinde unabdingbarer Teil jeder Abendmahlsfeier. Man sieht darum in Messen ohne Beteiligung des Volkes einen Brauch, der der Stiftung des Herrn nicht entspricht. Inzwischen hat sich in der Praxis der *katholischen Kirche* ein bedeutsamer Wandel vollzogen. Obwohl eine Feier der Eucharistie ohne Beteiligung des Volkes auch weiterhin praktiziert wird, gilt, „dass ihre Feier in Gemeinschaft - im Rahmen des Möglichen - der vom einzelnen privat vollzogenen vorzuziehen ist ... - wobei bestehen bleibt, dass die Messe in jedem Fall öffentlichen und sozialen Charakter hat".[19]

Trotz der hier weiter bestehenden Verschiedenheit bedeutet dieser gemeinsam betonte Vorrang der *gemeinschaftlichen* Feier doch eine wichtige Annäherung in der Abendmahlspraxis.

3. Der Umgang mit den konsekrierten Elementen nach dem Abendmahlsgottesdienst

Katholische und evangelische Christen sind *gemeinsam* der Überzeugung, dass die sakramentale Gegenwart Christi in Brot und Wein nicht auf den Augenblick des Empfangs dieser Gaben beschränkt ist.

Nach *katholischer Auffassung* reicht die sakramentale Gegenwart des Herrn über die Eucharistiefeier hinaus, solange das konsekrierte Brot und der konsekrierte Wein in ihrer äußerlichen Gestalt bestehen. Die Hostie wird darum nach der Feier aufbewahrt, und es geziemt den Gläubigen, ihr „den Kult der Gottesverehrung (zu erweisen), der dem wahren Gott geschuldet wird".[20] Mancher evangelischerseits praktizierte Umgang mit den übrigbleibenden konsekrierten Elementen verletzt deshalb katholisches Empfinden und sollte darum unter allen Umständen einem respektvollen Umgang mit den konsekrierten Elementen weichen.

Nach *evangelischer Auffassung* umgreift die sakramentale Gegenwart des Herrn die gesamte Mahlfeier, deren stiftungsgemäße Mitte das gläubige Empfangen von Brot und Wein bildet. In der evangelischen Kirche kennt man darum nicht die Aufbewahrung der Abendmahlsgaben über die Mahlfeier hinaus, und man nimmt nicht selten Anstoß an bestimmten Formen eucharistischer Frömmigkeit in der katholischen Kirche, die sich aus der „Gepflogenheit" oder dem „Brauch" der Aufbewahrung der geweihten Hostie[21] ergeben können. Es ist darum wichtig, dass die katholischen Formen eucharistischer Frömmigkeit nicht die grundlegende Ausrichtung des Abendmahls auf den gottesdienstlichen Empfang der eucharistischen Gaben verdunkeln.

---

[19] SC 26 und 27. Siehe auch die *Instructio de cultu mysterii eucharistici*, Nr. 44 (a.a.O. 564), wo es heißt, dass „jede Messe, die zelebriert wird, nicht nur für einiger Heil, sondern für das Heil der ganzen Welt dargebracht wird."

[20] Konzil von Trient, DH 1643.

[21] Konzil von Trient, DH 1645; vgl. 1657.

Diese Verschiedenheit der Abendmahlsfrömmigkeit und -praxis erwächst letztlich aus der Verschiedenheit der Vorstellungsweisen von der sakramentalen Gegenwart des Herrn. Sie stellt aber die gemeinsame Überzeugung von der wirklichen Gegenwart Christi im Abendmahl nicht in Frage und hat als solche keine kirchentrennende Bedeutung.

IV. Die Bedeutung des Amtes für den kirchlichen Vollzug der Feier des Abendmahls

Die im Dialog erreichte und im Vorausgegangenen beschriebene Gemeinsamkeit in Verständnis und Praxis des Abendmahls wird dadurch nicht aufgehoben oder verkürzt, dass die Frage nach der Bedeutung des kirchlichen Amtes für die Feier des Herrenmahls zwischen unseren Kirchen bis zur Stunde noch offen ist.

Katholische und evangelische Christen sind *gemeinsam* der Überzeugung, dass das Abendmahl nicht Schöpfung oder Besitz der christlichen Gemeinde ist. Gott selbst ist es, der in Jesus Christus und durch den Heiligen Geist im Abendmahl zum Heil der Welt handelt. Diese Priorität des göttlichen Handelns wird dadurch zum Ausdruck gebracht, dass ein kirchlicherseits durch Ordination bestellter Träger des von Gott gestifteten Amtes die Abendmahlsfeier im Namen Christi leitet.

Diese Verbindung des kirchlichen Vollzugs der Abendmahlsfeier mit einem ordinierten Amtsträger wird jedoch auf evangelischer und katholischer Seite verschieden gesehen und bewertet:

Nach *evangelischer* Auffassung soll die Abendmahlsfeier von einem ordinierten Pfarrer geleitet werden. Es ist sein in der Ordination gegebener Auftrag, das Evangelium zu verkündigen und die Sakramente dem Evangelium gemäss zu verwalten.[22] Jemand aus der Gemeinde, der diesen in der Ordination gegebenen kirchlichen Auftrag nicht empfangen hat, sollte darum nicht der Abendmahlsfeier vorstehen.[23]

Das gilt auch *katholischerseits*. Jedoch ist nach katholischer Lehre die Eucharistie noch enger, und zwar in konstitutiver Weise mit dem kirchlichen Amt verklammert. Die katholische Kirche lehrt, dass „jede rechtmäßige Eucharistiefeier unter der Leitung des Bischofs steht"[24], der an der apostolischen Amtssukzession teilhat, oder eines von ihm ordinierten Priesters. Dementsprechend ist die Ordination zu diesem Bischofsamt bzw. die Priesterordination durch einen solchen Bischof die unerlässliche Vorbedingung für den Vorsitz bei der Eucharistie. Auch im Ausnahmefall gibt es keine rechtmäßige Eucharistiefeier ohne einen so ordinierten Priester. Sofern diese Ordination bei dem Leiter der Eucharistiefeier fehlt, ist „die ursprüngliche und vollstän-

---

[22] *Confessio Augustana*, 7 (BSLK 61).
[23] *Confessio Augustana*, 14 (BSLK 69).
[24] LG 26: „Omnis ... legitima Eucharistiae celebratio dirigitur ab Episcopo." Vgl. PO 5.

dige Wirklichkeit (substantia) des eucharistischen Mysteriums nicht bewahrt"[25].

Diese Verschiedenheit zwischen katholischer und evangelischer Auffassung hat aus katholischer Sicht auch heute noch kirchentrennenden Charakter. Zwar kann katholischerseits gesagt werden, „dass auch eine am Sukzessionsbegriff orientierte Ekklesiologie, wie sie in der katholischen Kirche gilt, keineswegs Heil schaffende Gegenwart des Herrn im lutherischen Abendmahl leugnen muss"[26]; aber als eine „die ursprüngliche und vollständige Wirklichkeit des eucharistischen Mysteriums bewahrende" Eucharistiefeier kann das evangelische Abendmahl nach bisheriger katholischer Lehre nicht gelten. Hier, in der Bedeutung des Amtes für den *kirchlichen Vollzug* der Abendmahlsfeier liegt eine im evangelisch/katholischen Dialog bislang nicht überwundene und dem Dialog weiterhin aufgegebene Kontroversfrage. Sie hebt aber die Tatsache nicht auf, dass hinsichtlich dessen, was das Abendmahl als Sakrament *ist*, was es *bedeutet* und was es *schenkt*, die bisherigen Kontroversen im Dialog beigelegt sind, so dass *diese* Kontroversen sich einer evangelisch/katholischen Abendmahlsgemeinschaft nicht mehr in den Weg stellen.

Verweise auf die Dialogdokumente[27]

Auf die einzelnen Dialogdokumente (s. o. Anm.2) wird im Folgenden durch Abkürzungen verwiesen: H = *Das Herrenmahl*, GCKW = *Die Gegenwart Christi in Kirche und Welt*, L/E = *Lima-Erklärung zur Eucharistie*, KGWS = *Kirchengemeinschaft in Wort und Sakrament*, LV = *Lehrverurteilungen - kirchentrennend?* in ihrem Teil über „Eucharistie/Abendmahl", OJC = *Das Opfer Jesu Christi und seine Gegenwart in der Kirche*.

---

[25] UR 22.

[26] So heißt es im Dokument *Kirche und Rechtfertigung* (1994) der Gemeinsamen römisch-katholischen/evangelisch-lutherischen Kommission (Paderborn/Frankfurt 1994, Nr. 203).

[27] Es erschien gelegentlich geboten, ein und dasselbe Zitat in einem anderen Zusammenhang nochmals zu wiederholen.

Texte der Dialogdokumente

I. Die Gegenwart Christi im Abendmahl
Gemeinsame Überzeugungen
Realpräsenz

H §16: „Im Sakrament des Abendmahls ist Jesus Christus, wahrer Gott und wahrer Mensch, voll und ganz mit seinem Leib und seinem Blut unter dem Zeichen von Brot und Wein gegenwärtig."

H §48: „Gemeinsam bekennen katholische und lutherische Christen die wahre und wirkliche Gegenwart des Herrn in der Eucharistie."

GCKW §70: „In den Einsetzungsworten liegt der Ton auf dem Faktum der persönlichen Gegenwart des lebendigen Herrn im Geschehen des Gedächtnis- und Gemeinschaftsmahles, nicht auf der Frage, wie diese reale Gegenwart, das ‚Ist', zustande kommt und zu erklären ist. ... Wenn Christus den Aposteln den Auftrag erteilt ‚Tut dies zu meinem Gedächtnis' (Lk 22,19; vgl. 1 Kor 11,25), sagt das Wort ‚Gedächtnis' mehr aus als lediglich ein mentales ‚Erinnern'. Der Begriff ‚Leib' meint die ganze Person Jesu, deren heilshafte Gegenwart im Mahl erfahren wird."

GCKW §82: „Wenn wir den Segen über den Kelch sprechen, ist der Kelch Teilhabe am Blut Christi; wenn wir das Brot brechen, ist es Teilhabe am Leib Christi (vgl. 1 Kor 10,16). Die Verwirklichung dieser Gegenwart Christi für uns und unsere Eingliederung in ihn, ist eigentlich Werk des Heiligen Geistes, welches sich in der eucharistischen Feier vollzieht, wenn die Kirche den Vater anfleht, seinen Heiligen Geist herabzusenden, um das im Gottesdienst versammelte Volk und das Brot und den Wein zu heiligen."

GCKW §84: „Die spezifische Weise der Realpräsenz in der Eucharistie ist ... zu deuten als die Präsenz des Sohnes, der konsubstantiell ist mit uns in unserer menschlichen und leiblichen Existenz, während er in der Gottheit ewig konsubstantiell ist mit dem Vater und dem Heiligen Geist (vgl. Joh 17,21-23)."

GCKW §91: „So erkennen wir dankbar an, dass beide Traditionen, die reformierte und die römisch-katholische, zu dem Glauben an die Realpräsenz Christi in der Eucharistie stehen."

KGWS §33: „Das Sakrament des Altars ist das Mahl, in dem der Herr Jesus Christus, ‚wahrer Gott und wahrer Mensch, voll und ganz mit seinem Leib und seinem Blut unter den Zeichen von Brot und Wein gegenwärtig' ist ..., um in leiblicher Kommunion von der zum Gottesdienst versammelten Gemeinde im Glauben zum Heil empfangen zu werden."

L/E §13: „Das eucharistische Mahl ist das Sakrament des Leibes und Blutes Christi, das Sakrament seiner wirklichen Gegenwart (Realpräsenz). ... Die Kirche bekennt Christi reale, lebendige und handelnde Gegenwart in der Eucharistie."

LV S.122: „Auch ohne direkte Anlehnung an die Begrifflichkeit eines der im Streit miteinander liegenden theologischen Lehrsysteme des 16. Jahrhunderts lassen sich *alle wesentlichen Elemente des Glaubens* an die eucharistische Gegenwart Jesu Christi aussagen, wie das auch bereits in verschiedenen Konsens- und Konvergenzthesen geschehen ist:

Gegenwärtig wird der erhöhte Herr im Abendmahl
in seinem dahingegebenen Leib und Blut
mit Gottheit und Menschheit

durch das Verheißungswort
in den Mahlgaben von Brot und Wein
in der Kraft des Heiligen Geistes
zum Empfang durch die Gemeinde."

H §16: Beide Traditionen „wenden sich gemeinsam gegen eine räumliche oder naturhafte Art der Gegenwart und gegen ein rein erinnerndes oder figuratives Verständnis des Sakraments."

LV S. 107: „Das klare und unzweideutige Bekenntnis zur wirklichen Gegenwart Jesu Christi ist nicht notwendigerweise an die Erklärungsmodelle gebunden, welche die Transsubstantiationslehre bzw. die Ubiquitätslehre bieten. Wichtig ist allerdings, dass wir der Gefahr der Verfälschung und der Verflüchtigung dieses Bekenntnisses wehren, indem wir uns ‚gemeinsam gegen eine räumliche oder naturhafte Art der Gegenwart und gegen ein rein erinnerndes oder figuratives Verständnis des Sakraments' wenden."

Glaube und Abendmahl

H §7: „Die Eucharistie ist uns ... nur durch das Gottesgeschenk des Glaubens zugänglich."

H §62: „Gemeinsam bekennen katholische und lutherische Christen, dass in der Eucharistie Leib und Blut des Herrn real empfangen werden, sei es zum Heil, sei es zum Verderben (vgl. 1 Kor 11,27-29). Sie bekennen, dass der gläubige Empfang des eucharistischen Brotes und Weines die persönliche Vereinigung mit Jesus Christus, unserem Herrn und Heiland, schenkt."

KGWS §33: „Dass die Gabe des Herrenmahls nur im Glauben zum Heil empfangen wird, ist kein Kontroverspunkt."

KGWS §35: „In unseren Kirchen lehren wir übereinstimmend, dass das Wunder der *Gegenwart Christi nicht vom Glauben* oder der Frömmigkeit des Liturgen wie des Empfangenden *abhängt* - der Glaube empfängt in der Kommunion den Herrn zum Heil, der Verächter zum Gericht (1 Kor 11,27-29)."

L/E §13: „Obwohl Christi wirkliche Gegenwart in der Eucharistie nicht vom Glauben des einzelnen abhängt, stimmen jedoch alle darin überein, dass Glaube erforderlich ist, um Leib und Blut Christi unterscheiden zu können."

Heilsgabe des Abendmahls

H §6: „Wann immer die Christen aller Zeiten das Mahl des Herrn feiern, gewährt der Herr diese Gemeinschaft aufs neue und schenkt so ‚Vergebung der Sünden, Leben und Seligkeit'."

L/E §2: „Die Eucharistie ist vor allem das Sakrament der Gabe, die Gott uns in Christus durch die Kraft des Heiligen Geistes schenkt. Jeder Christ empfängt diese Gabe des Heils durch die Gemeinschaft am Leib und Blut Christi. Im eucharistischen Mahl, im Essen und Trinken des Brotes und des Weines, gewährt Christus Gemeinschaft mit sich selbst."

KGWS §31: Das Mahl des Herrn „ist das Mahl der Sünder und schenkt denen, die glauben, Vergebung, Leben und Seligkeit."

Dauer der Realpräsenz

H §16: „Christus ist auf verschiedene Weise in der gesamten eucharistischen Feier gegenwärtig und wirksam."

H §52: „Gemeinsam bekennen katholische und lutherische Christen, dass die eucharistische Gegenwart des Herrn Jesus Christus auf den gläubigen Empfang ausgerichtet ist, dass sie gleichwohl nicht nur auf den Augenblick des Empfangens beschränkt ist und dass sie ebenso nicht vom Glauben des Empfangenden abhängt, so sehr sie auf diesen hingeordnet ist."

LV S.123: „Auch bei der unter dem Stichwort *‚usus'* ausgetragenen Kontroverse über die Dauer des Sakraments haben sich entscheidende Annäherungen ergeben: Einigkeit besteht darüber, dass die Zielrichtung des Sakraments der Eucharistie die Communio der Gemeinde ist, also auf den gläubigen Empfang bezogen, gleichwohl nicht auf den Moment des Empfanges beschränkt ist, weil ‚usus' die ganze eucharistische Handlung meint und nicht nur den Augenblick der sumptio (Empfang)."

Katholische Auffassung

Transsubstantiation

H §49: „Um die *Wirklichkeit* der eucharistischen Gegenwart unverkürzt zu bekennen, lehrt die katholische Kirche, dass der ‚ganze und unversehrte Christus' gegenwärtig wird durch die Umwandlung des ganzen Wesensbestandes (Substanz) des Brotes und des Weines in den Wesensbestand (Substanz) des Leibes und Blutes Christi, während die uns zugänglichen Erscheinungsformen (Akzidentien) von Brot und Wein unverändert weiterbestehen. Diese ‚wunderbare und einzigartige Wandlung nennt die katholische Kirche sehr zutreffend Wesensverwandlung (Transsubstantiation)'."

LV S.99: „Gerade der metaphysische Begriff der ‚substantia' (Wesen) schien geeignet, sowohl einen krassen ‚Materialismus' im Verständnis der Realpräsenz als auch ein bloß intellektuelles Verständnis des ‚signum' (Zeichen) zu überwinden ..."

LV S.101: „Die Trennung der metaphysischen und der physischen Ebene wurde (sc. schon bald nach Thomas von Aquin) nicht durchgehalten, und fast unvermerkt änderte sich das Verständnis von ‚substantia' in Richtung eines physikalischen Begriffs von Quantität und Masse."

H §51: „Die Begrifflichkeit der Transsubstantiation will ... den Geheimnischarakter der eucharistischen Gegenwart bekennen und bewahren; sie will nicht erklären, *wie* diese Wandlung stattfindet."

Glaube und Eucharistie

H §61b: „Nach katholischer Lehre soll das ex opere operato im Zusammenhang der Sakramentenlehre die Priorität des Handelns Gottes bezeugen. Diese Priorität zu betonen ist auch lutherisches Anliegen. Ein solches Verständnis von opus operatum schließt die gläubige Anteilnahme des einzelnen wie der ganzen feiernden Gemeinde nicht aus: das Handeln Gottes ermöglicht und fordert sie."

H §61d: „Ebenso wenig wird die Bedeutung der gläubigen Mitfeier durch die Überzeugung beeinträchtigt, dass die Früchte der Eucharistie über den Kreis der Feiernden hinausreichen. Dass Christus sein Fleisch und Blut denen schenkt, die ihn in der Eucharistie gläubig empfangen, kann nicht übertragen werden; wohl aber dürfen wir hoffen, dass er seine

Hilfe anderen zuteil werden lässt. Ob und wie das geschieht, ist ganz Sache der souveränen Liebe des Herrn. Auch Fürbitten und Messintentionen für bestimmte Personen - lebende wie verstorbene - wollen seine Freiheit nicht einengen."

LV S. 120: „Wahrscheinlich ist das *,fürbittende Gedenken'* noch am ehesten geeignet, einen über den Tod hinausreichenden Zusammenhang zwischen Lebenden und Verstorbenen in der von Gott gestifteten eschatologischen Heilsgemeinschaft zu ‚erinnern', weil die Möglichkeit der Fürbitte ein Gedanke ist, der verschiedenen christlichen Traditionen vertraut ist. ... Das belegt die ‚offizielle' liturgische Praxis (vgl. Beerdigungsagende; Gebet für aktuell ‚abgekündigte' Verstorbene). Dass eine solche Fürbitte für die Verstorbenen gerade in der Verbindung mit dem im Abendmahl gegenwärtigen Herrn, der beim Vater für uns eintritt, ausgesprochen wird, ist kein theologischer Streitpunkt."

Heilsgabe der Eucharistie

L/E §2: „Im eucharistischen Mahl, im Essen und Trinken des Brotes und des Weines, gewährt Christus Gemeinschaft mit sich selbst. ... Gemäss Christi Verheißung empfängt jedes getaufte Glied des Leibes Christi in der Eucharistie die Zusage der Vergebung der Sünden (Mt 26,28) und das Unterpfand des ewigen Lebens (Joh 6,51-58)."

H §6: „Wann immer die Christen aller Zeiten das Mahl des Herrn feiern, gewährt der Herr diese Gemeinschaft aufs neue und schenkt so ‚Vergebung der Sünden, Leben und Seligkeit'".

LV S.119: „Dort, wo ein engeres Verständnis von Sündenvergebung im Spiel war bzw. ist, da gilt der Can. 5 (sc. des Konzils von Trient; DH 1655), der selber von einem solchen ‚partiellen' Sprachgebrauch ausgeht, auch weiterhin; wo hingegen ‚Sündenvergebung' und gnadenhaft geschenkte neue Communio mit Gott in eins gesehen werden, da wird er gegenstandslos."

Dauer der Realpräsenz

H §53: „Nach katholischer Lehre schenkt der Herr seine eucharistische Gegenwart über den Vollzug des Sakramentes hinaus, solange die Gestalten von Brot und Wein bestehen. Entsprechend werden die Gläubigen eingeladen, ‚diesem heiligsten Sakrament bei der Verehrung die Huldigung der Anbetung zu erweisen, die man dem wahren Gott schuldet'."

H §55: Es wird darauf verwiesen, „dass die ursprüngliche Intention der Aufbewahrung der eucharistischen Gaben darin besteht, dass sie an die Kranken und Abwesenden verteilt werden".

Evangelische Auffassung

Realpräsenz

H §49: „Weithin hat man diese Terminologie (sc. der Transsubstantiation) lutherischerseits als einen Versuch verstanden, das Geheimnis der Gegenwart Christi im Sakrament rationalistisch zu erklären; manche meinen auch, auf solche Weise würde der gegenwärtige Herr nicht personhaft gesehen und ein naturalistisches Missverständnis nahegelegt."

KGWS §34: „Die Wittenberger Reformation hat die Transsubstantiationslehre früh kritisiert und schließlich als ohne Anhalt in der Schrift, unnötige Denkschwierigkeiten bereitend und um ihrer Implikationen willen abgelehnt."

H §50: „Lutherischerseits hat man die Wirklichkeit der eucharistischen Gegenwart dadurch zum Ausdruck gebracht, dass man von einer Gegenwart des Leibes und Blutes in, mit und unter Brot und Wein - nicht aber von einer Transsubstantiation - gesprochen hat."

Heilsgabe des Abendmahls

LV S.118: „Es dürfte Klarheit darüber herzustellen sein, dass das Verständnis von Sündenvergebung im Denken und Sprechen der Reformatoren bestimmt ist von dem umfassenden Aspekt der wiedergeschenkten Gemeinschaft mit Gott (vgl. Luthers Kleiner Katechismus, BSLK 520,29: ‚Denn wo Vergebung der Sünde ist, da ist auch Leben und Seligkeit')."

Dauer der Realpräsenz

LV S.108: „Kriterium für das lutherische usus-Verständnis ist ... die stiftungsgemäße Hinordnung des Altarsakraments auf den konkreten Akt leibhaften Zusichnehmens in einer aktuellen Eucharistiegemeinschaft. Dabei bestimmt lutherische Lehre den ‚usus' so, dass die sakramentale Anwesenheit Christi nicht auf den Augenblick des Empfangs beschränkt wird, sondern die gesamte Mahlfeier in ihrer inneren Sinnrichtung auf die ‚Kommunion' umgreift, weil diese ‚Communio' im Mahl Sinn und Wesen der eucharistischen Handlung ausmacht (vgl. 1 Kor 10,16f.)."

Zum Fazit des Dialogs über die Gegenwart Christi im Abendmahl

H §51: „Die ökumenische Diskussion hat gezeigt, dass diese beiden Positionen (sc. die katholische und die lutherische) nicht mehr als trennende Gegensätze betrachtet werden müssen. Die lutherische Tradition bejaht mit der katholischen Tradition, dass die konsekrierten Elemente nicht schlechthin Brot und Wein bleiben, sondern kraft des schöpferischen Wortes als Leib und Blut Christi geschenkt werden ... Die Transsubstantiation will ihrerseits den Geheimnischarakter der eucharistischen Gegenwart bekennen und bezeugen; sie will nicht erklären, *wie* diese Wandlung stattfindet."

LV S.108: „Alle begrifflichen Bemühungen ... wollen den Geheimnischarakter der eucharistischen Gegenwart nicht aufheben, sondern voraussetzen und aussagen. Denn die verheissene Wirklichkeit (Realpräsenz Jesu Christi) liegt allen Versuchen des ‚Nachdenkens' weit voraus."

II. Die Eucharistie als Opfer
Gemeinsame Überzeugungen

Lobopfer

H §31: Die Eucharistie „ist ‚die große Danksagung an den Vater für alles, was er in der Schöpfung, Erlösung und Heiligung vollbracht hat, für alles, was er jetzt in der Kirche und in der Welt trotz der Sünden der Menschen vollbringt, und für alles, was er vollbringen wird, wenn er seine Königsherrschaft zur Erfüllung bringt. So ist die Eucharistie der Lobpreis (berakah), durch den die Kirche Gott für alle seine Wohltaten dankt'."

KGWS §36: „Von den Gebeten und den im Gottesdienst eingesammelten Gaben als Dankopfer zu sprechen, ist unter uns nicht kontrovers."

L/E §3 und 4: „Die Eucharistie, die immer beides, Wort und Sakrament, einschließt, ist Verkündigung und Feier der Taten Gottes. Sie ist die große Danksagung an den Vater für alles, was er in Schöpfung, Erlösung und Heiligung vollbracht hat, für alles, was er heute in

der Kirche und in der Welt trotz der Sünden der Menschen vollbringt, für alles, was er vollbringen wird, wenn er sein Reich zur Vollendung bringt. ... Die Eucharistie ist das große
Lobopfer, durch das die Kirche für die ganze Schöpfung spricht. ... Dieses Lobopfer ist nur
möglich durch Christus, mit ihm und in ihm. Brot und Wein, Früchte der Erde und menschlicher Arbeit, werden dem Vater im Glauben und in Danksagung dargebracht."

H §36: „Übereinstimmend verstehen unsere beiden Traditionen die Eucharistie als *Opfer
des Lobes*."

Vergegenwärtigung des Sühnopfers Christi

H §56: „Gemeinsam bekennen katholische und evangelische Christen, dass Jesus Christus im Herrenmahl ‚als der Gekreuzigte gegenwärtig ist, der für unsere Sünden gestorben
und für unsere Rechtfertigung wieder auferstanden ist, als das Opfer, das ein für allemal für
die Sünden der Welt dargebracht wurde'. Dieses Opfer kann weder fortgesetzt noch wiederholt, noch ersetzt, noch ergänzt werden; wohl aber kann und soll es je neu in der Mitte der
Gemeinde wirksam werden."

H §36: „Wenn die Kirche dem Auftrag des Herrn: ‚Tut dies zu meinem Gedächtnis!' (Lk
22,19; 1 Kor 11,24f.) Folge leistet, kommt sie je neu mit dem Opfer Christi in Kontakt; sie
empfängt neues Leben aus ihm und die Kraft, mitzusterben. ‚Der Begriff des ‚Gedächtnisses' (Memorial), wie er in der Passah-Feier zur Zeit Jesu verstanden wurde - d.h. die Wirk-
sammachung eines vergangenen Ereignisses in der Gegenwart -, hat den Weg zu einem kla-
reren Verständnis des Verhältnisses zwischen dem Opfer Christi und der Eucharistie eröffnet'."

KGWS §36: „Es ist heute geklärt, dass weder das Herrenmahl noch eine andere kirchliche
Handlung als Wiederholung des Kreuzesopfers Christi gedeutet werden darf. Schon die Formel des Tridentinums von einer Gegenwärtigsetzung des einmal am Kreuz blutig vollbrach-
ten Opfers (DS 1740) hat sich hiergegen abgesetzt. Andererseits entspricht es dem Glauben
auch der evangelisch-lutherischen Kirche, dass die Präsenz von Leib und Blut Christi im
Abendmahl die Gegenwart des geopferten Christus ist; insofern ist das Opfer Christi im Herrenmahl gegenwärtig, das ja auch vor Gott nicht Vergangenheit ist, sondern bleibend gültig
(Hebr 12,24; Offb 5,6)."

L/E §5 und 6: „Die Eucharistie ist das Gedächtnis (Memorial) des gekreuzigten und auferstandenen Christus, d.h. das lebendige und wirksame Zeichen seines Opfers, das ein für
allemal am Kreuz vollbracht wurde und das weiterhin für alle Menschen wirksam ist. Der
biblische Gedanke des Gedächtnisses, angewandt auf die Eucharistie, bezieht sich auf diese
gegenwärtige Wirksamkeit des Werkes Gottes, wenn es von seinem Volk in einer Liturgie
gefeiert wird. Christus selbst ist mit allem, was er für uns und für die ganze Schöpfung vollbracht hat (in seiner Menschwerdung, seiner Erniedrigung, seinem Dienst, seiner Unterwei-
sung, seinem Leiden, seinem Opfer, seiner Auferstehung und Himmelfahrt und indem er den
Geist sandte), in dieser ‚Anamnese' gegenwärtig und schenkt uns Gemeinschaft mit sich."

Teilhabe an Christi Opfer

H §36: „Alle die zu seinem Gedächtnis Eucharistie feiern, werden in Christi Leben, Lei-
den, Sterben und Auferstehen einbezogen. Sie empfangen die Früchte des Lebensopfers
Christi und damit des gesamten versöhnenden Heilshandelns Gottes. Im Passah-Mahl des
Neuen Bundes werden sie befreit und mit Gott und untereinander geeint. So danken sie ‚für

alle seine Gnadengaben, erbitten die Wohltaten seines Leidens für die ganze Kirche, haben an diesen Wohltaten Anteil und treten in die Bewegung seiner Selbsthingabe ein'. Im gläubigen Empfangen werden sie als sein Leib in das versöhnende Opfer hineingenommen, das sie zur Hingabe ihrer selbst ausrüstet (Röm 12,1) und sie befähigt, ,durch Jesus Christus geistliche Opfer' (1 Petr 2,5) im Dienst an der Welt darzubringen."

GCKW §81: „Geheiligt durch seinen Geist, bringt sich die Kirche dem Vater dar durch, mit und in seinem Sohn Jesus Christus. Dadurch wird sie zu einem lebendigen Dankopfer, durch das Gott öffentlich gelobt wird (vgl. Röm 12,1; 1 Petr 2,5)."

OJC S. 222/223: „Vollzug und Feier des Herrenmahls verbinden im Neuen Testament auf sakramentale Weise den Vollzug eines *Gemeinschaftsmahles mit der erinnernden Vergegenwärtigung* (memoria, repraesentatio) *und Teilhabe* (participatio) *am geschichlich einmaligen Opfertod des Herrn*. Die Klammer für beides liegt in der neuen Wirklichkeit des einen Leibes, den der Auferstandene mit seiner Kirche bildet. In dieser raum- und zeitübergreifenden Einheit erinnert sich die im Herrenmahl vereinigte Gemeinde des Opfertodes ihres Herrn und wird selber in das Geschehen der Hingabe des Sohnes einbezogen."

Katholische Auffassung

Vergegenwärtigung des Sühnopfers Christi und Handeln der Kirche

H §57 und 58: „Nach katholischer Lehre wird in jeder Eucharistie durch Christus ,ein wirkliches und eigentliches Opfer dargebracht'. ,Dieses Opfer ist ein wirkliches Sühnopfer, und es bewirkt, dass wir ,Barmherzigkeit erlangen und Gnade finden zu rechtzeitiger Hilfe' (Hebr 4,16). ... Es ist ein und dieselbe Opfergabe und es ist derselbe, der jetzt durch den Dienst des Priesters opfert und der sich selbst damals am Kreuz darbrachte, nur die Art der Darbringung ist verschieden'."

OJC S. 229: „Das Geschehen der Messe hat deshalb wahrhaft sühnende Kraft, ist ein ,sacrificium ... vere propitiatorium' (DS 1743, 1753), weil es um dieselbe Opfergabe und vor allem um denselben Opferpriester geht, der sich selbst am Kreuz darbrachte, weil es um die Eröffnung und Zuwendung dieser einmaligen, verendgültigten Lebenshingabe Jesu Christi geht. Es ist ein Missverständnis, zu meinen - so wird ausdrücklich festgestellt (DS 1743) -, hier sei etwas zum Kreuz Zusätzliches mitgedacht, das seiner Einmaligkeit Abbruch tue, denn was in dieser unblutigen Feier empfangen wird, ist die Frucht der blutigen Hingabe am Kreuz."

KGWS §36: „Die katholische Lehre vom Messopfer geht bereits im Trienter Konzil von der Einmaligkeit des ein für allemal vollzogenen Opfers Jesu Christi am Kreuz aus. Das Priestertum Jesu Christi ist jedoch nicht einfach vergangen, es ist ein ewiges Priestertum, das in der Kirche in der Weise der ,memoria passionis et resurrectionis' gegenwärtig wird, um uns seine heilbringende Kraft zur Vergebung der Sünden zuzuwenden (DS 1740). Dabei bleibt das Handeln der Kirche sein Handeln, der kirchliche Dienst sein Werkzeug, durch das er selbst tätig ist. Das Messopfer ist also nichts zum Kreuz Zusätzliches und tut dessen Einmaligkeit keinen Abbruch. ... Heutige katholische Theologie geht von der durch die moderne Exegese neu entdeckten biblischen Idee der ,memoria' (zikkaron, anamnesis) aus. Das bedeutet ein Tatgedächtnis besonderer Art, eine von Gott bzw. Jesus Christus selbst gestiftete sakramentale Zeichenhandlung, in der und durch die das einmalige Heilsgeschehen gegenwärtig gesetzt wird. Die Eucharistiefeier ist deshalb die Wirklichkeit des Kreuzesopfers

Christi in der Gestalt der sakramentalen memoria. Sie schenkt und ermöglicht uns im Heiligen Geist die Teilhabe an Christi Pascha ...“

LV S. 90f: „Das Trienter Konzil ... hob ab auf die sakramentale Vergegenwärtigung des Kreuzesopfers Christi im Vollzug des Messopfers und sah in der reformatorischen Position ein bloß worthaftes Andenken. ... Doch ging es den Reformatoren darum, dass im Wort die Wirklichkeit des Heilsgeschehens selbst gegenwärtig wird, indem es Christus selbst ist, der da spricht: ‚Das ist mein Leib - das ist mein Blut.' Sie konnten aber nicht hinreichend klar aussagen, dass in der Abendmahls*feier* mit der Person des gekreuzigten und auferstanden Jesus Christus auch das *Geschehen* seines einmaligen Kreuzesopfers selbst sakramental, d.h. im Zeichen des Mahles, wirklich gegenwärtig wird. ... Es lag ihnen (sc. den Konzilsvätern) daran, die Eucharistie weder zum bloßen Andenken ... zu verflüchtigen, noch durch die Annahme eines anderen, wenn auch unblutigen Opfers die Einmaligkeit des Opfers Christi am Kreuz zu gefährden.“

LV S. 94: „Der erste Tridentinische Canon (DS 1751) ... wendet sich gegen die Trennung von Kreuz und Messe, also gegen die völlige Trennung von Sakrament des Leibes und Blutes und des Opfers Jesu, und gegen die Beschreibung ihres Verhältnisses als bloßes Austeilen und Zuteilen von etwas schlechthin Vergangenem.“

Teilhabe an Christi Opfer und „Opfer der Kirche“

H §58: „Als Glieder seines Leibes werden die Gläubigen in das Opfer Christi einbezogen. Das geschieht in unterschiedlichen Weisen; keine von ihnen wird von außen dem Opfer Christi hinzugefügt, sondern jede kommt von ihm her und weist auf es hin. ...

In der eucharistischen Vergegenwärtigung des geopferten und sich opfernden Herrn können die von ihm Erlösten im besten Sinne opfern. Sie bringen dem himmlischen Vater eine Gabe dar, die keinerlei Selbstgefälligkeit und Selbstgerechtigkeit aufkommen lässt. Sie ist ganz und gar freie, ungeschuldete Gabe der Liebe Gottes, in keiner Weise von uns Menschen verdient; sie ist zugleich mit den Menschen zutiefst verbunden, mehr als dies bei irgendeiner Sache, die sonst geopfert werden könnte, der Fall sein kann: Christus ist ganz der unsere geworden; er ist unser Haupt. Aus uns haben wir nichts und vermögen wir nichts. Deshalb weisen wir nicht auf uns, sondern auf ihn. Aus uns heraus können wir Gott nicht Lob, Preis und Ehre darbringen, wir bringen Christus dar; er ist Lob, Preis und Ehre. Dieses die eigene Ohnmacht bekundende, sich ganz auf Christus verlassende und ihn dem Vater vorstellende und darbringende Handeln ist gemeint, wenn die katholische Kirche zu sagen wagt, dass nicht nur Christus sich für die Menschen opfert, sondern dass auch sie ihn ‚opfert'. ‚Die Glieder des Leibes Christi sind durch Christus so mit Gott und miteinander vereint, dass sie Teilhaber werden an seiner Anbetung, seiner Selbsthingabe, seinem Opfer für den Vater. Durch dieses Einswerden zwischen Christus und den Christen bringt die Abendmahlsgemeinde Christus dar, indem sie einwilligt, in der Kraft des Heiligen Geistes durch ihn dem Vater dargebracht zu werden. Außer Christus haben wir keine Gaben, keine Anbetung, kein Opfer, das wir von uns aus Gott darbringen könnten. Wir können nichts anderes vorbringen als Christus, das Opferlamm und Opfer, das der Vater uns selbst gegeben hat.'“

KGWS §37: „Weil wir in der Eucharistie und durch sie nicht nur als einzelne, sondern als Kirche mit dem Kreuzesgeschehen verbunden und in das Pascha Domini hineingezogen werden, spricht die Liturgie der katholischen Kirche und ihre Theologie auch von der Eucharistie als Opfer der Kirche. Diese Redeweise kann, vor allem wenn sie aus dem Zusammenhang gerissen wird, Anlass zu Missverständnissen sein. Indes unterscheidet die liturgische Sprache schon rein terminologisch zwischen dem Darbringen der Kirche (offerre) und dem Opfer Jesu Christi (sacrificium). Theologisch versteht sich die Kirche nicht als selbständiges Subjekt der Darbringung neben Christus, sondern als Leib Jesu Christi, in dem und durch den Jesus Christus als Haupt seines Leibes das eigentliche Subjekt ist. Jesus Christus und seine ein für allemal geschehene Lebenshingabe am Kreuz ermöglicht und fordert als Antwort unsere Hingabe im Heiligen Geist durch ihn an den Vater. Sie hat die Gestalt des Dankes (Eucharistie) und des Lobes (hostia laudis) für Gottes Heilstat in Jesus Christus, und sie hat dabei Gott nichts anderes darzubieten als eben das Opfer Jesu Christi. Wir können Gott für das heilbringende Opfer seines Sohnes nicht anders danken, als dass wir uns in seine Hingabe an den Vater hineinziehen lassen und so in Christi Opfer eingehen, uns durch ihn, mit ihm und in ihm dem Vater hingeben."

OJC S. 236: „In dieser Weise *nimmt ... die das Herrenmahl feiernde Gemeinde am Opfer Jesu Christi teil*, im Gedenken an seinen Tod und im Gebet um seinen Geist. Dabei haben wir nichts anderes Gott darzubringen, was ihm gefallen könnte, als Jesus Christus und sein Opfer. Nur diesen Sinn kann es haben, wenn die mit ihrem Herrn vereinte Gemeinde Jesus Christus - und nur durch ihn, mit ihm und in ihm selbst - Gott darbringt, indem sie sein Verdienst dem Vater vor Augen stellt: den ein für allemal vollzogenen Leidensgehorsam des Sohnes, von dem die Gemeinde ihr eigenes Leben umschlossen glaubt."

Evangelische Auffassung

Lobopfer

H §60: Die lutherische Reformation „bejahte die Deutung des Herrenmahls als Dankopfer für das im Sakrament gegenwärtige Kreuzesopfer. Dieses Dankopfer ist Ausdruck des Glaubens und geschieht in der Weise, ‚dass wir (uns) mit Christus opfern, das ist, dass wir uns auf Christus legen mit einem festen Glauben an sein Testament und nicht anders mit unserem Gebet, Lob und Opfer vor Gott erscheinen, als durch ihn und seine (Heils-)Mittel und nicht daran zweifeln, er sei unser Pfarrer und Pfaff' (d.h. Priester) im Himmel vor Gottes Angesicht' (Luther). Das so verstandene ‚eucharistische Opfer', das von den Versöhnten im Glauben vollzogen wird, äußert sich in Dank und Lob, in Anrufung und Bekenntnis Gottes, im Leiden und in allen guten Werken der Gläubigen. Dies sind die Opfer, die in der reformatorischen Lehre im Anschluss an 1 Petr 2,5 und Röm 12,1 besonders betont werden."

Vergegenwärtigung des Sühnopfers Christi

H §56: „Gemeinsam bekennen katholische und evangelische Christen, dass Jesus Christus im Herrenmahl ‚als der Gekreuzigte gegenwärtig ist, der für unsere Sünden gestorben und für unsere Rechtfertigung wieder auferstanden ist, als das Opfer, das ein für allemal für die Sünden der Welt dargebracht wurde'. Dieses Opfer kann weder fortgesetzt noch wiederholt, noch ersetzt, noch ergänzt werden; wohl aber kann und soll es je neu in der Mitte der Gemeinde wirksam werden."

H §59: „Evangelischerseits hat man befürchtet, das Verständnis der Eucharistie als Sühnopfer sei der Einzigkeit und Vollgenügsamkeit des Kreuzesopfers zuwider und stelle die alleinige Heilsmittlerschaft Christi in Frage. ... Man nahm Anstoß daran, dass in der Praxis die Kommunion der Gemeinde zurücktrat. Den primären Grund dafür sah man in dem Gedanken von der Messe als einem Sühnopfer. Man meinte, damit würde einer Vorstellung

Raum gegeben, die vom gläubigen Empfang der eucharistischen Gnade dispensiere und dem Priester eine selbstmächtige Opferkraft zuspreche. Deshalb vermeidet die lutherische Tradition bis heute jede Rede vom ‚Messopfer'."

LV S. 93: „In der reformatorischen Theologie wurden zwei Arten von Opfer unterschieden: das Sühnopfer (sacrificium propitiatorium) und das Dankopfer (sacrificium eucharisticum). Dabei wird der Begriff Versühn- bzw. Sühnopfer einzig auf den Tod Jesu Christi beschränkt. ... Verständlich wird die strikte reformatorische Unterscheidung zwischen dem Kreuzesopfer und dem Lob- und Dankopfer der Gemeinde nur auf dem Hintergrund der Trennung von sacrificium und sacramentum. Kann diese als überwunden gelten, besteht für die reformatorischen Kirchen kein Anlass mehr, Kreuzesopfer und Lob- bzw. Dankopfer grundsätzlich zu trennen."

OJC S. 227: „Das Augsburgische Bekenntnis (sc. Artikel 24) ist ... bemüht, unter Gedächtnis mehr zu verstehen als eine bloß bewusstseinsimmanente Vergegenwärtigung. Es kommt aber nicht zur der Aussage, dass im Abendmahl als Tatgedächtnis des Todes Jesu Christi das einmalige Kreuzesopfer sakramental, d. h. unter den Zeichen von Brot und Wein, wirklich gegenwärtig wird."

Teilhabe an Christi Opfer

H §60: Die lutherische Reformation „bejahte die Deutung des Herrenmahls als Dankopfer für das im Sakrament gegenwärtige Kreuzesopfer. Dieses Dankopfer ist Ausdruck des Glaubens und geschieht in der Weise, ‚dass wir (uns) mit Christus opfern, das ist, dass wir uns auf Christus legen mit einem festen Glauben an sein Testament und nicht anders mit unserem Gebet, Lob und Opfer vor Gott erscheinen, als durch ihn und seine (Heils-)Mittel und nicht daran zweifeln, er sei unser Pfarrer und Pfaff (d.h. Priester) im Himmel vor Gottes Angesicht' (Luther). Das so verstandene ‚eucharistische Opfer', das von den Versöhnten im Glauben vollzogen wird, äußert sich in Dank und Lob, in Anrufung und Bekenntnis Gottes, im Leiden und in allen guten Werken der Gläubigen. Dies sind die Opfer, die in der reformatorischen Lehre im Anschluss an 1 Petr 2,5 und Röm 12,1 besonders betont werden."

KGWS §38: „Die Gegenwart Christi als des Geopferten in, mit und unter Brot und Wein ermächtigt uns in besonderer Weise zum Dank- und Lobopfer. Dankend und lobend dürfen wir Gott dem Vater in der Kraft des Heiligen Geistes das Selbstopfer seines Sohnes im Gebet vorhalten. Das ist zwar eine evangelischer Tradition ungewohnte sprachliche Formulierung, aber eine auch für evangelische Theologie sachgerechte Aussage, wenn sie nicht die eigentliche Mitte des sakramentalen Geschehens im Gottesdienst des Herrenmahls verdrängt, nämlich dass der Herr sich uns schenkt, in seine Gemeinschaft und damit in Gemeinschaft mit dem dreieinigen Gott zieht. Dies schließt wohl ein, dass Christus, der Herr des Mahles, uns an der bleibenden, unüberbietbaren Kraft seines Sterbens, der Versöhnung mit dem Vater, auch darin Anteil gibt, dass er uns kraft des Heiligen Geistes in sein Opfer in der Nachfolge hineinzieht; aber auch als Haupt seines Leibes, der Kirche, bleibt er ihr Herr; denn die Kirche lebt immer vom Opfer Christi."

OJC S. 236: „Auf ihre Weise hat auch die lutherische Reformation die Teilhabe des Glaubens an allem, was Jesus Christus ist und hat, betont. Dieser Gedanke ist damals nicht auf den Opferbegriff angewandt worden, weil die Reformation das Messopfer gerade nicht als Einbeziehung der Opfernden in das Geschehen des Opfers Christi, sondern als eine zusätzliche Darbringung an Gott aufgefasst hat."

Zum Fazit des Dialogs über die Eucharistie als Opfer

KGWS §38 (Im Blick auf die katholischen Darlegungen über die Eucharistie als Opfer, s.o., heißt es): „Evangelische Theologie wird gegenüber einer solchen, die Lehraussagen des Tridentinums interpretierenden und weiterführenden Bestimmung zwischen dem Kreuzesopfer Christi und dem eucharistischen Gottesdienst der Kirche klar aussprechen können: Dies ist nicht die Lehre, die unsere reformatorischen Väter verworfen haben und die in der Polemik der vergangenen Jahrhunderte gegen das Messopfer vor Augen stand."

KGWS §38: „Eine Lehre von der Eucharistie als Opfer im Sinne und in den Grenzen dieser Aussagen katholischer Theologie kann von der Kirche der Wittenberger Reformation nicht als Verfälschung des Evangeliums gewertet werden. Sie stellt Fragen und weckt Gegenfragen, aber sie markiert nicht unüberwindliche Grenzen."

LV S. 90: „Von evangelischer und römisch-katholischer Seite kann ... übereinstimmend betont werden, dass Christi Kreuzesopfer ‚weder fortgesetzt noch wiederholt, noch ersetzt, noch ergänzt werden' kann. Auf der Basis dieses Einverständnisses wird der Vorwurf von Canon 4 (sc. des Trienter Konzils, DH 1754) heute im wesentlichen ebenso gegenstandslos wie die scharfe Kritik der AS (Schmalkaldische Artikel) und des Heidelberger Katechismus an der römischen Messe, weil der Sachverhalt sich anders darstellt."

LV S. 94: „Der erste Tridentinische Canon (DS 1751) muss dann (sc. wenn evangelischerseits zwischen sacrificium und sacramentum und zwischen dem Kreuzesopfer und dem Lob- bzw. Dankopfer der Gemeinde nicht mehr grundsätzlich getrennt wird) nicht länger als Gegensatz zur reformatorischen Lehre betrachtet werden. Denn er wendet sich gegen die Trennung von Kreuz und Opfer, also gegen die völlige Trennung von Sakrament des Leibes und Blutes und des Opfers Jesu, und gegen die Beschreibung ihres Verhältnisses als bloßes Austeilen und Zuteilen von etwas schlechthin Vergangenen."

LV S. 91: Die Unstimmigkeiten zwischen katholischer und evangelischer Auffassung „lassen sich heute klären durch ein vertieftes Verständnis des ‚Gedenkens' im Sinne des Alten und Neuen Testaments: Im gottesdienstlichen Gedächtnis der Heilstaten Gottes werden diese selbst in der Kraft des Heiligen Geistes gegenwärtig, und die feiernde Gemeinde wird mit der früheren, die die Heilstaten selbst erfuhr, verbunden. ... So wird es heute beiden Seiten möglich, das Verständnis von einmaligem Kreuzesopfer und eucharistischem Vollzug als einen in sich differenzierten Zusammenhang zu verstehen, wobei sowohl die Gefahr einer unterschiedslosen Gleichung als auch die Gefahr einer alternativen Trennung vermieden werden kann. Dass dabei verschiedene Vorstellungsweisen in Anschlag gebracht werden, kann nicht bestritten werden, begründet aber nicht die Notwendigkeit gegenseitiger Verwerfungen ...."

OJC S. 237: „In der Sache war eigentlich nie strittig: ‚Die Kirche, die den Tod des Herrn verkündigt, ist aufgefordert, sich mit diesem zu verbinden. Sie soll nicht nur *vom Opfer* wissen, sie soll sich von ihm erfassen lassen. Im Mitsterben mit ihrem Herrn soll sie bereitet werden für das Mitauferstehen.'" (Zitat aus H. §34)

L/E, Kommentar zu §5-8: „Im Lichte der biblischen Vorstellung des Gedächtnisses (Memorial) können alle Kirchen die historischen Kontroversen über das ‚Opfer' neu überdenken und ihr Verständnis der Gründe vertiefen, warum die jeweils anderen christlichen Traditionen diesen Begriff entweder verwenden oder abgelehnt haben."

III. Die Abendmahlspraxis

1. Die Kommunion unter beiden Gestalten

Gemeinsame Überzeugung

H §64: „Katholiken und Lutheraner sind gemeinsam der Überzeugung, dass zur Vollgestalt der Eucharistie Brot und Wein gehören."

Evangelische Auffassung und Praxis

H §64: „Die Reformatoren sehen ... die stiftungsgemäße Vollkommenheit und Ganzheit des sakramentalen Zeichens gemäß den Einsetzungsworten Christi nur dort gewahrt, wo alle auch den Kelch empfangen. Gleichwohl verneint die lutherische Lehre nicht, dass Christus unter jeder der beiden Gestalten ganz gegenwärtig ist, und die lutherische Praxis kennt zwingende pastorale Fälle, in denen das Abendmahl auch unter einer Gestalt empfangen werden kann."

KGWS §35: „Die evangelische Kirche (hält) ... daran fest, dass in jedem Abendmahlsgottesdienst allen Kommunikanten Leib und Blut Christi gereicht werden."

Katholische Auffassung und Praxis

H §64: „In der katholischen Eucharistiefeier wird den Gläubigen bei der Kommunion zumeist lediglich die Gestalt des Brotes gereicht. Dies geschieht vornehmlich aus praktischen Gründen und beruht auf der Überzeugung von der vollen Gegenwart Christi in jeder der beiden Gestalten, so dass der Empfang nur einer Gestalt keine Minderung der Wirkung bedeutet ... Die Möglichkeiten zum Empfang der Eucharistie unter beiderlei Gestalt sind im II. Vatikanischen Konzil erheblich erweitert worden, sowohl in bezug auf die Anlässe wie auch auf die Kommunikanten."

Zum Fazit des Dialogs über die Kommunion unter beiden Gestalten

H §64: „Wenn hier auch weiterhin Unterschiede in Lehre und Praxis bestehen, so haben diese keinen kirchentrennenden Charakter mehr."

2. Das Abendmahl als Gemeinschaftsmahl

Gemeinsame Überzeugung

H §63: „Gemeinsam sind Lutheraner und Katholiken der Überzeugung, dass die Eucharistie wesenhaft Gemeinschaftsmahl ist."

Evangelische Auffassung und Praxis

H §63: „Nach evangelischem Verständnis ist die Kommunion der Gemeinde unabdingbarer Teil der Feier der Eucharistie nach der Stiftung des Herrn. Deshalb wird in den Messen ohne Beteiligung des Volkes (missverständlich und theologisch unzulässig als ‚Privatmessen' bezeichnet) ein Brauch gesehen, der weder der Stiftung des Herrn noch der Praxis der alten Kirche entspricht."

Katholische Auffassung und Praxis

H §63: „Inzwischen hat sich in der liturgischen Praxis der katholischen Kirche seit dem II. Vatikanischen Konzil ein bedeutsamer Wandel vollzogen zum Vorrang ‚der gemeinschaftlichen Feier mit Beteiligung und tätiger Teilnahme der Gläubigen - wobei bestehen bleibt, dass die Messe in jedem Fall öffentlichen und sozialen Charakter hat'."

Zum Fazit des Dialogs über das Abendmahl als Gemeinschaftsmahl
    H §63: „Dieser (sc. auch katholischerseits bejahte) Vorrang der gemeinschaftlichen Feier bedeutet eine wichtige Annäherung unserer eucharistischen Praxis."

3. Der Umgang mit den konsekrierten Elementen nach der Mahlfeier

Gemeinsame Überzeugung
    H §16: „Christus ist auf verschiedene Weise in der gesamten eucharistischen Feier gegenwärtig und wirksam."
    H §52: „Gemeinsam bekennen katholische und lutherische Christen, dass die eucharistische Gegenwart des Herrn Jesus Christus auf den gläubigen Empfang ausgerichtet ist, dass sie gleichwohl nicht nur auf den Augenblick des Empfangens beschränkt ist ..."

Katholische Auffassung und Praxis
    H §53: „Nach katholischer Lehre schenkt der Herr seine eucharistische Gegenwart über den Vollzug des Sakramentes hinaus, solange die Gestalten von Brot und Wein bestehen. Entsprechend werden die Gläubigen eingeladen, ‚diesem heiligsten Sakrament bei der Verehrung die Huldigung der Anbetung zu erweisen, die man dem wahren Gott schuldet'."
    H §55: Es wird darauf verwiesen, „dass die ursprüngliche Intention der Aufbewahrung der eucharistischen Gaben darin besteht, dass sie an die Kranken und Abwesenden verteilt werden".
    H §54: „... mancher lutherischerseits praktizierte Umgang mit den (sc. nach der Abendmahlsfeier) übrigbleibenden Elementen (verletzt) das katholische Empfinden und signalisiert eine noch nicht bewältigte Diskrepanz."

Evangelische Auffassung und Praxis
    H §53: „Lutherischerseits hat man an gewissen Formen eucharistischer Frömmigkeit, die mit dieser Überzeugung (sc. der katholischen Überzeugung von einer eucharistischen Gegenwart Christi über den Vollzug des Sakramentes hinaus) zusammenhängen, nicht selten Anstoß genommen. Man wertet sie als unzulässige Trennung vom Mahlgeschehen."
    KGWS §35: Die evangelische Kirche „wehrt sich gegen eine Verehrung Christi im eucharistischen Brot und Wein außerhalb des Gottesdienstes, weil sie überzeugt ist, dass der mündliche Empfang der einzige stiftungsgemäße Gebrauch ist."
    KGWS §39: „Zwischen uns noch nicht abgeklärt und teilweise kontrovers sind Formen des liturgischen und außerliturgischen Umgangs mit dem konsekrierten Brot und Wein und der damit verbundenen Frömmigkeit. Gemeinsamer Ausgangspunkt ist zwar ... die unbedingte Bindung an die Stiftung Christi. Doch sehen wir gerade dies beim jeweils anderen gefährdet. Das gilt vor allem für das Thema des Umgangs mit den eucharistischen Gaben außerhalb des Gottesdienstes. Für die evangelisch-lutherische Kirche sind weiterhin die Spendung nur der Hostie an die Laien als Regelbrauch und vor allem die Verehrung des in der Hostie gegenwärtigen Christus außerhalb der Eucharistiefeier nicht durch die Stiftung gedeckt."

Zum Fazit des Dialogs über den Umgang mit den konsekrierten Elementen nach der Mahl-feier

LV S.122f: „Angesichts der gemeinsamen Glaubensüberzeugung von der wahren und wirklichen Gegenwart in der Eucharistie sind die verbleibenden, durch die konfessionellen Traditionen geprägten Akzentuierungen in der Theologie und Spiritualität der Eucharistie nicht mehr als kirchentrennend zu bezeichnen."

IV. Die Bedeutung des kirchlichen Amtes für die Abendmahlsfeier
Gemeinsame Überzeugung

H §65: „Katholische und lutherische Christen sind der Überzeugung, dass zur Eucharistie die Leitung des kirchlicherseits dazu bestellten Dieners gehört."

GCKW §75: „Der Vorsitz des beauftragten kirchlichen Amtsträgers bei der Feier des Mahles bringt die einzigartige Rolle Christi als des Herrn und Gastgebers zum Ausdruck. Der beauftragte Amtsträger soll der versammelten Gemeinde zeigen, dass sie selbst nicht über die Eucharistie zu verfügen hat, sondern nur im Gehorsam das nachvollzieht, was Christus der Kirche aufgetragen hat."

L/E §29: „In der Feier der Eucharistie sammelt, lehrt und nährt Christus die Kirche. Es ist Christus, der zu dem Mahl einlädt und ihm vorsteht. Er ist der Hirte, der das Volk Gottes leitet, der Prophet, der das Wort Gottes verkündet, der Priester, der das Geheimnis Gottes feiert. In den meisten Kirchen wird dieser Vorsitz durch einen ordinierten Amtsträger zum Ausdruck gebracht. Wer der Eucharistie im Namen Christi vorsteht, macht deutlich, dass der Ritus nicht Schöpfung oder Besitz der Versammlung ist; die Eucharistie wird als Gabe von Christus empfangen, der in seiner Kirche lebt. Der Diener (minister) der Eucharistie ist der Botschafter, der die göttliche Initiative repräsentiert und die Verbindung der Ortsgemeinde zu den anderen lokalen Gemeinschaften in der universalen Kirche zum Ausdruck bringt."

Evangelische Auffassung

H §67: „Auch nach lutherischer Lehre wird der eucharistische Gottesdienst vom ordinier-ten Pfarrer geleitet. ‚Aufgabe des Amtes (ist es), das Evangelium zu verkündigen und die Sakramente dem Evangelium gemäß zu verwalten, so dass dadurch der Glaube geweckt und gestärkt wird.' Nach lutherischem Verständnis ist das kirchliche Amt eine göttliche Stiftung, obwohl die Ordination üblicherweise nicht als Sakrament bezeichnet wird."

Katholische Auffassung

H §66: „Nach katholischer Lehre steht jede rechtmäßige Eucharistiefeier ‚unter der Lei-tung des Bischofs, dem die Pflicht übertragen ist, den christlichen Gottesdienst der göttli-chen Majestät darzubringen und zu betreuen gemäß den Geboten des Herrn und den Geset-zen der Kirche'. ‚Nur jene Eucharistie gilt als gesetzmäßig, die unter dem Bischof vollzogen wird oder durch den von ihm Beauftragten.' Entsprechend ist die Ordination zum Bischof bzw. zum Priester die unerlässliche Vorbedingung für den Vorsitz beim Herrenmahl; daher gibt es auch im Ausnahmefall keine Eucharistiefeier ohne einen ordinierten Priester. Soweit das Sakrament der Ordination fehlt, sieht die katholische Kirche somit bei den von ihr Ge-trennten ‚die ursprüngliche und vollständige Wesenheit (substantia) des eucharistischen Mysteriums nicht bewahrt'."

Behindert die Amtsfrage die Einheit der Kirchen?
Katholisches Plädoyer für die Anerkennung der reformatorischen Ämter

Von Hans Jorissen

Das steilste Hindernis, das katholischerseits der Einheit der Kirchen (und damit auch der eucharistischen Tischgemeinschaft) im Wege steht, scheint in der Tat die noch ungeklärte Amtsfrage zu sein. Näherhin ist es nicht die Amtsfrage als solche, sondern die Frage nach einer bestimmten Gestalt des Amtes für das Kirche-Sein der Kirche, die Gültigkeit des ordinierten Amtes und der Eucharistie. Das „steilste Hindernis" für den Fortgang der Ökumene auf ihrem Weg zur vollen Kirchen- und Gottesdienstgemeinschaft liegt demnach nicht so sehr auf der Ebene der Lehre und des Glaubens(inhalts) im engeren Sinne, sondern auf der Ebene der Kirchenverfassung und der Ämterstruktur. Denn wie in Sachen des eucharistischen Glaubens, so ist auch in der Frage der Theologie des Amtes eine weitgehende Übereinstimmung erreicht. Die offene Frage ist die Frage nach der ekklesiologischen Bedeutung des historischen Bischofsamtes und der bischöflichen Sukzession. Die „Erklärung Dominus Jesus" der Kongregation für die Glaubenslehre nennt in einem Atemzug „apostolische Sukzession", „gültige Eucharistie" und „gültigen Episkopat" und spricht unter diesem dreifachen Aspekt den Kirchen der Reformation das Kirche-Sein „im eigentlichen Sinne" ab.[1] Dennoch darf nicht nur, sondern muß die theologische Qualifikation dieser Auffassung angefragt werden.[2] Gerade hier müßte sich bewähren, ob die Feststellung der Ökumene-Enzyklika des Papstes Johannes Pauls II. gilt, daß das, was die Kirchen trennt, im Vergleich zu dem, was sie verbindet, gering sei[3] und deshalb doch wohl leicht überwindbar sein müßte.

---

[1] Erklärung *Dominus Jesus* (Verlautbarungen des Apostolischen Stuhls, Nr. 148), hg. vom Sekretariat der Deutschen Bischofskonferenz, Bonn 2000. - Vgl. Stellungnahme der römisch-katholischen Kirche zum Lima-Dokument: ebd. Nr. 87, Bonn 1987.

[2] M. J. RAINER (HG.), „*Dominus Jesus*". *Anstößige Wahrheit oder anstößige Kirche?* Dokumente, Hintergründe, Standpunkte und Folgerungen (Wissenschaftl. Paperbacks 9), Münster 2001; A. FRANZ (Hg.), *Was ist heute noch katholisch?* Zum Streit um die innere Einheit und Vielgestalt der Kirche (QD 192), Freiburg 2001; J.W. MÖDLHAMMER, *Die „einzige Kirche Christi".* Bemerkungen zum katholischen Kirchenverständnis mit Bezug auf „Dominus Jesus", in: Cath(M) 55 (2001) 132-139; P. KNAUER, *Zum Verständigungsdokument „Communio Sanctorum"*, in: ebd. 215-229, bes. 220f.; B. NEUMANN, *Sakrament des Heils.* Das konfessionelle Profil der katholischen Kirche im ökumenischen Kontext, in:. ebd 56 (2002) 28-43, hier: 38-43, bes. 41.

[3] Ökumene-Enzyklika Papst JOHANNES PAULS II. *Ut unum sint*, Nr. 22 (Verlautbarungen des Apostolischen Stuhls, Nr. 121), Bonn 1995, 20.

Ich möchte im folgenden - in bezug auf die Anerkennung der Ämter - eine Lösung vorschlagen, die strikt von der Einheit des apostolischen Amtes ausgeht und keine Kirche zwingt, ihre eigene Ekklesialität und die Gültigkeit ihrer Ämter infrage zu stellen. Dieser Lösungsversuch nimmt die Rahnersche Unterscheidung zwischen Wesen/Wesensrecht und seinen geschichtlichen Verwirklichungsformen auf[4] und läßt sich von dem Grundsatz leiten, daß das, was theologisch möglich ist, um der Einheit der Kirche willen auch getan werden muß und die Kirchen dabei bis an die Grenze des theologisch/dogmatisch Möglichen zu gehen bereit sein müssen.

1. Kurze neutestamentliche Besinnung

1.1 Das Neue Testament kennt keine „Ämter" im profanen Sinne, sondern nur Dienste. Es gibt nach dem NT auch keine Herrschaft, auch keine „Heilige Herrschaft" (Hierarchie), sondern nur Dienst (Diakonie; Ministerium). So heißt es bei Lukas (22,25ff.): „Die Könige herrschen über ihre Völker, und die Mächtigen lassen sich Wohltäter nennen. Bei euch aber soll es nicht so sein, sondern der Größte unter euch soll werden wie der Kleinste, und der Führende soll werden wie der Dienende. ... Ich aber bin unter euch wie einer, der dient." Wer in der Kirche ein Amt hat, muß in das Dienen Jesu eintreten, in Jesu Haltung des „für euch" (vgl. Mk 10,45). Deshalb hat eine Reihe von Konzilstexten über das Amt als ein wesentliches Charakteristikum des kirchlichen Amtes (nicht nur als moralische Forderung) die Bereitschaft des Amtsträgers zu dieser Christusnachfolge im Dienen hervorgehoben. Zum Wesen des kirchlichen Amtes gehört der gelebte Christusdienst.

1.2 Für Paulus ist das Amt nicht Herrschaft über den Glauben, sondern „Dienst an eurer Freude" (2 Kor 1,24), d. h. Dienst am froh machenden Evangelium, das durch Wort/Verkündigung und Sakrament vermittelt wird. Amt ist Dienst an Wort und Sakrament.

1.3 Da die Einheit der Kirche auf diesen beiden Pfeilern ruht, ist kirchliches Amt: Dienst an der Einheit.

1.4 Damit hängt unmittelbar ein weiteres zusammen: Wort und Sakrament einerseits und Amt andererseits stehen nicht auf gleicher Ebene. Denn Wort und Sakrament begründen die Einheit der Kirche, das Amt bezeugt sie.[5] Das Amt steht nicht über dem Evangelium, sondern unter dem Wort Gottes.[6]

1.5 Der Zeugendienst an Wort und Sakrament ist ein Dienst innerhalb der Kirche: „in und für die Kirche (die Gemeinde)". D. h. das Amt ist in die Gemeinde eingeordnet und ihr zugeordnet: Kein Amt ohne Gemeinde, aber

---

[4] K. RAHNER, *Vorfragen zu einem ökumenischen Amtsverständnis* (QD 65), Freiburg 1974, 15-39.

[5] J. RATZINGER, *Das geistliche Amt und die Einheit der Kirche*, in: Cath(M) 17 (1963) 178; DERS., *Einführung in das Christentum*, München [1]1968, 288; DERS., *Das neue Volk Gottes*, Düsseldorf 1970, 119.

[6] ZWEITES VATIKANISCHES KONZIL, *Dogmatische Konstitution über die göttliche Offenbarung „Dei Verbum"*, Nr. 10.

auch keine Gemeinde ohne Amt. In dieser Ein- und Zuordnung steht dennoch das Dienst-Amt auch der Gemeinde gegenüber. Denn es bezeugt die Autorität Jesu Christi, der auch der Amtsträger untersteht. Das Amt bezeugt, dass die Gemeinde/Kirche nicht Herr ist über Wort und Sakrament. Das Wort des Evangeliums muß der Gemeinde/Kirche (und auch dem Verkündiger selbst) gesagt werden. Es ist der Gemeinde vorgeordnet. Nur insofern der Amtsträger als der berufene Diener an Wort und Sakrament diese Vorordnung des Evangeliums und damit die Autorität Christi bezeugt, steht er der Gemeinde als Zeuge der Autorität Christi gegenüber. Die Funktion des Amtsträgers läßt sich unter dieser Rücksicht so bestimmen (wie es in ökumenischen Konsenstexten ausgedrückt ist): Er steht in der Gemeinde der Gemeinde gegenüber. Das Amt, das selbst ein Charisma (zum Nutzen aller, vgl. 1 Kor 12,7) ist, soll die anderen Charismen (geistliche Gaben) in der Gemeinde aufspüren, anerkennen und fördern zum Aufbau der Gemeinde (vgl. Eph 4,7-16).

1.6 Da die Einheit der Kirche auf Wort und Sakrament gründet, dient das kirchliche Amt bzw. der kirchliche Amtsträger nicht nur der Einheit der einzelnen Gemeinde, sondern bindet sie zugleich ein in die Communio (Gemeinschaft) mit den anderen Gemeinden, die ebenso kommunizieren in Wort und Sakrament. So baut sich die Kirche auf als Kommuniongemeinschaft von Teilkirchen, die im Wort und Sakrament verbunden sind und so eins sind als der (kirchliche) Leib des leibhaftigen Wortes, das Christus selbst ist.

1.7 So läßt sich abschließend sagen: Das Neue Testament kennt keine einheitliche Amtsgestalt. Es differenziert weder zwischen Episkopen und Presbytern, sondern verwendet diese beiden (aus unterschiedlichen Traditionen, der jüdischen und der hellenistischen, stammenden) Termini synonym, noch bindet es das Kirche-Sein der Kirche an ein bestimmtes Verfassungs- und Organisationsmodell. Dagegen läßt es die Grundgestalt und Grundverfaßtheit der Kirche als Gemeinschaft (koinonia, communio) mit einander in Wort und Sakrament kommunizierender Ortskirchen deutlich in den Blick kommen - eine Grundverfaßtheit, die sich am dichtesten in der Feier des Herrenmahles konkretisiert. In dieser Grundgestalt hat das Amt als Dienst an der Einheit seinen unaufgebbaren Ort.

2. Erreichte Gemeinsamkeiten in der Amtstheologie

Die im Dialog mit den Reformationskirchen erreichten Gemeinsamkeiten sind vor allem in den bekannten Dialog-Dokumenten zusammengefaßt.[7] Sie seien stichwortartig benannt.

---

[7] Für den röm.-kath./luth. Dialog insbes.: *Das Evangelium und die Kirche (Malta-Bericht*, 1972); *Das Herrenmahl* (1978); *Alle unter einem Christus* (1980); *Das Geistliche Amt in der Kirche* (1981); *Einheit vor uns* (1984); *Kirchengemeinschaft in Wort und Sakrament* (1984); *Kirche und Rechtfertigung* (1994); *Communio Sanctorum* (2000). - Für den röm.-kath./reformierten Dialog: *Die Gegenwart Christi in Kirche und Welt* (1977); *Auf dem*

2.1 Auf der Grundlage des gemeinsamen Priestertums aller Gläubigen und im Rahmen der als ganzer apostolischen Kirche wird in den Kirchen ein von Christus gestiftetes (also nicht durch Gemeindedelegation entstandenes) besonderes Amt als eines der konstitutiven Merkmale von Kirche anerkannt.[8]

2.2 Konsens besteht auch in bezug auf die Funktion des Amtes: im Leben der Kirche die Priorität der göttlichen Initiative und Autorität zu repräsentieren (Struktur des „in - gegenüber")[9] und durch Wort und Sakrament der Sammlung, dem Aufbau und der Leitung der Gemeinde (Kirche) zu dienen.[10]

2.3 Übereinstimmung besteht weiterhin über das Grundverständnis von Ordination als primär von Christus gewirkte, mittels Handauflegung und Gebet durch ordinierte Amtsträger vollzogene unwiederholbare Einfügung in den Dienst an Wort und Sakrament.[11]

2.4 Konsens besteht ferner in der Grundauffassung von apostolischer Amtssukzession in dem Sinne, daß sie grundlegend in den umfassenden Zusammenhang der Sukzession der Gesamtkirche im apostolischen Glauben eingeordnet ist. Innerhalb dieser Glaubenstradition - und nur in diesem Zusammenhang - hat dann auch die apostolische Amtssukzession eine wesentliche (und unaufgebbare) Bedeutung als notwendiger Dienst an der

---

Weg zu einem gemeinsamen Verständnis von Kirche (1984-1990). - Auf der Ebene des Ökumenischen Rates der Kirchen: die *Konvergenzerklärungen zu Taufe, Eucharistie und Amt (Lima-Dokument)* der Kommission Faith and Order (1982). - Ferner die Studie des ökumenischen Arbeitskreises evangelischer und katholischer Theologen *Lehrverurteilungen - kirchentrennend?* (1985). - Die meisten Dokumente sind in den beiden Sammelbänden: *Dokumente wachsender Übereinstimmung,* hg. v. H. MEYER u. a., Paderborn/Frankfurt, Bd. 1 (1931-1982): 1983, Bd. 2 (1982-1990): 1992, veröffentlicht (DWÜ), außer: *Kirchengemeinschaft in Wort und Sakrament,* Paderborn/Hannover 1984; *Kirche und Rechtfertigung,* Paderborn/Frankfurt 1994; *Lehrverurteilungen - kirchentrennend?,* hg. v. K. LEHMANN u. W. PANNENBERG, Freiburg/Göttingen 1986 (³1988); *Communio Sanctorum,* Paderborn/Frankfurt 2000.- Vgl. hierzu: H. MEYER, *Versöhnte Verschiedenheit. Aufsätze zur ökumenischen Theologie. II.: Der katholisch/lutherische Dialog,* Frankfurt/Paderborn 2000, 165-169. 242-244.

[8] *Malta-Bericht* (= M), Nrr. 47-56; *Das Herrenmahl* (= H), Nr.67; *Das Geistliche Amt* (= GA), Nrr. 17f. 20. 23. 29; *Alle unter einem Christus* (= ECh), Nr. 18; *Einheit vor uns* (= E), Nrr. 57. 96; *Kirchengemeinschaft in Wort und Sakrament* (= KWS), Nrr. 60. 61; *Kirche und Rechtfertigung* (= KR), Nr 185f.; *Communio Sanctorum* (= CS), Nrr. 131f. 141f.; vgl. Nr. 19; *Die Gegenwart Christi in Kirche und Welt* (= GChKW), Nr. 97f.; *Auf dem Weg zu einem gemeinsamen Verständnis von Kirche* (= WGVK), Nrr. 130-142; *Lima/Amt,* Nrr. 8f. 11f. - Beachtlich ist auch die Gemeinsamkeit im röm.-kath./methodistischen Dialog: *Denver-Bericht* (1971), Nrr. 89-92; *Dublin-Bericht* (1976), Nrr. 77. 82. 98 (in: *DWÜ I,* 410f. 442f. 446); *Nairobi-Bericht* (1985), Nrr. 29-35 (in: *DWÜ II,* 514-516).

[9] H 13; GA 20. 23f. 34f.; E 57; KWS 62; KR 188f.; GChKW 75. 99; Lima/Amt 8. 11f. 15; Dublin 77. 82. 98.

[10] GA 27. 29-31; E 57; KWS 56; KR 182. 185; GChKW 93. 97. 99; Lima/Amt 13f. 15.

[11] GA 32-34; 36-39; E 78; KWS 63-65; GChKW 98 (Ordination als „wirksames Zeichen"); Lima/Amt 7c. 39-44. 48; 41: Ordination als „sakramentales Zeichen"; Denver 91-94; Dublin 79f. 98-101.

Kontinuität des apostolischen Glaubens und damit für die Rückbindung der Kirche an ihren apostolischen Ursprung.[12]

2.5 Als weiterer wichtiger Konsenspunkt bleibt noch die Einordnung des Amtes in die Kirche als Gemeinschaft (communio) von eigenberechtigten Ortskirchen hervorzuheben. Dieser Einheit mit Christus und der Glaubenden wie der Gemeinden (Kirchen) untereinander hat das Amt zu dienen.[13]

Diese Übereinstimmungen sind (außer durch die Dialog-Dokumente) durch vielfältige theologische Stellungnahmen und Studienberichte gedeckt, die im Auftrag der reformatorischen Kirchen bzw. ihrer Organe erarbeitet wurden und deshalb die Verbindlichkeit eines „magnus consensus" für sich in Anspruch nehmen können.[14] Die Feststellung eines solchen Grundverständnisses verifiziert unsere zu Anfang getroffene Aussage, daß der Differenzpunkt im Amtsverständnis der Kirchen nicht in der Theologie des Amtes als solcher liegt, sondern in der Frage nach der Bedeutung, die einer bestimmten Verwirklichungsform des Amtes zukommt.

Die in diesem Beitrag vertretene These lautet: Die genannten gemeinsamen Merkmale konstituieren das Wesen des Amtes, die geschichtlichen Realisierungsformen gehören hingegen zu den (legitimen) Variablen, sofern sie Konkretisierungen dieses Wesens sind. Das muß theologisch gerechtfertigt und begründet werden.

3. Geschichtliche Erwägungen zur Frage des historischen Bischofsamtes und der historisch-bischöflichen Sukzession

3.1 Daß sich die Dreistufigkeit des Amtes (Bischof - Priester - Diakon) geschichtlich entfaltet hat, ist historisch unbestreitbar und unbestritten. Zur Zeit des 1. Klemensbriefes (96/97) bis sicher noch in die Mitte des 2. Jh.s besteht in Rom (und in Korinth) noch kein Monepiskopat; die Gemeinde wird von einem Presbyterkollegium geleitet, das gemeinsam die episcopé

---

[12] GA 59-66, bes. 63; GChKW 99-101; Lima/Amt 34-38. Es ist sinnvoll, mit dem Lima-Dokument zwischen apostolischer Glaubens*tradition* und apostolischer Amts*sukzession* zu unterscheiden. - Übereinstimmung besteht auch darüber, daß die apostolische Amtssukzession nicht in einer (historisch nicht zu belegenden) ununterbrochenen Kette (bischöflicher) Handauflegungen gründet, sondern in einer geordneten Weitergabe des Amtes zum Dienst an der Glaubenstradition, die zwar schon früh (so Apg 14, 23; 1 Tim 4,14; 5,22; 2 Tim 1,6), wenn auch noch nicht allgemein, im Zeichen der Handauflegung stattfand. Weder in den echten Paulusbriefen noch im 1. Klemensbrief, den Ignatiusbriefen und bei Irenäus v. Lyon erfahren wir etwas über die Art der Weitergabe. Im Mittelalter und im Konzil von Florenz (1439) galt die Übergabe der Geräte (Patene mit Brot, Kelch mit Wein) als das sakramentale Zeichen der priesterlichen Ordination (DH 1326). Erst Papst PIUS XII. legte 1947 definitiv die Handauflegung und die entsprechenden Worte als konstitutives Zeichen der Ordination fest (DH 3860).

[13] GA 34. 67-73; KWS 64; E 5-7. 111f.; CS 143-152; GChKW 62. 88; Lima/Eucharistie 19. 29; Lima/Amt 13f. 42. - Die Communio-Ekklesiologie ist eine durchgehende Perspektive des r.k./orthodoxen als auch des r.k./anglikanischen Dialogs.

[14] Siehe H. MEYER, Das kirchliche Amt im Dialog. Zur Frage katholisch-evangelischer „Grundverschiedenheiten", in: KNA-Ökumenische Information, Nr. 5 (1984), 9f. (Lit.).

ausübt.[15] In Antiochien und im kleinasiatisch-syrischen Einflußbereich des Ignatius von Antiochien (†110) ist hingegen der Monepiskopat schon voll ausgebildet.[16] Freilich darf man den Monepiskopat in den Ignatiusbriefen nicht im Sinne eines monarchischen Episkopats mißverstehen. „Es gibt keine Stelle in den Ignatiusbriefen, die eine wirkliche Unterordnung oder eine Nichtebenbürtigkeit zwischen Presbytern und dem Bischof nahelegt."[17] Erst gegen Ende des 2. bzw. Anfang des 3. Jahrhunderts setzt sich der Monepiskopat allgemein durch - und die „juristische Unterscheidung zwischen Episkopat und Presbyterat bringt erst das dritte Jahrhundert."[18]

Welche Gründe auch immer für die Entwicklung zur Aufgliederung des Amtes und zum Monepiskopat maßgebend gewesen sein mögen, man wird darin eine Wirkung des Hl. Geistes erkennen können und müssen. Die Frage ist aber: Ist sie deshalb auch schon schlechthin konstitutiv für alle spätere Kirchen- und Verfassungsgestalt? Jede Kirche, die an der Sukzession im historischen Bischofsamt für sich selbst verbindlich festhält, muß sich dieser Frage stellen und darf die Diskussion darüber nicht vorschnell mit Berufung auf die in ihr bewahrte apostolische Tradition schließen. Denn das Problem ist doch, ob es die im Dialog als gottgewollt und deshalb als notwendig anerkannte und bejahte Sukzession im apostolischen Amt nur in dieser Weise - und zwar vom Wesen der Kirche her - geben könne.[19] Wie also sind die historischen Fakten theologisch zu interpretieren, die die Aufgliederung des Amtes (hier in bezug auf Episkopat und Presbyterat) unbezweifelbar als Akt der Kirche erscheinen lassen? Das Historische ist in dieser Frage nicht ohne theologisch-dogmatische Relevanz. Das gilt dann natürlich auch, so könnte man einwenden, für das historische Faktum der bischöflichen Sukzession. Aber das theologische Gewicht ist in beiden Fällen verschieden: Es hat zwar nie Kirche gegeben ohne Amt, wohl aber hat es lange Zeit (sogar in Rom) Kirche gegeben ohne den Monepiskopat.

3.2 Von weittragender Bedeutung ist insbesondere die historisch unbezweifelbare Tatsache, daß es in der alten Kirche,[20] im frühen Mittel-

---

[15] E. DASSMANN, *Ämter und Dienste in den frühchristlichen Gemeinden*, Bonn 1994, 65-67; N. BROX, *Einleitung zu Buch 3 des Irenäus von Lyon, Adversus haereses* (Fontes Christiani, 8/3, Freiburg 1995), 9f.

[16] E DASSMANN, *Ämter und Dienste*, 86-92.

[17] E. DASSMANN, ebd. 86; vgl. 194f.

[18] H. MÜLLER, *Zum Verhältnis zwischen Episkopat und Presbyterat im Zweiten Vatikanischen Konzil*, Wien 1971, 38.

[19] Der Gedanke der Sukzession ist anfänglich nicht mit dem Monepiskopat verbunden: E. DASSMANN (wie Anm. 15), 67.

[20] So in der Kirche von Alexandrien bis etwa 318. Darüber gibt es drei unabhängige Zeugnisse. Das älteste von HIERONYMUS († 419/20), ferner von SEVERUS, monophysitischer Patriarch von Antiochien (512-518) und EUTYCHIOS, melkitischer Patriarch von Alexandrien († 940). Vgl. H. MÜLLER (wie Anm. 18), 39f. 325-328.

alter,[21] ja sogar noch im 15. Jahrhundert mit päpstlicher Dispens[22] nicht-bischöfliche Ordinationen (einschließlich der Priesterweihe) gegeben hat, wobei der spätere Widerruf oder die Befristung dieser Dispens die Gültigkeit der erteilten Ordinationen nie infrage gestellt hat.[23] Das ist ein factum dogmaticum ersten Ranges![24]

4. Die Relevanz nicht-bischöflicher Ordinationen für die Verhältnisbestimmung von Episkopat und Presbyterat

4.1 Das soeben erwähnte historische Faktum nicht-bischöflicher Ordinationen wird für gewöhnlich unter dem Titel der „presbyteralen Ordination/Sukzession" erörtert. Diese Frage wurde im ökumenischen Dialog schon im Maltabericht (Nr. 58) kurz angesprochen,[25] aber dann nicht mehr weiter verfolgt. Wir greifen sie hier bewußt wieder auf. Dabei ist zu bedenken, daß die Unterscheidung zwischen „bischöflicher" und „presbyteraler" Ordination/Sukzession immer schon vor dem Hintergrund der historischen Aufgliederung des einen kirchlichen Amtes getroffen ist, daß sie aber - das ist unsere These - nicht auch schon einen dogmatischen Unterschied bedeutet. Diese Auffassung läßt sich von Aussagen des Zweiten Vatikanischen Konzils her legitimieren, das für die Fragen nach Wesen und Struktur des kirchlichen Amtes, der Möglichkeit der Anerkennung der reformatorischen Ämter und der Verwirklichung kirchlicher Einheit ein noch längst nicht ausgeschöpftes Potential bereitstellt.[26]

---

[21] Im 8. Jh. durch die Germanenmissionare WILLEHAD und LUDGERUS (PERTZ: MGH II, 381. 411); zitiert nach H. MÜLLER, a.a.O. 61 Anm. 215.

[22] BONIFAZ IX. erteilte i. J. 1400 dem Augustinerabt von St. Osyth/Essex die Vollmacht zur Erteilung der höheren Weihen, einschließlich Presbyterat (DH 1145), MARTIN V. i. J. 1427 dieselbe Vollmacht dem Zisterzienserabt von Altzelle/Sachsen (für fünf Jahre) (DH 1290), INNOZENZ VIII. i. J. 1489 den Äbten von Cîteaux und den vier bedeutendsten Tochterklöstern die Erlaubnis zur Spendung der Subdiakonats- und Diakonatsweihe an ihre Untergebenen (DH 1435).

[23] Belege im einzelnen bei H. MÜLLER (wie Anm. 18), 318-323; geschichtlicher Überblick über die Episkopat-Presbyterat-Problematik: ebd. 33-63. - H. SCHÜTTE, *Amt, Ordination und Sukzesson*, Düsseldorf 1974, 330-349.

[24] Ein „factum dogmaticum" (dogmatische Tatsache) ist eine Tatsache, die mit der Glaubenslehre in so engem Zusammenhang steht, dass ein Irrtum in dieser Sache zugleich einen Irrtum im Glauben nach sich ziehen würde. Im hier anstehenden Fall steht die Irrtumslosigkeit der Kirche auf dem Spiel. Wenn die Weihe durch „einfache Priester" nicht möglich wäre, hätten Päpste in einer wichtigen Glaubensfrage lange Zeit geirrt.

[25] Vgl. auch W. KASPER, *Zur Frage der Anerkennung der Ämter in den lutherischen Kirchen*, in: ThQ 151 (1971) 97-109, hier: 99-104.

[26] Die sublimste und detaillierteste Untersuchung zu unserem Thema bietet die Publikation von H. MÜLLER (wie Anm. 18). Sie folgt konsequent dem hermeneutischen Grundsatz, daß die Konzilstexte nur aus ihrer Entstehungsgeschichte und den Konzilsverhandlungen sachgemäß interpretiert werden können. Leider ist diese Untersuchung viel zu wenig zur Kenntnis genommen und für unsere Fragestellung fruchtbar gemacht worden.

4.2 In der Kirchenkonstitution (LG 28,1) spricht das Konzil von dem auf göttlicher Stiftung beruhenden kirchlichen Dienstamt (ministerium ecclesiasticum), das „in verschiedenen Ordnungen ausgeübt wird von jenen, die schon von alters her Bischöfe, Priester, Diakone heißen." Ganz offensichtlich geht das Zweite Vaticanum von der Einheit des kirchlichen Amtes aus, das sich erst im Laufe der Zeit dreigliedrig entfaltet hat. Von diesem *einen* Amt wird die göttliche Stiftung ausgesagt. Weder vom Zweiten Vaticanum noch früher schon vom Tridentinum ist die Dreistufigkeit des Amtes dogmatisch festgelegt.[27]

Zwar lehrt das Konzil, daß der Bischof die „Fülle des Weihesakramentes" (plenitudo sacramenti ordinis; LG 26,1) innehabe, und es betont ferner die Unterordnung der Priester unter den Bischof in der Ausübung ihrer Vollmachten (LG 28,1). Das kann aber nicht als Gegeninstanz, wie es häufig geschieht, angeführt werden. Denn es ist unbestreitbar, daß das Konzil mit dieser Aussage, und zwar nach Ausweis der Konzilsverhandlungen mit voller Absicht, keine Feststellung über das theologische Verhältnis bzw. über einen sakramentalen Unterschied von Episkopat und Presbyterat hat treffen wollen.[28] Vielmehr setzt das Konzil bei der Behandlung des Ordo unmittelbar bei dessen Fülle (plenitudo) an und sieht mithin den Episkopat nicht (aufsteigend) vom Presbyterat her. Das liegt ganz auf der Linie von der ursprünglichen Einheit des Amtes.[29] In diesem Zusammenhang ist es bedeutsam, daß das Konzil die Unterordnung der Presbyter unter den Bischof nicht auf die Substanz der in der Weihe mitgeteilten Vollmachten bezieht, sondern auf deren Ausübung bzw. Ausübbarkeit.[30] Der Episkopat ist nicht die Quelle des Presbyterats, sondern dieser hat seine „eigentliche" und „einzige Quelle" in Christus selbst.[31]

4.3 Desgleichen lassen sich nach dem Zweiten Vatikanischen Konzil keine kultisch-sakramentalen Funktionen angeben, die unter allen Umständen und zu allen Zeiten immer nur von Bischöfen wahrgenommen worden wären und von ihnen allein vollzogen werden könnten, einschließlich der Bischofsordination. „Erstmalig in der Geschichte der Kirche läßt die höchste Lehrautorität der [kath.] Kirche ausdrücklich die Möglichkeit offen, daß in einem besonderen Falle eventuell Presbyter jemand aus ihren Reihen auf den Bischofssitz berufen haben."[32] Das Konzil berücksichtigt hier die historisch

---

[27] Zum Tridentinum vgl. H. J. MCSORLEY, *The Roman Catholic Doctrine of the Competent Minister of the Eucharist in Ecumenical Perspective*, in: *Lutherans and Catholics in Dialogue, IV: Eucharist and Ministry*, 1970, 131-133; DERS., *Trent and the Question: Can Protestant Ministers consecrate the Eucharist?:* ebd. 289-293; H. MÜLLER (wie Anm. 18), 54f.; W. KASPER (s. u. Anm. 39), 175f. 177.

[28] H. MÜLLER, 281-288.

[29] Ebd. 281f.

[30] Ebd. 304f. 306-308.

[31] Ebd. 333-338.

[32] Ebd. 350.

höchst wahrscheinliche Praxis der alexandrinischen Kirche (bis etwa 318).[33] Dementsprechend sagt das Zweite Vaticanum nicht (wie ursprünglich vorgeschlagen), daß nur Bischöfe durch das Weihesakrament neue Erwählte in die Körperschaft der Bischöfe aufnehmen können, sondern stellt nur das Faktum fest, daß dies Aufgabe der Bischöfe sei (LG 21,2).

Von hier her läßt sich die oben (5.1) angedeutete These präzisieren: Das *eine Amt* wird (mit allen Vollmachten) ganz und ungeteilt bereits in der Presbyterordination mitgeteilt, wenn auch die Ausübung bestimmter Vollmachten noch rechtlich gebunden ist (potestas ligata).[34]

Der Unterschied zwischen Episkopat und Presbyterat liegt demnach nicht in der sakramentalen Ordination als solcher, sondern in der verschiedenen Weise, wie die Ausübung dieser in der Weihe mitgegebenen geistlichen (hier insbesondere der kultisch-sakramentalen) Vollmachten übertragen wird: beim Bischof aufgrund der Bischofskonsekration; diese ist der liturgisch-rechtliche Akt der Freisetzung[35]; beim Priester muß zur Ordination ein weiterer jurisdiktioneller Akt hinzukommen. So wäre die Freisetzung der Ordinationsvollmacht des „einfachen" Priesters genau so zu beurteilen, wie beispielsweise die im kanonischen Recht eindeutig geregelte rechtliche Freisetzung der Absolutions- und Firmvollmacht. In allen diesen Fällen konstituiert der jurisdiktionelle Akt nicht die Vollmacht als solche - die geistlichen Vollmachten werden nach dem Vaticanum II allesamt sakramental vermittelt - , sondern nur deren Ausübbarkeit.[36]

4.4 Denkt man nun von der „Fülle des Weihesakramentes" her, so läßt sich die eben genannte These folgendermaßen vertiefen: Das *eine*, ungeteilte Amt ist von seinem sakramentalen Wesen her „bischöflich". Die Differenzierung des Amtes bzw. seiner Funktionen in episkopale und presbyterale betrifft nicht das sakramentale Wesen selbst, sondern, wie gesagt, die Ausübbarkeit der mitgeteilten Vollmachten. Der Unterschied ist demnach nicht dogmatischer Art, sondern kirchlichen Rechts und liegt im Bereich des Jurisdiktionellen (was keineswegs unbedeutend ist!). Das *eine* apostolische Amt liegt seinen geschichtlichen Differenzierungen voraus und ist offen für verschiedene Gestaltungen. Die historische Entwicklung, die zur Differenzierung des Amtes in Episkopat und Presbyterat führte, läßt sich am einleuchtendsten durch Reservation bestimmter kultisch-sakramentaler Vollmachten sowie der Leitungsvollmacht durch den Monepiscopus erklären,

---

[33] Ebd. 325-328; vgl. 39-41; s.o. Anm. 20.

[34] Vgl. ebd. 59-61: das Referat über die Untersuchungen von J. BEYER SJ (1954), der diese Auffassung entschieden vertritt. - S. auch B. DUPUY, *Besteht ein dogmatischer Unterschied zwischen der Funktion der Priester und der Funktion der Bischöfe?*: Conc (dt.) 4 (1968) 268-274.

[35] Hinsichtlich der Ausübung der Leitungs- und Lehrvollmacht bedarf auch der Bischof zusätzlich zur Weihe einer weiteren jurisdiktionellen Ermächtigung.

[36] H. MÜLLER (wie Anm. 18), 315. 322f.

- eine Entwicklung, die sich unter der Notwendigkeit der Wahrung der Einheit und als Schutz vor Spaltungen problemlos durchgesetzt hat.

5. Folgerungen für die Anerkennung der Ämter

5.1 Nicht der Widerspruch gegen das historisch gewordene Bischofsamt als solches führte in den (meisten) Reformationskirchen zum Kontinuitätsbruch mit der bisherigen bischöflichen Ordnung, sondern die „Unmöglichkeit", zur damaligen Zeit „ein Einverständnis in der Lehre [des Evangeliums] zu erreichen und die bisherigen Bischöfe für die Ordination evangelischer Amtsträger zu gewinnen."[37] In dieser Notsituation wurde die Ordination durch nicht-bischöfliche Amtsträger als Notrecht in Anspruch genommen, das noch einmal Zeugnis für die festgehaltene Überzeugung von der Notwendigkeit des (auf göttlicher Stiftung beruhenden) Amtes in der Kirche gibt. Damit bleiben die Reformatoren grundsätzlich auf der Linie des altkirchlichen Amtsverständnisses.[38] Das Amt bzw. die geordnete Amtssukzession wird keineswegs dadurch „zu einer Frage rein menschlichen Rechts."[39]

Wichtig ist in diesem Zusammenhang, daß die Ordination in allen reformatorischen Kirchen beibehalten wurde.[40] Gewiß war ihr Vollzug vom Standpunkt der katholischen Kirche „illegitim" (weil außerhalb der geltenden kirchlichen Ordnung geschehend), damit aber - gemäß unseren vorhergehenden Überlegungen - nicht ohne weiteres auch im dogmatischen Sinne „ungültig". Bedeutsam ist, daß auch das Konzil von Trient keine Entscheidung über die Ungültigkeit der reformatorischen Ämter getroffen hat, sondern nur deren Illegitimität feststellt.[41] Von hier her kann dann auch ein sachgemäßes Verständnis über den Sinn des vom Zweiten Vaticanum im Blick auf die reformatorischen Ämter ausgesagten „Defektes" (UR 22,3) gewonnen werden, der nicht ein prinzipielles Fehlen, sondern (wegen der Kirchentrennung und des Verlustes der „bischöflichen Sukzession") einen ekklesialen Mangel zum Ausdruck bringt.[42]

5.2 Somit kann von katholischer Theologie ohne Konflikt mit dem Dogma und gestützt auf Aussagen des Zweiten Vatikanischen Konzils die These verantwortet werden: Die Essenz des apostolischen Amtes und der aposto-

---

[37] GA (s. Anm. 7), Nrr. 42. 65.

[38] E 106.- H. MEYER, *Versöhnte Verschiedenheit, II* (wie Anm. 7) 284-297. 298-316.

[39] So etwa W. KASPER, *Die apostolische Sukzession als ökumenisches Problem*, in: DERS., *Theologie und Kirche, Bd.2*, Mainz 1999, 163-182, hier: 174. Als „menschlichen Rechts" gilt m. E. lediglich das Amt in der Gestalt des historisch gewordenen Bischofsamtes bzw. die Eingliederung in diese Gestalt des Amtes. - Im übrigen ist dieser Artikel von hoher Relevanz für eine ökumenische Verständigung in der Amtsfrage.

[40] GA (s. Anm. 7), Nr. 64. - Zu CALVINs Ordinations- und Ämterauffassung vgl. H. SCHÜTTE (wie Anm. 23), 185-189. Dem entspricht das reformiert/röm.-kath. Dialogdokument: *Die Gegenwart Christi in Kirche und Welt* (s. Anm. 7), Nrr. 97-99.

[41] Vgl. oben Anm. 27.

[42] Vgl. W. KASPER (wie Anm. 39), 177f.

lischen Sukzession ist in den Kirchen der Reformation bewahrt geblieben, und zwar in der Form der apostolischen Sukzession im Presbyteramt, besser noch: in dem *einen* Amt, das von seinem sakramentalen Wesen her durchaus „bischöflich" ist. Die dogmatische Möglichkeit der Ämteranerkennung ist damit gegeben. Entsprechend dem anfangs genannten ökumenischen Prinzip: „Was theologisch möglich und zu verantworten ist, muß auch - um der von Christus gewollten Einheit der Kirchen willen - getan werden", folgt aus der theologisch-dogmatischen Möglichkeit der Ämteranerkennung dann auch die Verpflichtung zur Anerkennung der Ämter.

5.3 Die bischöflich verfaßte katholische Kirche kann somit eine „presbyteral" verfaßte Kirche als Schwesterkirche und ihre Ämter als gültige Ämter anerkennen.[43] Ein solcher Akt der Anerkennung würde zugleich, gleichsam in einer Art der „sanatio in radice", den „ekklesialen Mangel" beheben, der - immer in der Sicht der katholischen Kirche - in der fehlenden jurisdiktionellen (!) Freisetzung der Ordinationsvollmacht besteht - wenn man nicht mit Karl Rahner der (theologisch einleuchtenderen) Meinung sein möchte, daß solche Anerkennung vom „rechtschaffenden Grundwesen" der Kirche her schon unausdrücklich erfolgt sei, noch „bevor eine ausdrückliche Anerkennung von seiten des Amtes der katholischen Kirche" geschieht.[44] In einer geeinten Kirchengemeinschaft könnte es mithin mehrere legitime Verfassungs- und Organisationsformen geben.[45] Das Bemühen um die Einheit der Kirche braucht nicht „am Felsen der ‚historischen bischöflichen Sukzession'"[46] zu zerschellen.

---

[43] Einen bedeutsamen Schritt in diese Richtung vollzieht die sog. *Porvooer Gemeinsame Feststellung* von 1992 (zwischen den britischen und irischen anglikanischen Kirchen und den nordischen und baltischen lutherischen Kirchen). Danach „steht es einer Kirche frei, die das Zeichen der historischen apostolischen Sukzession bewahrt hat, einen authentischen bischöflichen Dienst in einer Kirche anzuerkennen, die zur Zeit der Reformation die Kontinuität in dem bischöflichen Amt durch eine gelegentliche priesterlich/presbyteriale Ordination bewahrt hat." (Nr. 52; vgl. Nrr. 50-54); dt. Text in: epd-Dokumentation, Nr. 23 (1995); C. BÖTTIGHEIMER, *Apostolische Sukzession in ökumenischer Perspektive.* Gegenseitige Anerkennung der Ämter als Bedingung von Eucharistiegemeinschaft, in: Cath(M) 51 (1997) 300-314; vgl. W. KASPER (wie Anm. 39), 177: „Damit ist zumindest die Möglichkeit angedeutet, daß es in der *Una Sancta* nicht unbedingt nur eine einzige Form und Konzeption der apostolischen Sukzession geben muß."

[44] K. RAHNER (wie Anm. 4), 53.

[45] Auch in bezug auf die bischöflich strukturierten Ostkirchen könnte die volle Kircheneinheit nur als pluriforme Einheit verwirklicht werden, da die ostkirchliche Patriarchalstruktur mit der lateinisch-abendländischen Rechtsstruktur nicht identisch ist und nach erfolgter Kirchengemeinschaft auch weiterhin in ihrem Eigenrecht anerkannt werden müsste, was vom Vatic. II ausdrücklich und feierlich bestätigt wurde; vgl. ZWEITES VATIKANISCHES KONZIL, *Dekret über den Ökumenismus (UR)*, Nr. 16; *Dekret über die katholischen Ostkirchen (OE)*, Nr. 5.

[46] *Apostolizität und Sukzession.* Eine Studie der Bischöfe der Kirche von England, Nr. 9, in: epd-Dokumentation, Nr. 23 (1995). – Vgl. zum Ganzen auch A. QUADT, Evangelische Ämter: gültig - Eucharistiegemeinschaft: möglich, Mainz 2001.

6. Wiedergewinnung der bischöflichen Sukzession?

Freilich gibt es gute Gründe, in einer geeinten Kirche für die Wiedereingliederung in die historische bischöfliche Sukzession zu plädieren. In diesem Sinne verstehen sich die vorstehenden Erwägungen nicht als Abwertung der ekklesiologischen Bedeutung des Bischofsamtes bzw. der bischöflichen Sukzession. Es sollte vielmehr einer von katholischer Theologie zu verantwortenden Möglichkeit nachgedacht werden, die es den Kirchen, die die historische Sukzession im Bischofsamt verloren haben, erlaubt, diese wiederzugewinnen, ohne zuvor die Gültigkeit ihrer Ämter und damit ihre Ekklesialität infrage zu stellen.[47] Nur aufgrund zuvor erfolgter Anerkennung der Ämter können der Dialog und die Bemühung um die Wiedergewinnung der historischen Sukzession, wie sie das Lima-Papier über das Amt (Nrr. 22-25. 38) und das Dialogdokument „Einheit vor uns" (bes. Nrr. 117[48]-139) anregen, erfolgverheißend zu Ende geführt werden.[49] Diese Wiedergewinnung wäre ein bedeutsames äußeres Zeichen der geschichtlichen Kontinuität der apostolischen Kirche und ihrer Identität im apostolischen Glauben und als solches die Besiegelung der Kirchengemeinschaft. Das Bischofsamt, dem vor allem der Dienst der überörtlichen episcopé, der Einheit und Bewahrung im apostolischen Glauben zukommt, sollte freilich in einer vereinten Kirche weniger monarchisch strukturiert, sondern - ohne Nivellierung seiner Autorität - zugleich synodal eingebunden sein - im Sinne einer effektiven Mitverantwortung des Presbyterkollegiums (bzw. seiner repräsentativen Vertretung) an der Leitungsfunktion. Dadurch würde zum Ausdruck gebracht, daß die episcopé eine Funktion des Amtes als solchen und das Amt seinem Wesen nach kollegial-kommunial strukturiert ist.

7. Zusammenfassende Thesen

(1) Aufgrund der im ökumenischen Dialog erreichten Übereinstimmungen in der Theologie des Amtes ist eine Anerkennung der reformatorischen Ämter schon jetzt möglich.

(2) Auszugehen ist von der Einheit des Amtes (so auch das II. Vaticanum, LG 28, 1). Das eine apostolische Amt liegt seinen geschichtlichen Differenzierungen voraus und ist offen für verschiedene Gestaltungen.

(3) Die dreifache Aufgliederung des Amtes (Episkopat, Presbyterat, Diakonat) ist geschichtlich geworden und kirchlichen Rechts. (Der Diakonat ist vom Episkopat und Presbyterat immer scharf abgehoben worden, deshalb kann er für unsere Zusammenhänge unberücksichtigt bleiben).

---

[47] Insofern verfolgte unser Beitrag auch nicht die Absicht, eine Theologie des Bischofsamtes zu entfalten.

[48] Frankfurt am Main/Paderborn 1985.

[49] Deshalb darf die römische Stellungnahme zum Lima-Papier bezüglich des Amtes nicht das letzte Wort bleiben (s. Anm. 1). - S. auch Porvoo (wie Anm. 43), Nr. 53f.

(4) Das eine Amt wird ganz und ungeteilt bereits in der Presbyter-Ordination mitgeteilt. wenn auch die Ausübung bestimmter Vollmachten noch rechtlich gebunden ist.

(5) Der Unterschied zwischen Episkopat und Presbyterat liegt demnach nicht in der (sakramentalen) Ordination als solcher, sondern in der Ausübbarkeit der mitgeteilten Vollmachten. Die Aussage des II. Vaticanums von der „Fülle des Weihesakramnts" im Bischofsamt (LG 26,1) kann nicht als Gegeninstanz angeführt werden.

(6) Das Wesentliche des apostolischen Amtes und der apostolischen Amtssukzession ist in den Kirchen der Reformation in der Form des ordinierten Amtes erhalten geblieben (prebyterale Sukzession).

(7) Das Trienter Konzil hat keine Entscheidung über die Ungültigkeit der reformatorischen Ämter getroffen, sondern nur deren Illegitimität festgestellt. Von hierher ist ein sachgemäßes Verständnis der Aussage des II. Vaticanums über den „defectus sacramenti ordinis" im Sinne eines ekklesialen Mangels (nicht: Fehlens) zu gewinnen.

(8) Auf der Grundlage der zuvor erfolgten Anerkennung der Ämter gibt es gute Gründe für die Wiedereingliederung in die (historische) bischöfliche Sukzession als Zeichen der geschichtlichen Kontinuität und Identität der Kirche (Confessio Augustana, 7; Lima; Porvoo).

Mit der Anerkennung der (so unangemessen der Ausdruck auch sein mag) „Gültigkeit" der reformatorischen Ämter wäre auch das Haupthindernis für eine wechselseitige Eucharistie-/Abendmahlsgemeinschaft beseitigt. Freilich muß dieses Ergebnis katholischerseits erst noch in kirchliche Verbindlichkeit umgesetzt werden. Hier besteht dringender Handlungsbedarf. Dabei müßte der Grundsatz leitend sein: Was theologisch möglich ist, muss auch um der von Christus gewollten Einheit willen getan werden.

8. Fazit

Das Ergebnis unserer Erwägungen kann kurz zusammengefaßt werden: Die Kirchen- und Gottesdienstgemeinschaft muß und darf nicht an der Amtsfrage scheitern. Die ökumenisch dringlichste Aufgabe ist deshalb die (dogmatisch mögliche) Anerkennung der Ämter, die zwar nicht als isolierter Akt, sondern nur in einem gesamtekklesiologischen Kontext erfolgen kann, die aber nicht erst mit der Aufnahme voller Kirchengemeinschaft zusammenfällt[50], sondern als deren notwendige Voraussetzung und Bedingung geschehen muß. Sonst bleibt der erreichte Stand der Ökumene ein Stillstand. Den Kirchen ist heute ein einmaliger Kairos geschenkt, dem sie sich nicht schuldhaft versagen dürfen.

---

[50] So das Dokument: *Das Geistliche Amt in der Kirche* (wie Anm. 7), Nr. 82.

Gemeinsam am Tisch des Herrn?
Katholische Erwägungen zur Eucharistiegemeinschaft in konfessionsverbindenden Ehen

Von Hans Jorissen

Die Zulassung nicht-katholischer Christen zur katholischen Eucharistie-feier mit Kommunionempfang wird nach den gegenwärtigen Bestimmungen der katholischen Kirche mit der pastoralen Kategorie der individuellen „geistlichen bzw. schweren Notlage" begründet und also nur in Ausnahmesi-tuationen gewährt. Die folgenden Überlegungen wollen die Frage provozie-ren, ob diese Reduzierung auf Not- und Ausnahmefälle dem Sinn der Sakra-mente von Eucharistie, Taufe und Ehe entspricht oder ihnen nicht vielmehr entgegensteht. Unter diesen drei sakramentalen Aspekten soll die Problema-tik erörtert werden. Die Frage spitzt sich naturgemäß in konfessionsverschie-denen Ehen zu, die als konfessionsverbindende Lebenspartnerschaften gelebt werden wollen.[1]

1. Die Eucharistie: Zeichen, Mittel und Geschehen der Einheit

Würde man gläubige und kirchengebundene Katholiken heute fragen: „Was bedeutet dir die Eucharistie?", so würde man vermutlich etwa folgende Antworten erhalten: „Die Eucharistie bzw. die hl. Kommunion ist für mich die innigste, ganz persönliche Verbindung mit Jesus Christus. Hier kommt er ganz konkret auf mich zu, gibt mir Anteil an der Erlösung und schenkt sich mir in der Gestalt der Speise als Nahrung und Kraftquelle für mein christli-ches Leben. Darüber hinaus bin ich durch Christus auch mit meinen Mitchristen verbunden." Ein evangelischer Christ würde wohl die „Vergebung der Sünden" (Mt 26,28) als Frucht des Abendmahles betonen und es so mit dem Geschehen der Rechtfertigung eng verbinden.[2]

Würde man den hl. Paulus gefragt haben, so lässt sich seine Antwort im 1. Korintherbrief lesen: „Der Kelch, den wir segnen, ist er nicht Gemeinschaft (*koinonia, communio*) mit dem Blute Christi? Das Brot, das wir brechen, ist es nicht Gemeinschaft mit dem Leibe Christi? So sind wir, die Vielen, ein

---

[1] Die Frage der eucharistischen Tischgemeinschaft wird im Folgenden nur im Verhältnis zu den Reformationskirchen behandelt, da in Bezug auf die Ostkirchen großzügigere Rege-lungen gelten. Die Eucharistiegemeinschaft ist zwar auch hier auf Ausnahmesituationen beschränkt, aber für Katholiken nicht allgemein und ausnahmslos verboten; vgl. unten 3.2.3.-Mit der Syrisch-Orthodoxen Kirche sowie mit der Assyrischen Kirche des Ostens bestehen sogar diesbezügliche offizielle Vereinbarungen für wechselseitige Zulassung.

[2] Aber auch das Tridentinum spricht von der sündentilgenden Wirkung des Messopfers, das seine Sühnekraft allein aus dem Sühnopfer Christi zieht: „Durch seine Darbringung ver-söhnt, gewährt der Herr nämlich Gnade und das Geschenk der Buße und vergibt auch noch so große Vergehen und Sünden (*crimina et peccata etiam ingentia dimittit*)" (DH 1743).

Leib, denn wir alle haben teil an dem einen Brot" (1 Kor 10,16f.). Damit ist sogleich eine Differenz deutlich gemacht, die das paulinische Verständnis von dem - zumindest vorherrschenden - der meisten heutigen Christen unterscheidet. Der Sinn der Eucharistie ist bei den meisten Christen heute sehr stark individualisiert; bei Paulus - und in seinem Gefolge in der ganzen Patristik bis ins Hohe Mittelalter hinein - aber von vornherein auf die Kirche und ihre Einheit gerichtet. Wir können die paulinische Auffassung so übersetzen: Die Eucharistie, das Sakrament des Leibes und Blutes Jesu Christi, des Herrenmahles, dient der Sammlung der Vielen (der Christgläubigen) in die Einheit des Leibes Christi, der die Kirche ist. Die Kirche ist die Gemeinschaft der an Christus Glaubenden, die vom Leibe Christi her lebt und im Essen des sakramentalen Leibes Christi selbst Leib Christi wird. Das Sakrament des Leibes Christi und die Kirche als Leib Christi gehören unlöslich zusammen. So sagt z.b. Augustinus seinen Gläubigen: „Ihr seid der Leib Christi. Euer Geheimnis liegt auf dem Altar. Seid, was ihr seht, und empfanget, was ihr seid."[3] Das Sakrament des Leibes Christi, will Augustinus sagen, bezeichnet und bewirkt den Leib Christi, der die Kirche (die Gemeinschaft der Glaubenden) ist. Deshalb kann Augustinus sogar die Kirche, die Gemeinschaft der Gläubigen, als den „wahren Leib" Christi bezeichnen. Der Blick auf die Eucharistie ist in einem und demselben der Blick auf die Einheit der Kirche.

Die Scholastik hat das auf ihre Weise verdeutlicht. Die Eucharistie ist Zeichen (*sacramentum*) des unter diesem Zeichen verborgen gegenwärtigen Herrenleibes. Die eucharistische Gegenwart (Realpräsenz) ist jedoch nicht die letzte und eigentliche Wirklichkeit des Sakraments, bei der man gleichsam stehen bleiben könnte, sondern ist selbst wiederum Zeichen (*res et sacramentum*) für die Wirklichkeit, die das Sakrament des Herrenleibes letztlich bewirken soll: die Einheit der Kirche (*unitas ecclesiae*).[4] Die eigentliche Gnade des Sakramentes (*res sacramenti*), das, worin das Sakrament seine Sinnerfüllung erreichen soll, ist in dieser (von der Hl. Schrift und der großen kirchlichen Tradition her vorgegebenen) Linie: die Einheit der Kirche. Das heißt: Die Realpräsenz ist nicht das letzte Ziel der Eucharistie, sondern sie gehört selbst der Ordnung der Mittel an: sie ist Mittel zur Bewirkung und Beförderung der kirchlichen Einheit. Man müsste von einer dynamischen Realpräsenz sprechen: sie tendiert mit einer inneren, ihr wesenseigenen Dynamik auf die Einheit der Kirche hin. Mit anderen Worten: Die Eucharistie ist nicht nur Zeichen der Einheit, sondern auch Mittel zur Einheit; nicht nur Zeichen schon bestehender und vollendeter Einheit, sondern auch Mittel zu ihrer Realisierung. Die Einheit der Kirche ist keine starre Einheit, keine statische Größe, sondern ein Prozess: sie bedarf der je neuen Realisierung und Aktualisie-

---

[3] AUGUSTINUS, *Sermo* 272 (PL 38, 1247); vgl. J. RATZINGER: *Volk und Haus Gottes in Augustins Lehre von der Kirche*, Neuauflage, St. Ottilien 1992.
[4] Z.B. THOMAS V. AQUIN, *Summa Theologiae*, III, 73, 3; 83, 4, ad 3.

rung - und dies ist gerade der Sinn der Eucharistie und ihres je neuen Vollzugs.

Thomas von Aquin hat diesen Zusammenhang gleichsam auf den Begriff gebracht. Er sagt: „Im Sakrament der Eucharistie ist das ganze Mysterium unseres Heiles zusammengefasst"[5], d.h. das Mysterium von Leben, Tod, Auferstehung und Geistsendung, dem sich die Kirche verdankt und aus dem sie immerfort lebt. In ähnlicher Weise sagt Martin Luther, das Abendmahl sei „ein kurzer Inbegriff des Evangeliums", „Summe und Kompendium des Evangeliums"[6] der Rechtfertigung. Wenn in diesem Zusammenhang das *in remissionem peccatorum* betont wird, ist das nicht nur im Sinne der individuellen Sündenvergebung zu verstehen, sondern umschließt das ganze Heilswerk Jesu Christi. Im Verständnis Martin Luthers ist das Abendmahl (in der Einheit von Wort und Sakrament) das Geschehen der Rechtfertigung im umfassenden Sinne. Darin gründet die Kirche und ihre Einheit.

Hier drängt sich nun unüberhörbar eine Frage auf: Wenn in der Rechtfertigungslehre kein kirchentrennender Gegensatz mehr besteht, wie die „Gemeinsame Offizielle Feststellung zur Rechtfertigungslehre" zwischen dem Lutherischen Weltbund und dem Päpstlichen Rat zur Förderung der Einheit der Christen feierlich in einem gottesdienstlichen Akt am 31. Oktober 1999 erklärte, muss das dann nicht auch unmittelbare Konsequenzen für die Frage der eucharistischen Gastfreundschaft bzw. eucharistischen Gastbereitschaft haben?[7]

2. Die Taufe: bleibende Gründung der Einheit

Eucharistie - Sakrament der kirchlichen Einheit: diese Sicht bedarf der Vermittlung mit dem Sakrament der Taufe. Denn die grundlegende Eingliederung in die Kirche als (mystischer) Leib Christi ist die Taufe (vgl. 1 Kor 12,12). Die fundamentale Bedeutung dieser Glaubenswahrheit für die Frage der eucharistischen Gastfreundschaft liegt auf der Hand - und wird doch in ihrer Konsequenz oftmals viel zu wenig bedacht. Im Ökumenismusdekret heißt es, dass alle Christen durch die Taufe „Christus" eingegliedert werden (UR 3). Das meint hier nicht (nur), sie seien mit Christus innerlich verbunden, sondern es bedeutet, wie der Kontext deutlich macht, sie sind der Kirche, dem Leibe Christi, eingegliedert. Das ist näher zu entfalten.

---

[5] Ebd. III, 83, 4.

[6] M. LUTHER: *Vom Mißbrauch der Messe* (WA 8, 524, 33); *De captivitate Babylonica* (WA 6, 525, 36).

[7] Siehe H. MEYER, *Zur Bedeutung und Tragweite der „Gemeinsamen Erklärung zur Rechtfertigungslehre"*, in: DERS., *Versöhnte Verschiedenheit. Aufsätze zur ökumenischen Theologie II. Der katholisch/lutherische Dialog*, Frankfurt a. M./Paderborn 2000, 155-189; hier: 185-189; O. H. PESCH, *Gemeinschaft beim Herrenmahl? Ernste Probleme, offene Möglichkeiten*, Köln (Karl-Rahner-Akademie) 2000, 10.

2.1 Fundamentale Kirchengemeinschaft

Die Taufe gliedert in die eine und einzige Kirche Jesu Christi ein (weil es nur eine einzige Kirche Jesu Christi gibt, auch wenn sie selbst - im Widerspruch zu ihrem innersten Wesen und zum Willen ihres Stifters - in sich gespalten ist). Die Taufe gliedert mithin nicht, wie es zunächst den Anschein haben mag, in eine bestimmte Konfessionskirche ein, auch wenn sie konkret in einer Konfessionskirche gespendet wird. Hier wird eine Aporie, ja ein Widerspruch deutlich, von dem alle Kirchen betroffen sind. Trotz aller Spaltung und Trennung gilt: „Die Taufe begründet also ein sakramentales Band der Einheit zwischen allen, die durch sie wiedergeboren sind" (UR 22). Es besteht folglich eine fundamentale kirchliche Einheit aller Christen aufgrund der Taufe, eine Einheit, die konkret (!) ist und alle „Kirchen und kirchlichen Gemeinschaften" durchgreift, eine wirkliche, reale (nicht bloß ideale) Einheit, die nicht erst hergestellt werden muss, sondern die uns von Jesus Christus her vorgegeben ist und in die wir durch sein Wirken in der Taufe eingefügt worden sind (vgl. Augustinus: „Mag Petrus taufen, mag Paulus taufen, mag Judas taufen - Christus ist es, der tauft"[8]). Es besteht, anders gewendet, schon eine fundamentale Kirchengemeinschaft, die nicht zerbrochen ist, und die auch Gottesdienstgemeinschaft (zumindest Gebets- und Wortgottesdienstgemeinschaft - aber auch schon Gebet und Wort haben sakramentale Struktur) einschließt.[9] Freilich ist mit der Taufgemeinschaft als solcher nicht auch schon, wie die gespaltene Christenheit deutlich vor Augen führt, volle Kirchen- und Gottesdienstgemeinschaft gegeben. Andere Hindernisse, von denen noch zu sprechen ist, stehen ihr noch entgegen. Jedenfalls wird aber hier schon, wie erwähnt, der Widerspruch deutlich, den das Dialogdokument „Kirchengemeinschaft in Wort und Sakrament" so ausdrückt: „Das Nebeneinander verschiedener Konfessionsgemeinschaften, die wechselseitig die Taufe anerkennen, aber nicht in [voller] Kirchengemeinschaft leben, ist angesichts des Heilshandelns Gottes in der Taufe ein Skandal. Gerade unsere gemeinsame Taufe treibt uns zur Überwindung der kirchentrennenden Gegensätze. Deshalb dürfen wir nicht ablassen, nach Wegen zu suchen, um die unter dem Worte Gottes und im gemeinsamen Gebet praktizierte, in der wech-

---

[8] Tract. in Joh. VI, 7; vgl. V, 7. 9. 18; u. ö. (CChr.SL 36, 57. 44. 46. 51f.); vgl. 1 Kor 1, 13b: „Oder seid ihr auf den Namen des Paulus getauft worden?".

[9] Nicht nachzuvollziehen ist deshalb die Aussage von Kardinal LEO SCHEFFCZYK: „dass bei der ersten bewussten Entscheidung eines nicht in der katholischen Kirche Getauften für seine eigene kirchliche Gemeinschaft die volle Gliedschaft mit der katholischen Kirche verlorengeht und nur noch eine graduelle geistige Hinordnung auf die Kirche erhalten bleibt." (Artikel: *Zeichen der Einheit,* Rheinischer Merkur vom 2. Mai 2002, S. 25, letzte Sp., 1. Abs.). Hier wird eine exklusive Totalidentifikation der Kirche Jesu Christi mit der katholischen Kirche vorausgesetzt, die das Zweite Vatikanische Konzil überwunden hat.

selseitigen Anerkennung der Taufe bestätigte Gemeinschaft zur vollen Kirchengemeinschaft werden zu lassen."[10]

2.2 Taufe und Eucharistie

Die Taufe ist kein statischer Anfang, sondern eine dynamische Kraft, die das Leben nicht nur des Einzelnen, sondern der Kirche bestimmt, sie muss im Leben realisiert und „eingeholt" werden. In diesem Sinne heißt es im Ökumenismusdekret, dass die Taufe mit einer ihr wesenseigenen Dynamik „auf die vollständige Einfügung in die eucharistische Gemeinschaft" hingeordnet ist (UR 22); anders gesagt: Die Taufe begründet in fundamentaler Weise Kirchengemeinschaft, die als Eucharistiegemeinschaft gelebt werden will.[11] Hier wird ein Zweifaches deutlich:

(1) Die stärkste Motivation zum Willen, zur Suche und Förderung von Wegen zur Kirchengemeinschaft muss neben dem Bekenntnis zur einen Taufe von der Eucharistie/dem Abendmahl ausgehen. Gleichgültigkeit wäre eine Verachtung der Sinnrichtung der Sakramente.

(2) Getrennte Eucharistie-/Abendmahlstische sind, wie oben von der Taufe gesagt, ein Skandal. Sie widersprechen dem Willen Jesu Christi nach Einheit seiner Kirche (Joh 17,21: „damit die Welt glaubt") und, um es zu wiederholen, der Sinnrichtung der Eucharistie/des Abendmahls. Denn auch die katholische Eucharistiefeier (um nur sie zu erwähnen) ist solange noch nicht an ihr Sinnziel (sakramentaler Ausdruck der Einheit der einen Kirche Christi und Versammlung der Christen in die Einheit des Leibes Christi zu sein) gelangt, solange ihr noch getrennte Abendmahlstische gegenüberstehen bzw. sie andere getaufte Christen von ihrer Tischgemeinschaft ausschließt oder ausschließen zu müssen meint.

2.3 Wege zur eucharistischen Gastfreundschaft?

Hier stellt sich die uns bedrängende Frage: Gibt es - aufgrund der Taufgemeinschaft und der dynamischen Hinordnung der Taufe auf die Eucharistie/das Abendmahl - Wege, die Trennung am Tisch des Herrenmahles zu überwinden, auch wenn die volle Kirchengemeinschaft noch nicht erreicht ist? Anders gefragt: Gibt es theologisch verantwortbare Wege zu einer wenigstens „partiellen" Eucharistie-/Abendmahls-gemeinschaft, die seit geraumer Zeit unter dem Titel der eucharistischen Gastfreundschaft bzw. Gastbereitschaft verhandelt wird? Eucharistische Gastfreundschaft hält ja die Einsicht fest, dass eine volle, uneingeschränkte Eucharistie-/Abendmahlsgemeinschaft noch nicht gegeben ist. Der andere ist Gast, als solcher willkommen, aber er gehört (noch) nicht ganz dazu.

---

[10] *Kirchengemeinschaft in Wort und Sakrament*, hg. v. d. Bilateralen Arbeitsgruppe der Deutschen Bischofskonferenz und der Kirchenleitung der Vereinigten Evangelisch-Lutherischen Kirche Deutschlands, Hannover/Paderborn 1984, Nr. 30.

[11] Vgl. *Kirchengemeinschaft in Wort und Sakrament*, Nr. 30.

2.3.1 Zwischenbemerkung

(1) Voraussetzung für die Gewährung eucharistischer Gastfreundschaft ist der Glaube an die Gegenwart Jesu Christi, des Gekreuzigten und Erhöhten, im Sakrament, der in seiner Person auch Anteil gibt an seinem Heilswerk (Realpräsenz als Einheit von Person und Werk) und dadurch seine Kirche auferbaut.

(2) Das Bemühen um eucharistische Gastfreundschaft setzt ein echtes ökumenisches Engagement um kirchliche Gemeinschaft voraus; ich möchte sagen: ein „Leiden an der Kirchenspaltung" und ein Bemühen um Versöhnung.

Ohne diese Voraussetzungen, die im Folgenden immer mitzudenken sind, fehlte dem Begehren nach Eucharistiegemeinschaft die Ernsthaftigkeit und das theologische und existentielle Fundament. Was den eucharistischen Glauben angeht, so haben die ökumenischen Dialoge der letzten mehr als dreißig Jahre nach dem Zweiten Vatikanischen Konzil, vor allem zwischen dem Lutherischen Weltbund und der Römisch-Katholischen Kirche, ergeben, dass es bezüglich des Glaubens an die wirkliche Gegenwart Christi im Sakrament wie auch bezüglich des „Opfercharakters" der Eucharistie keine kirchentrennenden Gegensätze mehr gibt. Das Gutachten des Einheitsrates zur Studie „Lehrverurteilungen - kirchentrennend?" stellt das ausdrücklich fest.[12] Auf den Fundamentalkonsens in der Rechtfertigungslehre und seine tauf- und eucharistietheologischen Implikationen wurde schon hingewiesen. Die Ergebnisse dieser Dialoge sollten als dialogdefinit gelten und nicht immer neu mit immer subtileren „Argumenten" infrage gestellt werden.

2.3.2 Partielle Eucharistie-/Abendmahlsgemeinschaft

Der schwerwiegendste Einwand gegen die eucharistische Gastfreundschaft lautet: „Eucharistiegemeinschaft ist Kirchengemeinschaft" und umgekehrt: „Kirchengemeinschaft ist Eucharistiegemeinschaft". Solange keine volle Kirchengemeinschaft - solange auch keine Eucharistiegemeinschaft. Dieser Grundsatz der Alten Kirche ist im Prinzip richtig. Aber das Zweite

---

[12] *Gutachten des Päpstlichen Rates zur Förderung der Einheit der Christen zur Studie: „Lehrverurteilungen - kirchentrennend?",* 1992, Conclusio 6.1 u. 6.2, 109f. (als Manuskript zugänglich).- Als wichtige Dialogdokumente auf dem Weg zu dieser Übereinstimmung seien genannt: *Das Herrenmahl* (r.k/luth.; 1978), Nrr. 16-18. 23. 48-51. 56-61; *Kirchengemeinschaft in Wort und Sakrament* (s. Anm. 10), Nrr. 32-38; *Einheit vor uns* (r.k /luth.; 1985), Nrr. 64. 68. 76.; *Kirche und Rechtfertigung* (r.k./luth.; Paderborn/Frankfurt 1994), Nrr. 57. 69-71; *Die Gegenwart Christi in Kirche und Welt* (ref./r.k.; 1977), bes. Nrr. 82-87. 91; das *Lima-Dokument zur Eucharistie* (Kommission für Glaube und Kirchenverfassung des ÖRK; 1982); *Lehrverurteilungen - kirchentrennend?* (Ökum. Arbeitskreis evang. u. kath. Theologen; Freiburg/Göttingen 1985), bes. 107f. 121-124. 192f.-Wenn nicht anders angemerkt, sind die Dokumente veröffentlicht in: H. MEYER, H. J. URBAN, L. VISCHER (Hg.), *Dokumente wachsender Übereinstimmung,* Bd.1 (1931-1982), Paderborn/Frankfurt 1983.

Vatikanische Konzil hat auch hier einen „Türspalt" geöffnet. Es spricht von „unvollkommener" (partieller) Gemeinschaft, durch die die getrennten „Kirchen und Kirchlichen Gemeinschaften" mit der katholischen Kirche verbunden sind, von gestufter Kirchengemeinschaft also. Aber auch „partielle" Kirchengemeinschaft ist Kirchengemeinschaft. So lässt das Zweite Vatikanum deutlich erkennen, „dass zwischen völliger Kirchentrennung und voller Kirchengemeinschaft ein intermediärer Bereich liegt", der die Frage entstehen lässt, „ob Übergangsformen der [Eucharistie- und] Abendmahlsgemeinschaft möglich, sinnvoll und nötig sind, die der vorhandenen Nähe oder erreichten Annäherung zwischen den Kirchen entsprechen"[13]. Es kann (und muss konsequenterweise) gefragt werden, ob es entsprechend der „partiellen Kirchengemeinschaft" auch „partielle Eucharistie-/Abendmahlsgemeinschaft" geben könne und (in begrenzter Weise) auch geben müsse. In diesem Zusammenhang sollte daran erinnert werden, dass die Eucharistie nicht nur Zeichen voller Kirchengemeinschaft, sondern auch Mittel zu deren Realisierung ist. Positiv gefragt: Könnte die „eucharistische Gastfreundschaft" nicht als Zeichen schon bestehender Gemeinschaft gewertet werden, die dynamisch auf die volle Kirchen- und Gottesdienstgemeinschaft hindrängt (und die Kirchen und Gläubigen darauf verpflichtet)? Ich möchte diese Frage aus theologisch zu verantwortenden Gründen bejahen, wie aus den bisherigen Ausführungen deutlich geworden sein dürfte. Eucharistische Gastfreundschaft ist möglich. Die Frage kann nur lauten: Dürfen wir im Blick auf die erreichten Gemeinsamkeiten und Übereinstimmungen im eucharistischen Glauben die eucharistische Gastfreundschaft noch verweigern?[14]

3. Die Ehe: Realsymbol der Liebes- und Lebenseinheit zwischen Christus und seiner Kirche

Das Gesagte soll im Hinblick auf die konfessionsverschieden-konfessionsverbindende Ehe näher konkretisiert werden.

3.1 Ausnahme- und Notsituation?

Das Prinzip: „Eucharistiegemeinschaft ist Kirchengemeinschaft" ist auf Seiten der röm.-kath. Kirche nicht streng durchgehalten, insofern sie in bestimmten Ausnahmesituationen nicht-katholische Christen zur katholischen Eucharistiefeier (zum Kommunionempfang) zulässt. Für das Zweite Vatikanum sind, was die Gottesdienst- und Eucharistiegemeinschaft angeht, „zwei Prinzipien maßgebend: die Bezeugung der Einheit der Kirche und die Teilnahme an den Mitteln der Gnade. Die Bezeugung der Einheit verbietet in den meisten Fällen (also nicht in allen: *Anm. des Verf.*) die Gottesdienstgemein-

---

[13] H. MEYER / H. SCHÜTTE, Art. *Abendmahl*, in: Ökumene-Lexikon, hg. von H. KRÜGER, Frankfurt/M. ²1986, Sp. 9.

[14] Vgl. P. KNAUER, *Gemeinschaft im Wort Gottes*. Zur Frage der eucharistischen Gastfreundschaft, in: Herder-Korrespondenz 56 (2002) 291-295.

schaft, die Sorge um die Gnade empfiehlt sie indessen in manchen Fällen" (UR 8). Das Ökumenische Direktorium hat dazu nähere, jedoch sehr allgemein gehaltene Ausführungsbestimmungen erlassen. Es hat insbesondere die Not- und Ausnahmefälle auf „ernste und dringende Notwendigkeiten" ausgedehnt, die entsprechend den von den Diözesanbischöfen bzw. Bischofskonferenzen zu erlassenden allgemeinen Normen zu bewerten sind.[15] Das kirchliche Gesetzbuch spricht von „schwerer Notlage" (*gravis necessitas*; CIC 1983, c. 842 §4). Frühere Dokumente verwiesen allgemein auf eine „geistliche Notlage" (*necessitas spiritualis*).[16] In allen diesen Fällen handelt es sich um pastorale Aspekte der individuellen Heilssorge. Seit geraumer Zeit hat sich die Frage auf die Situation in konfessionsverschiedenen/konfessionsverbindenden Ehen zugespitzt. Gewiss kann es sich hier, vor allem, wenn es um Ehepaare geht, die ihre Ehe bewusst christlich leben wollen (und nur solche Paare kommen für unsere Frage in Betracht!), um eine „schwere geistliche Notlage" handeln, die unter Umständen bei konsequenter Verweigerung der Zulassung zur Eucharistie zu Glaubensgefährdung oder Indifferentismus führen könnte. Es dürfte aber aus den bisherigen Überlegungen schon klar geworden sein, dass konfessionsverbindend gelebte Ehen nicht unter die Kategorie der „geistlichen schweren Notlage" angemessen subsumiert werden können.[17] Hier dürfen für die Zulassung des nicht-katholischen Partners nicht nur pastorale Erwägungen, sondern hier müssen theologische Gründe beigebracht werden.

3.2 Theologische Begründungen
3.2.1 Realisierung von Kirchengemeinschaft
Die Taufe begründet, wie gesagt, fundamental sakramentale Kirchengemeinschaft. Taufe ist deshalb konfessionsverbindend. Christliche Eheleute, die verschiedenen Konfessionen angehören, ihre Ehe aber in christlicher Verantwortung leben wollen, realisieren in Treue zu ihrer jeweiligen Kirche Kirchengemeinschaft, nicht Kirchenspaltung. Sie sind in geistlicher und kirchlicher Gemeinschaft miteinander verbunden.

---

[15] *Direktorium zur Ausführung der Prinzipien und Normen über den Ökumenismus* (25. März 1993), hg. v. Päpstlichen Rat zur Förderung der Einheit der Christen, in: AAS 85 (1993), 1039-1119; dt. in: Verlautbarungen des Apostolischen Stuhls 110, hg. v. Sekretariat der Deutschen Bischofskonferenz, Bonn 1993, Nr. 130.

[16] Vgl. die Instruktion des Sekretariats für die Einheit der Christen: *Über besondere Fälle der Zulassung anderer Christen zur eucharistischen Kommunion in der katholischen Kirche* (1. Juni 1972), in: AAS 64 (1972) 518-525; dt. in: H. RENNINGS: *Dokumente zur Erneuerung der Liturgie*, I, Kevelaer 1983, 1163.

[17] So auch Kardinal LEHMANN im Pressebericht im Anschluss an die Frühjahrs-Vollversammlung der Deutschen Bischofskonferenz 2002. Er spricht von der „eigenen Lebenssituation" und der „besonderen ekklesialen Dichte dieser Ehegemeinschaften", die „in der Taufe begründet und durch die Eheschliessung sakramental verwurzelt" sind (Sekretariat der Deutschen Bischofskonferenz, Pressemitteilung vom 21. 02. 2002).

3.2.2 Ehe als Sakrament des Bundes

Diese durch die Taufe gegebene fundamentale Gemeinschaft erfährt eine existentielle Vertiefung durch das Sakrament der Ehe.[18] Auch die Ehe zwischen konfessionsverschiedenen Paaren ist nach katholischer Überzeugung ein Sakrament. Wenngleich die reformatorischen Kirchen die Ehe nicht zu den Sakramenten zählen, so ist das meines Ermessens eine eher terminologische Frage. Denn auch für Luther ist die Ehe ein „göttlicher, seliger Stand" (Gr. Katech.), in der Schöpfungsordnung begründet (deshalb ein „weltlich Ding"), der „Gottes Wort für sich hat" (Traubüchlein), der aufgrund der Taufe in die Christuswirklichkeit des Getauften einbezogen ist und, wie Luther mit Bezug auf Eph. 5 sagt, „das Sakrament Deines lieben Sohns Jesu Christi und der Kirchen, seiner Braut, darin bezeichent".[19] Damit ist genau der Sinn des Ehesakraments getroffen, der darin besteht, Abbild und gelebtes Nachbild des Bundes Christi mit seiner Kirche zu sein.[20] Die christlichen Eheleute sollen die Wirklichkeit dieses Liebesbundes in ihrem ehelichen Zusammenleben glaubhaft bezeugen (bezeichnen) und verwirklichen. In einer solchen Ehe, die freilich immer eine lebenslang zu verwirklichende Aufgabe bleibt, wird Kirche gelebt, nicht Kirchenspaltung. Auch eine solche konfessionsverbindende, sakramentale Ehe ist, um mit dem Zweiten Vatikanum zu sprechen, „Hauskirche" (LG 11; AA 11) - ein auf die christliche Ehe und Familie bezogener Aspekt, der vor allem von Papst Johannes Paul II. in seinem Apostolischen Schreiben *Familiaris consortio* breit entfaltet wurde.[21] Dem ent-

---

[18] Vgl. zum Folgenden bes. den Weg eröffnenden und weiterführenden Beitrag von P. NEUNER, *Ein katholischer Vorschlag zur Eucharistiegemeinschaft*, in: StZ 211 (1993), 443-450 (vgl. KNA-ÖKI 45, 2. Nov. 1994, 5-12); DERS., *Ökumenische Theologie*, Darmstadt 1997, bes. 213-217; A. QUADT, *Für ein Stück mehr Eucharistiegemeinschaft*: Zur Frage der Zulassung evangelischer Ehepartner konfessionsverschiedener Ehen zur katholischen Eucharistiefeier, in: Una Sancta 40 (1985), 235-243; L. LIES - S. HELL u. a., *Konfessionsverschiedene Ehen, „Schwere Notlage", Ehesakrament - Empfang der Sakramente*, in: dialog spezial 1/98 (Beiheft zu: dialog. Informationen zu Ehe und Familie. Wien); S. HELL – L. LIES (HG.), *Taufe und Eucharistiegemeinschaft. Ökumenische Perspektiven und Probleme*, Innsbruck 2002; W. REES, *Communicatio in Sacris und Consortium totius vitae*. Kirchenrechtliche Überlegungen im Blick auf die konfessionsverschiedene Ehe, in: De processibus matrimonialibus 7 (2000) 69-98.

[19] M. LUTHER: *Großer Katechismus* (BSLK 612, 24f.); *Traubüchlein*, (BSLK 529, 32-34; 534, 9-11).

[20] Das luth./ref./r.k. Dokument: *Die Theologie der Ehe und das Problem der Mischehe* (1976) entfaltet den so verstandenen „sakramentalen Charakter" (Nr. 21) der Ehe mit Hilfe der biblischen Kategorien des Bundes und der damit gegebenen Verheißung (DWÜ I), Nrr 12-23. - Siehe auch K.-H. SELGE, *Ehe als unauflöslicher Lebensbund*, in: Cath(M) 55 (2001) 241-268.

[21] In: Verlautbarungen des Apostolischen Stuhls, Nr 33, hg. v. Sekr. d. Deutschen Bischofskonferenz, Bonn 1981, Nrr. 21. 49. 53. 59. 61. 65; vgl. auch: *Direktorium zur Ausführung der Prinzipien und Normen über den Ökumenismus* (wie Anm. 14), Nr. 66.- Der Aspekt der Hauskirche wird in einem beachtenswerten Referat des Sekretärs des Päpstlichen Rates für die Einheit der Christen, Bischof MARC OUELLET, vom 4. August 2001 auf der 10. Internationalen Konferenz für konfessionsverbindende Familien (interchurch families) in

sprechend ist auch die konfessionsverbindende Ehe eine „spezifische Darstellung und Verwirklichung" „der übernatürlichen Gemeinschaft, die die Gläubigen versammelt und mit Christus und untereinander in der Einheit der Kirche Gottes verbindet" (Nr. 21) und „in ihrer Weise ein lebendiges Bild und eine Vergegenwärtigung des Geheimnisses der Kirche in der Zeit" (Nr. 49). Sie hat ekklesiale Dignität.

Wie Taufe und Eucharistie, ist auch das Sakrament der Ehe ein Sakrament der Kircheneinheit. Dann aber erhebt sich die Frage: Darf dem nichtkatholischen Ehepartner in einer solchen Ehe, die den Bund Christi und seiner Kirche sakramental darstellt, die diesen Liebesbund leben will und durch ihr gelebtes Zeugnis der Einheit der Kirche dienen will, die Teilnahme an dem Sakrament verweigert werden, in dem der Bund Christi mit seiner Kirche, die Wirklichkeit der am Kreuz geschehenen Bundesstiftung, ganz konkret gegenwärtig wird und den Eheleuten als Kraftquell zu ihrem christlichen Lebensvollzug angeboten wird? Hier hat sich mittlerweile eine Öffnung vollzogen. In einem Brief der Ökume-Kommission der Deutschen Bischofskonferenz wurde dem jeweiligen Ortspfarrer die Kompetenz zugesprochen, im Falle ökumenischer Trauungen über die Zulassung des nicht-katholischen Partners (nach Kenntnis des Einzelfalles) zu entscheiden.[22] Ausländische Bischofskonferenzen, wie die von England und Wales, Schottland und Irland (1998), die Südafrikanische (1999) und Kanadische Bischofskonferenz (1999), haben für konfessionsverschiedene Ehen z.T. großzügige Ausnahmeregelungen erlassen. Ich möchte jedoch hier aus den genannten theologischen Gründen für eine Erweiterung plädieren: dem nicht-katholischen Partner (unter den erwähnten Bedingungen) generell (nicht nur im jeweiligen Einzelfall) die eucharistische Gastfreundschaft zu gewähren. (In diesem Falle wäre dann auch die Diskrepanz zwischen „kirchlicher Gesetzgebung" und „tatsächlicher Praxis" überwunden). In diese generelle Regelung müssten die Fälle bedeutsamer Familienfeste und -ereignisse einbezogen sein, auch für die betreffenden Familienangehörigen, die notwendige Disposition vorausgesetzt.[23] Dabei

---

[·] seiner Bedeutung gerade für diese „zwischenkirchlichen" Ehen und Familien stark herausgestellt (zu diesem Text siehe den Hinweis auf S. 184); siehe auch A. BORRAS, *Für eine ökumenische Auslegung des Codex Iuris Canonici der lateinischen katholischen Kirche*, in: Conc (dt) 37 (2001) 311-323, hier: Die Wirklichkeit der konfessionsverschiedenen Familien, 318-320; F. C. BOURG, *Domestic Church. A survey of the literature*, in: INTAMS review 7 (2001) 182-193, bes. 186f. 190f.

[22] Brief der Ökume-Kommission der Deutschen Bischofskonferenz an die Arbeitsgemeinschaft christlicher Kirchen in Nürnberg, in: *Zur Frage der eucharistischen Gastfreundschaft bei konfessionsverschiedenen Ehen und Familien. Eine Problemanzeige. Text und Dokumentation*, hg. v. d. ACK Nürnberg, Nürnberg [2]1998; hier: 36-39, bes. 38 (Nr. 5).

[23] So auch (allerdings nur auf die Ausnahmefälle bezogen) die erwähnten ausländischen Bischofskonferenzen. Weitergehender ist die Presseerklärung Kardinal LEHMANNS: „Dabei kommt es jedoch weniger auf einmalige Ereignisse vor allem des Familienlebens, wie z.B. die Erstkommunion, an, sondern mehr auf die kontinuierlichen Bemühungen dieser Ehe-

muss jedoch die Regel gelten, dass von den Angehörigen der anderen Konfession nicht mehr verlangt werden darf als von den eigenen.

3.2.3 Wechselseitige Teilnahme?

Die Frage der eucharistischen Gastfreundschaft provoziert zwangsläufig noch eine andere: die der Wechselseitigkeit. Ohne Wechselseitigkeit ist Gastfreundschaft bzw. Gastbereitschaft nicht möglich. Das ist nun gerade auf katholischer Seite das Problem. Denn nach den offiziellen Richtlinien dürfen Katholiken (unter bestimmten Umständen) die Sakramente der Eucharistie, der Buße und Krankensalbung „nur von einem Spender einer Kirche erbitten, in dessen Kirche diese Sakramente gültig gespendet werden, oder von einem Spender, von dem feststeht, dass er gemäß der katholischen Lehre über die Ordination gültig geweiht ist".[24] Hier steht nun die Amtsfrage zur Debatte.[25]

Aber auch schon vor einer endgültigen Klärung der Amtsfrage gibt es eine Lösung für eine auch von einem Katholiken zu verantwortende Teilnahme am evangelischen Abendmahl. Dazu zwei Bemerkungen:

(1) Das Zweite Vatikanische Konzil spricht im Ökumenismusdekret von einem „Defekt",[26] der dem ordinierten Amt der reformatorischen Kirchen anhafte und die deswegen „die ursprüngliche und vollständige Wirklichkeit des eucharistischen Mysteriums nicht bewahrt" hätten (UR 22). Gleichwohl anerkennt es die geistliche Realität, die auch im „Heiligen Abendmahl" der „getrennten Kirchlichen Gemeinschaften" gegeben ist: es ist „Gedächtnisfeier des Todes und der Auferstehung des Herrn", in der „die lebendige Gemeinschaft mit Christus bezeichnet" und „seine glorreiche Wiederkunft" erwartet wird (UR 22). Kardinal Josef Ratzinger äußerte sich in einem Schreiben an den Bayerischen Landesbischof Hanselman: „Auch eine am Sukzessionsbegriff orientierte Theologie ... muss keineswegs Heil schaffende Gegenwart des Herrn im evangelischen Abendmahl leugnen"[27]. Wer als Katholik

---

leute auf einem gemeinsamen Weg des Glaubens. Darum hat hier auch der begleitende Pfarrer eine wichtige Stellung" (wie Anm. 17).

[24] *Direktorium zur Ausführung der Prinzipien und Normen über den Ökumenismus* (wie Anm. 15), Nr. 132.

[25] Hierzu vgl. meinen Artikel in diesem Band: *Behindert die Amtsfrage die Einheit der Kirchen?* Katholisches Plädoyer für die Anerkennung der reformatorischen Ämter (S. 85-97).

[26] *Defectus* wird nach der heute nahezu allgemein rezipierten Interpretation nicht mit „Fehlen", sondern mit „Mangel" übersetzt. Dem Amt haftet infolge der Trennung ein ekklesialer Mangel an. Muss das nicht auch für das katholische Amtsverständnis eine Herausforderung bedeuten?

[27] In: Una Sancta 48 (1993) 347-350, hier: 348 (Brief vom 9. März 1993); vgl. auch:KNA-ÖKI 51, 15. Dez. 1993. Diese Formulierung wurde fast gleichlautend im Dokument *Kirche und Rechtfertigung* (siehe Anm. 12), Nr. 203, übernommen. Man wird die Frage stellen können, ob mit der Aussage des Zweiten Vatikanums im Ökumenismusdekret (UR 3,4): „Ebenso sind diese getrennten Kirchen und Gemeinschaften ... nicht ohne Bedeutung und Gewicht im Geheimnis des Heiles. Denn der Geist Christi hat sich gewürdigt, sie als Mittel des Heiles zu gebrauchen", nicht implizit schon eine Anerkennung der Ämter mitgegeben sei, denn ihre Heilswirksamkeit haben sie ja gewiss nicht ohne ihre Ämter.

aus einem ernsthaften Grunde an der evangelischen Abendmahlsfeier teilnimmt, kann und muss zumindest diese geistliche Wirklichkeit anerkennen
und bejahen.

(2) Die Synode der Deutschen Bistümer (1971-1975) hielt es für nicht
ausgeschlossen, „dass ein katholischer Christ - seinem persönlichen Gewissen folgend - in seiner besonderen Lage Gründe zu erkennen glaubt, die
ihm die Teilnahme am evangelischen Abendmahl innerlich notwendig erscheinen lassen"[28]. Gedacht ist hier wohl in erster Linie an konfessionsver-
schiedene/-verbindende Ehen. In diesem Sinne stellte auch der frühere Straßburger Bischof Léon-Arthur Elchinger (†1999) in seinen „Weisungen über
die eucharistische Gastfreundschaft für konfessionsverschiedene Ehen"
(1972)[29] die Teilnahme des katholischen Ehepartners am evangelischen A-
bendmahl in dessen Gewissensentscheidung und stellte ausdrücklich fest,
dass eine solche Gewissensentscheidung weder als Bruch mit dem katholischen Glauben noch als Untreue gegenüber der Kirche anzusehen sei.

4. Fazit

Die Frage der eucharistischen Gastfreundschaft ist gewiss keine leichtfer-
tig „übers Knie" zu brechende Angelegenheit. Sie darf nicht zur Manövrier-
masse der Konfessionen werden; denn die Eucharistie gehört ins Zentrum des
Glaubens, in die Mitte des Evangeliums. Darin sind sich die Kirchen einig.
Erinnern wir uns noch einmal an die schon zitierten Aussagen von Thomas
von Aquin und Martin Luther. Als Zusammenfassung des ganzen Heilsmys-
teriums und als „Summe und Kompendium des Evangeliums" hat die
Eucharistie eine innere Dynamik auf die Einheit der Kirche, die gegründet ist
in dem Bund, den Gott im Kreuzesopfer Jesu Christi endgültig geschlossen
und bestätigt hat, der in jeder Eucharistie-/Abendmahlsfeier konkret auf uns
zukommt, um uns zu versammeln als Volk Gottes, das vom Leibe Christi her
lebt und dadurch selbst Leib Christi wird und ist. Eucharistische Gastfreundschaft (in Gegen- und Wechselseitigkeit) ist dort möglich, wo der eucharistische Glaube (mitsamt seinen zentralen Glaubenswahrheiten) geteilt wird und

---

[28] *Gemeinsame Synode der Bistümer in der Bundesrepublik Deutschland: Beschlüsse der
Vollversammlung. Offizielle Gesamtausgabe,* I, Freiburg [2]1976, 216.

[29] Französischer und deutscher Text in: R. MUMM (HG.), *Eucharistische Gastfreundschaft:
Ökumenische Dokumente,* Kassel 1974. Diese Richtlinien wurden ebenfalls vom Bischof
von Metz, Msgr. SCHMITT, übernommen. Sie gelten auch heute noch und sind von Bischof
ELCHINGER 1992 (damals schon emeritiert) nochmals erläutert worden. Siehe hierzu: H.
MEYER, *Mischehen und eucharistische Gastfreundschaft.* Katholisch/lutherische
Abendmahlsvereinbarung in Frankreich, in: Lutherische Rundschau 25 (1975) 134-144;
DERS, *Abendmahlsgemeinschaft in evangelisch-lutherischer Sicht,* in: H. SCHWÖRZER
(HG.): *Amt, Eucharistie - Abendmahl,* Leipzig 1996, 66-90, bes. 77-90; L.A. ELCHINGER,
Eucharistische Gastfreundschaft für gemischtkonfessionelle Ehepaare im Elsaß (übers.
von CHR. FUNK), in: ebd. 91-96; Erzbischof von Strassburg J. DORÉ, *Une permission
exceptionelle d'„hospitalité eucharistique",* in: L'Eglise en Alsace, Nr. 9, Sept. 2000, 2-
7.

Christen (unter der Spaltung leidend) sich leidenschaftlich um die Überwindung der Kirchentrennung bemühen - sei es in konfessionsverbindenden Ehen, sei es in ökumenischen Kreisen, die die Einheit der Kirchen „in versöhnter Verschiedenheit"[30] zu ihrem Anliegen gemacht haben, die die Gemeinschaft der Kirchen nicht nur theoretisch bedenken, sondern sie inständig erbeten. Hier darf von der gemeinsamen Eucharistie- und Abendmahlsfeier die volle Kirchen- und Gottesdienstgemeinschaft als Frucht erwartet werden: Eucharistie als Mittel zur Einheit. In diesem „begrenzten Umfang" darf auch jetzt schon zur eucharistischen Gastfreundschaft ermutigt werden.

Ob das schon in großem Umfang, gar generell auf einem ökumenischen Kirchentag der nahen Zukunft geschehen kann, mag fraglich erscheinen. Jedenfalls müsste bis dahin noch sehr viel an pastoraler Arbeit geleistet werden, um die ekklesiologische Bedeutung der Eucharistie/des Abendmahls in Herz und Geist der Christen lebendig bzw. lebendiger werden zu lassen, damit die Feier des Herrnmahles nicht zu einem Spiel bloß freundlicher (dann aber auch unverbindlicher) Begegnung verkommt und in Indifferentismus versandet. Andererseits darf nicht Angst das letzte Wort haben - und dürfen an Ernsthaftigkeit und innere Disposition (Umkehrwilligkeit, Glaube, Hoffnung, Liebe) nicht unterschiedliche Maßstäbe angelegt werden.

Den Kirchen ist ein - vielleicht unwiederbringlicher - Kairos geschenkt, den sie nicht verspielen oder gar unterlaufen dürfen. Darum sind mutige und theologisch verantwortbare Schritte auf die Kirchen- und Gottesdienstgemeinschaft hin zu unternehmen, die ihren höchsten Ausdruck findet in der Gemeinschaft am Tisch des Herrn. Wir können zwar die Einheit nicht erzwingen, wohl könnten wir sie schuldhaft verhindern. Darum fordert Ökumene, insbesondere das Ziel der uneingeschränkten Tischgemeinschaft, die Umkehr der Herzen zu dem hin, der als Herr seiner Kirche auch der Herr des Mahles ist.

(Überarbeitete Fassung aus: Review of the International Academy for Marital Spirituality [Brüssel] = INTAMS review 7 [2001] 26-35; KNA-ÖKI 21 [22. Mai 2001], Beilage, 1-10).

---

[30] Das Modell der „Einheit in versöhnter Verschiedenheit" ist in der *Gemeinsamen Offiziellen Feststellung zur Rechtfertigungslehre* ausdrücklich anerkannt worden.

Kanzel- und Abendmahlsgemeinschaft in Vereinbarungen und Erklärungen zwischen verschiedenen Kirchen
Eine Bestandsaufnahme

Von Hans-Georg Link

I. Formen der Abendmahlsgemeinschaft

Es ist das kirchengeschichtliche Geschenk des 20. Jahrhunderts an die weltweite Christenheit, dass sich die Kirchen aus ihrem starren Gegen- und Nebeneinander gelöst haben und in einem großen Dreischritt aufeinander zugegangen sind: 1920 mit dem Aufruf des Ökumenischen Patriarchats von Konstantinopel zu einer Liga der Kirchen, 1948 mit der Gründung des Ökumenischen Rates der Kirchen in Amsterdam und von 1962 bis 1965 mit der Durchführung des Zweiten Vatikanischen Konzils in Rom. Dieses Aufeinanderzugehen der Kirchen hat Auswirkungen auf ihre Kanzel- und Sakramentsgemeinschaft. Während zwischen katholischen und reformatorischen Kirchen zumindest das Basissakrament der Taufe gegenseitig anerkannt ist, steht eine entsprechende gegenseitige Anerkennung des Abendmahls/der Eucharistie noch aus. Wir haben es also im Blick auf diese Kirchen mit einer *partiellen* Sakramentengemeinschaft und also auch mit einer *partiellen* Kirchengemeinschaft zu tun[1]. „Denn wer an Christus glaubt und in der rechten Weise die Taufe empfangen hat, steht dadurch in einer gewissen, wenn auch nicht vollkommenen Gemeinschaft mit der katholischen Kirche"[2]. Diese partielle Kirchengemeinschaft hat nun auch Auswirkungen auf die Frage der Abendmahlsgemeinschaft. Während der vollen Kirchengemeinschaft die volle Abendmahlsgemeinschaft entspricht, ist es für eine partielle Kirchengemeinschaft angemessen, nach vor-läufigen Formen der Abendmahlsbeteiligung Ausschau zu halten. Denn durch das Sakrament der Eucharistie wird „die Einheit der Kirche bezeichnet und bewirkt" (significatur et efficitur)[3]. In dem spannungsvollen Zwischenfeld, nicht mehr in völliger Kirchentrennung voneinander und noch nicht in voller Kirchengemeinschaft miteinander zu leben, richtet sich die Frage der Abendmahlsgemeinschaft nicht mehr nach dem Muster von Alles oder Nichts, sondern nach der angemessenen Form im Blick auf die erreichte Annäherung. Die Frage: Abendmahlsgemeinschaft - Ja oder Nein?, ist also falsch gestellt; die richtige Frage lautet: Abendmahlsgemeinschaft - in welcher Form? Welche Formen von Abendmahlsgemein-

---

[1] Vgl. Bilaterale Arbeitsgruppe der Deutschen Bischofskonferenz und der Kirchenleitung der VELKD, *Kirchengemeinschaft in Wort und Sakrament* (KiWuS), Paderborn/Hannover 1984, S. 57 (Z. 51), S. 59 (Z. 54).
[2] Ökumenismus-Dekret *Unitatis Redintegratio* (UR) vom 21.11.1964, Z. 3, in: K. RAHNER - H. VORGRIMLER, *Kleines Konzilskompendium*, Freiburg 1966, S. 232.
[3] UR 2, a.a.O., S. 230.

schaft sind vorstellbar? Ich nenne fünf verschiedene Formen bzw. Stufen auf dem Weg von getrennter zu gemeinsamer Abendmahlsfeier[4]: (1) *Begrenzte Zulassung*: Zulassung einer begrenzten Zahl von Gliedern anderer Kirchen zur Abendmahlsfeier der eigenen Kirche in besonderen Situationen und außergewöhnlichen Umständen. (2) *Allgemeine Zulassung*: Zulassung aller getauften und zur Teilnahme am Abendmahl berechtigten Glieder anderer Kirchen zur Abendmahlsfeier der eigenen Kirche. (3) *Gegenseitige Zulassung*: Zulassung der Glieder anderer Kirchen zur Abendmahlsfeier der eigenen Kirche und der Glieder der eigenen Kirche zur Abendmahlsfeier anderer Kirchen („Interkommunion"). (4) *Interzelebration*: Zulassung von Amtsträgern anderer Kirchen zur Leitung des Abendmahlsgottesdienstes der eigenen Kirche, einschließlich der Predigt. (5) *Ökumenische Konzelebration*: Gemeinsame Leitung eines Abendmahlsgottesdienstes von Amtsträgern verschiedener Kirchen als Vollzug von Kirchengemeinschaft.

Alle diese Formen von Abendmahlsgemeinschaft setzen bei den beteiligten Kirchen eucharistische Gastbereitschaft voraus; ihr Vollzug bringt das unterschiedliche Maß an eucharistischer Gastfreundschaft zum Ausdruck, das die jeweiligen Kirchen zu gewähren bereit sind. Es richtet sich in aller Regel nach dem Maß der erreichten Glaubens- und Kirchengemeinschaft.

II. Vereinbarungen und Erklärungen

Am 2. Juli 1931 ist in Bonn zwischen Vertretern der Altkatholischen Kirche und den Kirchen der Anglikanischen Gemeinschaft das sog. „Bonner Interkommunionsabkommen" geschlossen worden. Sein entscheidender Satz lautet: „Jede Kirchengemeinschaft stimmt der Zulassung von Mitgliedern der andern zur Teilnahme an den Sakramenten zu"[5]. Das bereits 70-jährige Jubiläum dieser ersten zwischenkirchlichen Vereinbarung wurde am 31. Juli 2001 während der 33. Konferenz der Internationalen Ökumenischen Gemeinschaft (IEF) in Prag im Rahmen eines feierlichen altkatholisch-anglikanischen Abendmahlsgottesdienstes begangen, an dem vier Bischöfe teilnahmen und zu dem alle Teilnehmenden der Konferenz eingeladen waren. Ein denkwürdiges Ereignis!

Im Folgenden konzentriere ich mich auf die Vereinbarungen, an denen reformatorische Kirchen beteiligt waren bzw. die sich auch auf reformatorische Kirchen beziehen. Es handelt sich um 1. inner-evangelische, 2. evangelisch-

---

[4] Vgl. dazu: *Abendmahl/Eucharistie - Probleme der gemeinsamen Feier*, in: Ökumenisches Pfingsttreffen Augsburg 1971. Dokumente, Stuttgart-Berlin-Paderborn 1971, S. 214, Z. 26: Sprachregelung; H. MEYER, *Abendmahlsgemeinschaft in evangelisch-lutherischer Sicht*, in: H. SCHWÖRZER (HG.), *Amt, Eucharistie-Abendmahl. Gelebte Ökumene*, Leipzig 1996, S. 72.

[5] In: H. MEYER - H.J. URBAN - L. VISCHER (HG.), *Dokumente wachsender Übereinstimmung* (DWÜ). Sämtliche Berichte und Konsenstexte interkonfessioneller Gespräche auf Weltebene, Band 1: 1931-1982, 1983, S. 78.

altkatholische, 3. evangelisch-anglikanische und 4. evangelisch-römisch-katholische Erklärungen.

1. Vereinbarungen zwischen reformatorisch geprägten Kirchen

1.1 Die Leuenberger Konkordie

Am 16. März 1973 wurde auf dem Leuenberg bei Basel die „Konkordie reformatorischer Kirchen in Europa" zwischen Vertretern lutherischer, reformierter und unierter Kirchen unterzeichnet. Sie beendete einen Zustand Jahrhunderte langer Trennungen zwischen lutherischen und reformierten Kirchen und eröffnete die seitdem bestehende neue kirchengeschichtliche Phase der Leuenberger Kirchengemeinschaft. Dass sie in Deutschland nicht in gleicher Weise wie in anderen Ländern, z.B. in Ungarn, als kirchengeschichtlicher Einschnitt wahrgenommen worden ist, hängt damit zusammen, dass hierzulande bereits seit 1817 die seinerzeit vom Preußenkönig Friedrich Wilhelm III. aufoktroyierte „altpreußische Union" bestand. Die Leuenberger Konkordie formuliert „das gemeinsame Verständnis des Evangeliums", das die Rechtfertigungsbotschaft, Taufe und Abendmahl umfasst, benennt die neue „Übereinstimmung angesichts der Lehrverurteilungen der Reformationszeit" im Blick auf die Themen Abendmahl, Christologie und Prädestination und erklärt auf diesem Hintergrund Kirchengemeinschaft: Die beteiligten Kirchen „gewähren einander Kanzel- und Abendmahlsgemeinschaft. Das schließt die gegenseitige Anerkennung der Ordination und die Ermöglichung der Interzelebration ein"[6]. Bedauerlicherweise und auch unverständlicherweise wurde es 1973 versäumt, die Eröffnung dieser Kirchengemeinschaft zwischen reformatorischen Kirchen in einem öffentlichen Gottesdienst zu begehen. Das ist erst anlässlich des 25-jährigen Jubiläums 1998 in Straßburg nachgeholt worden. Inzwischen gehören über 100 reformatorische Kirchen in Europa und Lateinamerika zur Leuenberger Kirchengemeinschaft, die sich insgesamt als Modell ökumenischer Kirchengemeinschaft versteht[7]. Das wird durch die Tatsache unterstrichen, dass inzwischen auch die evangelisch-methodistische Kirche in Deutschland sowie die EKD als ganze der Leuenberger Kirchengemeinschaft beigetreten sind.

1.2 Vereinbarungen mit evangelischen Freikirchen

Seit den Auseinandersetzungen mit der Täuferbewegung in der Reformationszeit war das Verhältnis zwischen evangelischen Landeskirchen, Mennoniten und später entstandenen Freikirchen gespannt. Dass methodistische und baptistische Kirchen in Deutschland erst im 19. Jahrhundert Fuß gefasst ha-

---

[6] W. HÜFFMEIER (HG.), *Konkordie reformatorischer Kirchen in Europa* (Leuenberger Konkordie, LK) 1973, dreisprachige Ausgabe, Frankfurt/Main 1993, S. 32, Z. 33 c.

[7] Vgl. dazu: *Die Kirche Jesu Christi*. Der reformatorische Beitrag zum ökumenischen Dialog über die kirchliche Einheit, Schlussabschnitt: „Die Leuenberger Konkordie als ökumenisches Einheitsmodell", in: W. HÜFFMEIER (HG.), *Leuenberger Texte*, H. 1 (LT 1), Frankfurt/Main 1996, S. 62f.

ben, als das landesherrliche lutherische Kirchenregiment schon rund 300 Jahre bestand, hat die Schwierigkeiten im Umgang miteinander noch erhöht. Als erstes sind in den achtziger Jahren des 20. Jahrhunderts Vereinbarungen mit der evangelisch-methodistischen Kirche zustande gekommen, dann mit mennonitischen Gemeinden in den neunziger Jahren, während entsprechende Abkommen mit baptistischen Gemeinden noch immer auf sich warten lassen.

1.2.1 Von 1980 bis 1985 haben Lehrgespräche zwischen der Evangelisch-methodistischen, der Vereinigten Evangelisch-Lutherischen Kirche Deutschlands (VELKD) und der Arnoldshainer Konferenz (AK) stattgefunden, die am 29. September 1987 in der Nürnberger Sankt Lorenz Kirche zur feierlichen „Deklaration der gegenseitigen Gewährung von Kanzel- und Abendmahlsgemeinschaft" geführt haben: (1) *„Unter Bejahung des Ansatzes der Leuenberger Konkordie und unter Berücksichtigung der besonderen Fragestellung, die sich in unserem Land aus der Geschichte der beiden Kirchen und ihren heutigen Beziehungen zueinander ergeben, stellen die Vereinigte Evangelisch-Lutherische Kirche Deutschlands und die Evangelisch-methodistische Kirche auf Grund der zwischen beiden Kirchen geführten Lehrgespräche ihr gemeinsames Verständnis des Evangeliums fest.* (2) *Daher erklären die Evangelisch-methodistische Kirche und die Vereinigte Evangelisch-Lutherische Kirche Deutschlands gemeinsam, dass sie einander Kanzel- und Abendmahlsgemeinschaft gewähren. - Von Beginn der Gespräche an bestand der Wunsch, alle Landeskirchen innerhalb der Evangelischen Kirche in Deutschland einzubeziehen. So wird nun heute in diesem Gottesdienst mit allen die Kanzel- und Abendmahlsgemeinschaft durch die gemeinsame Predigt und die gemeinsame Feier des Abendmahls vollzogen"*[8].

Auf dieser Grundlage ist die Evangelisch-methodistische Kirche in Deutschland 1997 der Leuenberger Kirchengemeinschaft beigetreten.

1.2.2 An den erfolgreichen Abschluß der Verhandlungen mit der Evangelisch-methodistischen Kirche haben sich von 1989 bis 1992 Gespräche zwischen der VELKD und der „Arbeitsgemeinschaft Mennonitischer Gemeinden in Deutschland" (AMG) angeschlossen. Sie haben auf Grund von offenen Fragen zur Taufpraxis noch nicht wie bei der Evangelisch-methodistischen Kirche zur vollen Kirchengemeinschaft geführt, wohl aber zu einer „Erklärung der gegenseitigen Einladung zum Abendmahl". Sie ist im März 1996 im Rahmen von Gottesdiensten in Hamburg und Regensburg auch im Beisein von Vertretern der Arnoldshainer Konferenz und der Evangelische Kirche in Deutschland verlesen und vollzogen worden. Der langen Unterdrückungsgeschichte von Mennoniten durch Lutheraner entsprechend nimmt deren Aufarbeitung und die wechselseitige Bitte um Vergebung in der Erklärung brei-

---

[8] *Deklaration der gegenseitigen Gewährung von Kanzel- und Abendmahlsgemeinschaft*, in: *Vom Dialog zur Kanzel- und Abendmahlsgemeinschaft*. Eine Dokumentation der Lehrgespräche und der Beschlüsse der kirchenleitenden Gremien, Hannover 1987, S. 56.

ten Raum ein, bevor sie abschließend feststellt: „Die grundlegenden Übereinstimmungen erlauben es uns, einander zur Teilnahme am Abendmahl einzuladen und gemeinsam Gäste am Tisch des Herrn zu sein. Mit diesem Zeichen der Einheit und diesem Schritt auf dem Weg zur Einheit bezeugen wir in der Welt den dreieinigen Gott als den einen gemeinsamen Herrn"[9].

1.3 Kirchengemeinschaft zwischen der Evangelischen Kirche der Union (EKU) und den Vereinigten Kirchen in den USA und Kanada

Der EKU gehören heute sieben aus lutherischer und reformierter Tradition unierte Landeskirchen an, unter ihnen auch die Evangelische Kirche im Rheinland. Diese Kirchen sind durch gemeinsame Agenden, Ordnungen und Kirchenrecht miteinander verbunden. Die EKU steht in Kirchengemeinschaft mit lutherischen, reformierten und unierten Kirchen Europas, die die Leuenberger Konkordie unterzeichnet haben. Darüber hinaus hat sie mit der United Church of Christ in den USA sowie mit der United Church of Christ in Canada Abkommen über die Aufnahme voller Kirchengemeinschaft geschlossen. Innerhalb der Vereinigten Staaten ist es ebenfalls zu einer „Formula of Agreement" zwischen der Evangelical Lutheran Church in America (ELCA) und presbyterianischen, reformierten und vereinigten Kirchen 1997 in Chicago gekommen.

1.4 Zusammenfassung

Bei den Vereinbarungen zwischen reformatorisch geprägten Kirchen handelt es sich in aller Regel um die Aufnahme voller Kirchengemeinschaft, die Kanzel-, Sakramenten- und Ordinations-Gemeinschaft umfasst. Eine Ausnahme bildet lediglich die Erklärung zwischen der VELKD und der Arbeitsgemeinschaft Mennonitischer Gemeinden in Deutschland, die „nur" die gegenseitige Einladung zum Abendmahl beinhaltet. Dass es zwischen den anderen reformatorisch geprägten Kirchen seit 1973 schnell und unproblematisch zur Aufnahme der Kirchengemeinschaft gekommen ist, lässt darauf schließen, dass es sich dabei um überfällige Akte kirchengeschichtlicher Flurbereinigung und gegenseitiger ökumenischer Anerkennung gehandelt hat. Dass es aber bis 1973 über 400 Jahre gedauert hat, bis solche Vereinbarungen getroffen wurden, gibt zu erkennen, wie lange die reformatorischen Kirchen in selbstbezogener Isolation voneinander gelebt haben. Mit der Leuenberger Konkordie, an deren Zustandekommen 20 Jahre gearbeitet worden ist, besitzen die reformatorischen Kirchen nun ein hervorragendes Instrument, dessen theologische und ökumenische Tragweite noch keineswegs ausgeschöpft ist[10].

---

[9] In: Texte aus der VELKD 67/1996, S. 28.

[10] Vgl. dazu die Erklärung der Landessynode der Evangelischen Kirche im Rheinland vom 12. Januar 2000: *Unterwegs zur Gemeinschaft des europäischen Protestantismus*. Die Evangelische Kirche im Rheinland als Glied der Leuenberger Kirchengemeinschaft im Eu-

Faktisch haben diese Vereinbarungen über die Kanzel- und Abendmahlsgemeinschaft in Deutschland zu wenig neuen gottesdienstlichen Erfahrungen und Bereicherungen beigetragen. Das hängt einerseits mit der erwähnten, seit 1817 bestehenden Union zusammen, andererseits mit der geringen Zahl methodistischer und mennonitischer Gemeinden in Deutschland. Eine größere Bedeutung haben die Vereinbarungen zwischen reformatorisch geprägten Kirchen in Ländern wie Irland, Polen, Ungarn oder den USA, wo die lutherischen und reformierten Kirchen ihre organisatorische Selbständigkeit behalten haben. Insgesamt stimmt es jedoch nachdenklich, daß die Abendmahlsgemeinschaft innerhalb der reformatorischen Kirchen keine stärkeren liturgischen, ökumenischen und praktischen Impulse freigesetzt hat.

2. Vereinbarung zwischen der Evangelischen Kirche in Deutschland und der Altkatholischen Kirche

Von Seiten der Evangelischen Kirche in Deutschland hat es in Absprache mit der Arnoldshainer Konferenz und der VELKD Gespräche mit dem Katholischen Bistum der Alt-Katholiken in Deutschland gegeben, die am 29. März 1985 in Hannover zur Verabschiedung einer Vereinbarung geführt haben. In dieser Erklärung werden eine Reihe grundlegender Übereinstimmungen zur Gottesfrage, zu Schrift, Rechtfertigung, Taufe, Amt und Abendmahl formuliert, die es erlauben, „die Glieder unserer Kirchen gegenseitig zur Teilnahme an der Eucharistie einzuladen"[11]. Beide Kirchen wollen damit einen Schritt auf die Einheit der Kirche Jesu Christi hin tun. So kurz der eine Seite umfassende, von den Bischöfen Josef Brinkhues und Eduard Lohse unterzeichnete Text auch ist, es handelt sich bei ihm um die erste Abendmahlsvereinbarung, die die Evangelische Kirche in Deutschland mit einer Kirche außerhalb der reformatorischen Tradition geschlossen hat.

3. Vereinbarungen zwischen evangelischen und anglikanischen Kirchen
3.1 Die Meissener Erklärung von 1988

Das Lutherjahr 1983 zum Gedenken an den 500. Geburtstag des Reformators hat den damaligen Erzbischof von Canterbury, Dr. Robert Runcie, dazu inspiriert, eine Initiative in Richtung der deutschen lutherischen Kirchen zu starten, um „engere Beziehungen" zu Wege zu bringen[12], die sowohl von Seiten der EKD als auch vom damaligen Bund der evangelischen Kirchen (BEK) in der DDR positiv erwidert wurde. Fünf Jahre später wurde das Ergebnis dieser Bemühungen am 18. März 1988 von Repräsentanten der Kirche

---

ropa des 21. Jahrhunderts; in: K.- CHR. EPTING (HG.), *Die evangelische Diaspora*, Jahrbuch des Gustav-Adolf-Werkes, 69. Jahrgang, Leipzig 2000, S. 142ff.

[11] *Vereinbarung über eine gegenseitige Einladung zur Teilnahme an der Feier der Eucharistie*, Hannover 29. März 1985, Sonderdruck, S. 3.

[12] Vgl. seinen Brief vom 1. Juni 1984 an die Landesbischöfe EDUARD LOHSE und JOHANNES HEMPEL, in: K. KREMKAU (HG.), *Die Meissener Erklärung*. Eine Dokumentation, EKD Texte 47, Hannover 1993, S. 77.

von England, des Bundes der evangelischen Kirchen in der DDR und der EKD offiziell verabschiedet: „Auf dem Weg zu sichtbarer Einheit. Eine gemeinsame Feststellung". Diese Meissener Erklärung ist ein umfangreiches Dokument, das von der Kirche ausgeht (I-IV) und über die „Einigkeit im Glauben" (V) zur „Gegenseitigen Anerkennung" (VI) voranschreitet. Zum gemeinsamen Verständnis des Abendmahls wird festgehalten: „Wir glauben, dass die Feier des Herrenmahles das von Jesus Christus eingesetzte Fest des Neuen Bundes ist, bei welchem das Wort Gottes verkündigt wird und in welchem der auferstandene Christus seinen Leib und sein Blut unter den sichtbaren Zeichen von Brot und Wein der Gemeinde gibt"[13]. Daraus folgert die Erklärung: „Wir ermutigen die Mitglieder unserer Kirchen, die ihnen angebotene eucharistische Gastfreundschaft anzunehmen und dadurch ihre miteinander bestehende Einheit in dem einen Leib Christi zum Ausdruck zu bringen"[14]. Darüber hinaus sollen „die ordinierten Geistlichen unserer Kirchen... das Herrenmahl in einer Weise gemeinsam feiern, die über die gegenseitige eucharistische Gastfreundschaft hinausgeht, aber noch nicht die volle Austauschbarkeit der Geistlichen erreicht"[15]. Wegen der noch nicht erzielten Verständigung in der Frage des - nach anglikanischem Verständnis - konstitutiven historischen Bischofsamtes wird „Konzelebration im Sinne von gemeinsamer Konsekration... weder durch Worte noch durch Gesten in Betracht gezogen"[16]. Es handelt sich also um mehr als eucharistische Gastfreundschaft, aber um weniger als ökumenische Konzelebration; Interzelebration ist bereits möglich.

3.2 Die Porvoo-Erklärung von 1992

In Nordeuropa gibt es jahrzehntelange theologische und pastorale Beziehungen zwischen anglikanischen und lutherischen Kirchen, die bis zum Beginn des 20. Jahrhunderts zurückreichen, auf dem europäischen Festland aber wenig bekannt sind. Sie haben mit der Porvoo-Erklärung vom 13. Oktober 1992 im finnischen Järvenpää „Together in Mission and Ministry" einen bahnbrechenden Ausdruck gefunden. Daran beteiligt sind einerseits britische und irische anglikanische Kirchen, andererseits lutherische Kirchen in den nordischen und baltischen Ländern, insgesamt 12. Die Porvoo-Erklärung von 1992 ist die nordeuropäische Entsprechung zur mitteleuropäischen Leuenberger Konkordie von 1973. Porvoo geht ebenfalls auf die persönliche Initiative des Erzbischofs von Canterbury, Robert Runcie, und des schwedischen Erzbischofs Bertil Werkström aus Uppsala zurück.

---

[13] *Auf dem Weg zu sichtbarer Einheit*. Eine gemeinsame Feststellung, V. Einigkeit im Glauben, Z. 15.5, a.a.O. S. 45.
[14] VI. Gegenseitige Anerkennung und nächste Schritte: Die Meissener Erklärung, Z. 17 B 5, a.a.O. S. 51.
[15] Z. 17 B 6, a.a.O. S. 51.
[16] Ebd. Anmerkung.

Die umfangreiche Erklärung beginnt mit einer ökumenischen Situations-beschreibung, äußert sich zum Wesen und zur Einheit der Kirche sowie zum gemeinsamen Glauben und legt einen besonderen Akzent auf „Episcopacy in the Service of the Apostolicity of the Church" (IV), bevor die gemeinsamen Erkenntnisse in einer Joint Declaration zusammengefaßt werden. In diesen umfassenden Ansatz wird die Frage der Abendmahlsgemeinschaft eingebettet, der als solcher kein besonders großes Gewicht beigemessen wird.

Der hilfreiche theologische Abschnitt über das Abendmahl beginnt mit einer ähnlichen Glaubensaussage wie die Meissener Erklärung: „We believe, that the body and blood of Christ are truly present, distributed and received under the forms of bread and wine in the Lord's Supper (Eucharist)"[17]. Der Absatz mündet in den Ausblick: „Here we already have a fortaste of the eternal joy of God's Kingdom"[18]. Diese gemeinsamen Äußerungen zum Abendmahl finden ihren Widerhall in zwei Feststellungen der abschließenden Erklärung:

„We acknowledge that in all our Churches the Word of God is authentically preached, and the sacraments of Baptism and Eucharist are duly administered."

„We commit ourselves to welcome one another's members to receive sacramental and other pastoral ministrations"[19].

Auf Grund der Übereinstimmung in der Frage des historischen Bischofsamtes geht Porvoo einen entscheidenden Schritt über Meissen hinaus, indem es erklärt: „We commit ourselves, to welcome persons episcopally ordained in any of our churches to the office of bishop, priest or deacon to serve...in that ministry in the receiving church without re-ordination"[20]. Damit wird in Porvoo zwischen anglikanischen und lutherischen Kirchen das vereinbart, was in Meissen noch nicht möglich war: die ökumenische Konzelebration. Obwohl das Wort nicht gebraucht wird, handelt es sich bei diesen inhaltlichen Bestimmungen um die Vereinbarung von voller Kirchengemeinschaft.

Es ist also deutlich, dass die Übereinkünfte zwischen anglikanischen und nordeuropäischen lutherischen Kirchen an entscheidender Stelle weiterreichen als mit den deutschen lutherischen und unierten Kirchen. Der Unterschied liegt in der Verständigung über Notwendigkeit, Bedeutung und Tragweite des historischen Bischofsamtes, das neben Schrift, altkirchlichen Glaubenskenntnissen und den beiden Sakramenten das vierte Essential des Lambeth Quadrilaterals von 1888 ausmacht. In den anglikanisch-lutherischen Vereinbarungen entscheidet die Stellung zu Apostolizität und zum historischen Episkopat der Kirche über den Grad der eucharistischen Gemeinschaft.

---

[17] *Together in Mission and Ministry*. The Porvoo-Common Statement with Essays on Church and Ministry in Northern Europe, London 1993, III. What we agree in Faith, Z. 32 h, S. 19.
[18] A.a.O. S. 20.
[19] V. Towards closer unity: The Porvoo-Declaration, Z. 58 a 2, b 2, a.a.O. S. 30f.
[20] Z. 58 b 5, a.a.O. S. 31.

3.3 Das Concordat of Agreement zwischen der Evangelischen-lutherischen und der Episkopalkirche in den USA von 1999

Die Lutherische und die Episkopalkirche in den Vereinigten Staaten haben sich im Anschluß an Meissen 1988 und Porvoo 1992 am 19. August 1999 auf ein Concordat of Agreement verständigt: Called to Common Mission. In diesem „Concordat" vereinbaren beide Kirchen „An Agreement of our Communion"[21]. Sie stellen fest, dass die Architekten der Reformation in England und auf dem europäischen Kontinent darauf bedacht waren, „to uphold the Catholic Faith". Die gegenseitige Verständigung wird dadurch erleichtert, daß beide Kirchen „never issued condemnations against each other"[22]. Die Übereinstimmungen im Verständnis des Glaubens schließen die Rechtfertigungslehre, die über das Amt die historische Sukzession mit ein[23]. Daher erklärt sich die Evangelisch-lutherische Kirche in den USA bereit, „in order to receive the historic episcopat, ... that at least three bishops already sharing in the sign of the episcopal succession will be invited to participate in the installation of it's next Presiding Bishop through prayer for the gift of the Holy Spirit with the laying-on-of-hands"[24]. Dieses Verfahren ist ein Mittel auf dem Weg zu gegenseitiger Anerkennung und voller gegenseitiger Kommunion als Ausdruck von sichtbarer Einheit „for the sake of living and sharing the gospel"[25]. Nicht als Preisgabe der eigenen Tradition, vielmehr um der gemeinsamen Mission an dem einen Evangelium gerecht zu werden, akzeptiert die Evangelisch-lutherische Kirche in Amerika das Zeichen der historischen bischöflichen Sukzession.

3.4 Die Waterloo-Erklärung (WE) zwischen der Evangelisch-lutherischen und der Anglikanischen Kirche Kanadas von 2001

Die anglikanische und die evangelisch-lutherische Kirche Kanadas haben sich von den Lima-Erklärungen (1982), der Porvoo-Erklärung (1992) und dem Concordat of Agreement (1999) anregen lassen, ihrerseits ebenfalls den Weg zu voller Kirchengemeinschaft zu suchen; denn „wir teilen ein gemeinsames Erbe als katholische(!) Kirchen der Reformation" (Z. 2). Innerhalb von sechs Jahren (1983 - 1989) führte das anglikanisch-lutherische Gespräch zu einer offiziellen Vereinbarung über gelegentliche Abendmahlsgemeinschaft (Interim Sharing of the Eucharist). Nach weiteren sechs Jahren wurde diese Vereinbarung erneuert und mit zusätzlichen Schritten in Richtung auf volle Kirchengemeinschaft verbunden, die namentlich die gegenseitige Anerkennung der Ämter betrafen (vgl. WE, Einleitung Z. 6). Schließlich kam es nach einem 18-jährigen Annäherungsprozess am 8. Juli 2001 zur Unterzeichnung der Waterloo-Erklärung: „Zu voller Gemeinschaft berufen" (Called to Full

---

[21] *Called to Common Mission*, ELCA Chicago/Illinois., 1999, S. 1.
[22] A.a.O. S. 2.
[23] A.a.O. S. 4, 7f.
[24] Z. 19, a.a.O. S. 9f.
[25] Introduction, a.a.O. S. 1.

Communion): „Wir erklären, dass die Evangelisch-lutherische Kirche in Kanada und die Anglikanische Kirche von Kanada sich in voller Gemeinschaft miteinander befinden" (WE: The Declaration of full Communion): „Wir verstehen unter voller Gemeinschaft eine Beziehung zwischen zwei unterschiedlichen Kirchen oder Gemeinschaften, in der jede Kirche ihre eigene Autonomie behält, zugleich die Katholizität und Apostolizität der anderen anerkennt und davon überzeugt ist, dass die andere Kirche die wesentlichen Inhalte (the essentials) des christlichen Glaubens vertritt. In einer solchen Beziehung sind die kommunizierenden Glieder jeder Kirche in der Lage, am Altar der anderen Kirche frei zu kommunizieren. Zugleich erhalten die ordinierten Amtsträger die Freiheit, in jeder der beiden Kirchen die Sakramente zu verwalten" (WE, Einleitung Z. 7). Auf der Grundlage dieser Erklärung laden beide Kirchen ordinierte Vertreter der jeweils anderen zur Beteiligung an Ordinationen ein, sie sprechen sich für Bundesschlüsse zu gemeinsamer Arbeit in Mission und Gemeindedienst aus und verpflichten sich, „gemeinsam für die volle sichtbare Einheit der ganzen Kirche Gottes" einzutreten (WE, D Z. 9). Man spürt der Waterloo-Erklärung die Freude der beiden Kirchen ab über die gewonnene „sichtbare Einheit ... in dem einen Leib Christi" (WE, Abschluss).

III. Abendmahlsvereinbarungen zwischen evangelischen und der römisch-katholischen Kirche?

So sehr sich die wechselseitige Teilnahme an den Abendmahlsfeiern zwischen Angehörigen von evangelischen und der römisch-katholischen Kirche, namentlich von konfessionsverbindenden Familien, im gottesdienstlichen Leben von Ortsgemeinden einbürgert, so wenig gibt es offizielle Vereinbarungen zur Frage der eucharistischen Gastfreundschaft zwischen beiden Kirchen. Zu unterschiedlich stellen sich die jeweiligen Positionen dar, als dass sie schon zu gemeinsamen Absprachen kommen könnten. Es besteht eine deutliche Asymmetrie in den Auffassungen zur eucharistischen Gastfreundschaft. Während nach offizieller römisch-katholischer kirchlicher Stellungnahme eine Abendmahlsgemeinschaft nur als Ausdruck vollzogener Kirchengemeinschaft in Frage zu kommen scheint, verstehen evangelische Kirchen die Abendmahlsgemeinschaft als ein entscheidendes Mittel, um auf dem Weg zu voller Kirchengemeinschaft vorwärts zu kommen. Daher kann es hier nur darum gehen, die unterschiedlichen Positionen zur Frage der eucharistischen Gastfreundschaft darzustellen, um abschließend nach Ansatzpunkten für eine gemeinsame Verständigung zu fragen.

1. Evangelische Positionen

Bei dem ökumenischen Pfingsttreffen in Augsburg 1971 vor gut 30 Jahren wurde die Frage nach eucharistischer Gemeinschaft mit solcher Dringlichkeit gestellt[26], dass sie seitdem als brennendstes ungelöstes ökumenisches Pro-

---

[26] S. o. Anm. 4, a.a.O. S. 214ff.

blem anzusehen ist. Mit dieser Notlage haben sich evangelische Kirchen auseinandergesetzt. Als eine der ersten hat die Landessynode der Evangelischen Kirche im Rheinland am 11. Januar 1973 dazu Stellung genommen: *„Wenn das ökumenische Leben in den Gemeinden nicht gehemmt werden soll, müssen das Thema „Abendmahlsgemeinschaft" und die damit zusammenhängenden Fragen Gegenstand offizieller Beratungen besonders der beiden großen Kirchen werden, die möglichst schnell aufgenommen oder fortgeführt werden sollen. So wird das beharrliche Gespräch auch hier zu einem Verständnis vom Herrenmahl führen, das die Gemeinschaft evangelischer und katholischer Christen ermöglicht. Die bedeutsame Vorarbeit, die von Theologen beider Kirchen schon geleistet wurde, muss dabei genutzt werden. Wir verkennen nicht die schwerwiegenden Lehrdifferenzen, die noch zwischen den Kirchen stehen; wir übersehen auch nicht die unterschiedliche Bedeutung, die der katholischen Eucharistie einerseits und dem evangelischen Abendmahl andererseits im Leben der Kirchen jeweils zugemessen wird. Es geht nicht um ein Verschmelzen zweier Grundhaltungen, sondern um das Aufarbeiten ihrer kirchentrennenden Bedeutung und um ihren gemeinsamen Ursprung. Solange noch keine Einigung erzielt ist, soll in der Evangelischen Kirche im Rheinland niemand vom Abendmahl zurückgewiesen werden, der in seiner Kirche im Namen des Vaters und des Sohnes und des Heiligen Geistes getauft und zum Abendmahl zugelassen ist, sofern er sich nicht durch Ordnungen seiner Kirche daran gehindert weiß"*[27].

Diese Erklärung von 1973 hat inzwischen Auswirkungen auf die Kirchenordnung der Evangelischen Kirche im Rheinland in der Fassung von 1998 gezeitigt: „Getaufte Glieder christlicher Kirchen, mit denen Kanzel- und Abendmahlsgemeinschaft besteht, sind ebenfalls zur Teilnahme am Abendmahl berechtigt. Glieder anderer christlicher Kirchen sind zum Abendmahl eingeladen"[28].

Am 20. Oktober 1975 hat das lutherische Kirchenamt der VELKD eine „Pastoral-theologische Handreichung zur Frage einer Teilnahme evangelisch-lutherischer und römisch-katholischer Christen an Eucharistie- bzw. Abendmahlsfeiern der anderen Konfession" veröffentlicht. Sie nimmt darin zur Frage der Teilnahme an Abendmahlsfeiern der jeweils anderen Konfession folgendermaßen Stellung: *„Wenn evangelisch-lutherische Christen ... in besonderen Fällen bei einer Eucharistiefeier in einer Gemeinde der römisch-katholischen Kirche kommunizieren wollen, so können sie darauf vertrauen, dass der gekreuzigte und auferstandene Jesus Christus sich ihnen kraft der Zusage seiner Worte bei der Einsetzung des Abendmahls leibhaft schenkt. Wer in solchem Glauben zum Tisch des Herrn tritt, der bekennt Christus,*

---

[27] *Erklärung der Landessynode über die Zusammenarbeit der evangelischen und katholischen Kirche vom 11. Januar 1973*, in: Handreichung der Evangelische Kirche im Rheinland Nr. 46, Düsseldorf 1993, S. 30.

[28] *Die Kirchenordnung der Evangelischen Kirche im Rheinland*, Düsseldorf 1998, Art. 25 (3), S. 14.

bereut seine Sünden und preist die Barmherzigkeit Gottes in seinem Sohn durch den Heiligen Geist. Anderes als Vorbedingung für den Abendmahls- empfang zu fordern, kann nach unserer Überzeugung Christen nicht ver- pflichten. Sofern evangelisch-lutherischen Christen dies bewusst ist, sehen wir uns nicht ermächtigt, ihnen in besonderen Fällen die Teilnahme an der römisch-katholischen Eucharistiefeier grundsätzlich zu verwehren. ...

Wenn in besonderen Fällen Glieder der römisch-katholischen Kirche im Vertrauen auf das Wort Christi dieser Einladung folgen und am Abendmahl in einem evangelisch-lutherischen Gottesdienst teilnehmen wollen, sehen wir uns nicht ermächtigt, sie nur deshalb daran zu hindern, weil sie nicht Glieder der evangelisch-lutherischen Kirche sind. Wir erwarten jedoch von allen, die zum Tisch des Herrn treten, dass sie das Heilige Abendmahl in unserem Got- tesdienst als der Stiftung Christi gemäß anerkennen, und wissen auch einen Kommunikanten aus der römisch-katholischen Kirche hineingenommen in die Gemeinschaft des Bekennens der Sünde, des Hörens, des Empfangens und des Dankens der ganzen gottesdienstlichen Gemeinde.

Dabei gehen wir davon aus, dass ein solcher Kommunikant sich dadurch nicht seiner eigenen Kirche entfremdet. Eine Mitgliedschaft in der evange- lisch-lutherischen Kirche im kirchenrechtlichen Sinne kommt durch eine so verstandene Teilnahme am Abendmahl nicht zustande. ...

Die Ermöglichung einer wechselseitigen Teilnahme am Abendmahl in Ausnahmefällen, wie sie im Sinne dieser Handreichung von Seiten der VELKD ausgesprochen wird, soll Ausdruck des Gehorsams gegen den Herrn der Kirche sein und keinesfalls das Einander-näher-Kommen der Konfessio- nen belasten"[29].

Aus diesen Bemerkungen wird deutlich: nach evangelischem Verständnis ist Christus und nicht die Kirche der maßgebend zum Abendmahl Einladen- de. Die evangelische Kirche ist daher darauf bedacht, der wechselseitigen Teilnahme keine Hindernisse in den Weg zu legen. Sie ist sich dessen be- wusst, dass sie diese Auffassung nur einseitig vertritt und vertraut darauf, „dass Gottes Geist seine Kirche in alle Wahrheit leiten wird"[30]. 1975 ist von der VELKD erstmals und grundlegend diese evangelische Auffassung von eucharistischer Gastfreundschaft im Sinne einer gegenseitigen grundsätzli- chen Zulassung zum Abendmahl formuliert worden, die bis heute Gültigkeit hat. Diese Position ist daher von evangelischer Seite auch im Zusammenhang mit Stellungnahmen zu „Lehrverurteilungen - kirchentrennend?" von 1986 sowie zur gemeinsamen Erklärung zur Rechtfertigungslehre von 1999 vertre- ten worden.

---

[29] *Pastoral-theologische Handreichung zur Frage einer Teilnahme evangelisch-lutherischer und römisch-katholischer Christen an Eucharistie- bzw. Abendmahlsfeiern der anderen Konfession*, Hannover 1975, S. 6ff.
[30] A.a.O. S. 9.

Die „Kundgebung" der EKD-Synode vom 9. November 2000 in Braunschweig hat dazu festgehalten: „Das bisher Erreichte ermöglicht es nach unserer Überzeugung schon jetzt, dass die evangelischen Kirchen und die römisch-katholische Kirche einander zur Teilnahme am Heiligen Abendmahl einladen. Die Synode der Evangelischen Kirche in Deutschland bekräftigt diese Einladung und hofft, dass beim Ökumenischen Kirchentag in Berlin im Jahr 2003 in diesem Sinne ökumenische Zeichen gesetzt werden können"[31].

2. Römisch-katholische Positionen

2.1 Vorgaben aus dem Vatikan

Das Ökumenismus-Dekret von 1964 erörtert die Frage der „Gemeinschaft beim Gottesdienst" (Communicatio in sacris) „mit den getrennten Brüdern" an Hand von zwei Prinzipien: „Die Bezeugung der Einheit der Kirche und die Teilnahme an den Mitteln der Gnade. Die Bezeugung der Einheit verbietet in den meisten Fällen die Gottesdienstgemeinschaft, die Sorge um die Gnade empfiehlt sie indessen in manchen Fällen". Wie man sich im konkreten Fall zu verhalten hat, soll „die örtliche bischöfliche Autorität"[32] entscheiden.

Der Codes Iuris Canonici (CIC) von 1983 äußert sich zur Spendung der Sakramente der Buße, Eucharistie und Krankensalbung an Nichtkatholiken folgendermaßen: „Wenn Todesgefahr besteht oder wenn nach dem Urteil des Diözesanbischofs bzw. der Bischofskonferenz eine andere schwere Notlage (alia gravis necessitas) dazu drängt, spenden katholische Spender diese Sakramente erlaubt auch den übrigen nicht in der vollen Gemeinschaft mit der katholischen Kirche stehenden Christen, die einen Spender der eigenen Gemeinschaft nicht aufsuchen können und von sich aus darum bitten, sofern sie bezüglich dieser Sakramente den katholischen Glauben bekunden und in rechter Weise disponiert sind" (C 844,4). Hier stellt sich die Frage, was unter einer „anderen schweren Notlage" zu verstehen ist. Eine vatikanische Instruktion vom 1. Juni 1972 spricht in diesem Zusammenhang auch von geistlichen und spirituellen Notlagen (gravis necessitas spiritualis)[33]. Der lateinische Terminus necessitas beinhaltet aber auch die allgemeine Dimension der Notwendigkeit, die offener und umfassender zu verstehen ist

---

[31] 5. Tagung der 9. Synode der EKD, 5.-10. November 2000 in Braunschweig: „Kundgebung zum Schwerpunktthema: Eins in Christus. Kirchen unterwegs zu mehr Gemeinschaft", Beschluss III: Evangelisch-katholische Gemeinschaft. Vgl. auch die Presseerklärung des Ratsvorsitzenden der EKD, Präses MANFRED KOCK, am 31. Oktober 1999 in Augsburg: „Schon jetzt ist es aus unserer evangelischen Sicht möglich, dass wir einander zur Teilnahme am Heiligen Abendmahl einladen. Die Gliedkirchen der EKD haben eine solche Einladung bereits vor über 20 Jahren ausgesprochen. Ich hoffe inständig, dass auch in der römisch-katholischen Kirche die Bereitschaft wächst, diese Einladung bald zu erwidern." In: Texte aus der velkd 97, Hannover 2000, S. 14.

[32] UR 8, a.a.O. (s.o. Anm. 2) S. 238.

[33] Secretariatus ad christianorum unitatem fovendam, Instructio: *De peculiaribus casibus admittendi alios christianos ad communionem eucharisticam in ecclesia catholica*, in: AAS 64 (1972), S. 518-525, hier S. 524.

als nur eine konkrete Notlage. Eine verbindliche Interpretation liegt bisher von vatikanischer Seite nicht vor, so dass sich hier ein gewisser Interpretationsspielraum auftut.

Das ökumenische „Direktorium zur Ausführung der Prinzipien und Normen über den Ökumenismus" vom 25. März 1993 greift die beiden Grundprinzipien des Ökumenismus-Dekrets auf und erklärt einerseits, dass „die eucharistische Gemeinschaft untrennbar an die volle kirchliche Gemeinschaft und deren sichtbaren Ausdruck" gebunden ist (Z.129). Andererseits erkennt es an, „dass unter gewissen Umständen, in Ausnahmefällen und unter gewissen Bedingungen der Zutritt zu diesen Sakramenten (Buße, Eucharistie, Krankensalbung) Christen anderer Kirchen und kirchlichen Gemeinschaften gewährt oder sogar empfohlen werden kann" (ebd.). An konkreten Situationen wird vom ökumenischen Direktorium nur „Todesgefahr" (Z.130) angeführt, aber andere „ernste und dringende Notwendigkeiten" dem Urteil des jeweiligen Diözesanbischofs anheim gegeben. Als Bedingungen für Sakramentenempfang von Nichtkatholiken werden genannt: „Diesem Gläubigen ist es nicht möglich, einen Spender der eigenen Kirche oder kirchlichen Gemeinschaft aufzusuchen, er erbittet von sich aus diese Sakramente, er bekundet den katholischen Glauben bezüglich dieser Sakramente und ist in rechter Weise vorbereitet" (Z. 131).

Für einen Katholiken gilt dagegen, dass er die Sakramente nur von einem „gültig geweihten" Spender einer Kirche empfangen kann, in der die Sakramente „gültig gespendet" werden (Z.132). Das ist nach offizieller katholischer Lehrmeinung in den Kirchen der Reformation (noch) nicht der Fall.

Schließlich weist das Ökumenische Direktorium im Blick auf die gemeinsame Teilnahme an der Eucharistie bei konfessionsverschiedenen Ehen darauf hin, „dass zwei getaufte Christen das christliche Ehesakrament empfangen" (Z.159). Hier öffnet sich eine weitere Perspektive für konfessionsverbindende Familien.

Die Frage der Öffnung katholischer Eucharistiefeiern für Nichtkatholiken wird also in den grundlegenden katholischen Texten mit vier verschiedenen Hinweisen beantwortet: (1). Es sind zwei komplementäre Prinzipien zu berücksichtigen: die Bezeugung der Einheit der katholischen Kirche und die Teilnahme an den Mitteln der Gnade. (2). Konfessionsverbindende Ehepaare sind eine besondere Personengruppe, weil hier zwei getaufte Christen das Sakrament der christlichen Ehe empfangen haben. (3). Es gibt außer Todesgefahr andere schwerwiegende physische und spirituelle Notwendigkeiten für den Empfang der Eucharistie. (4). Über Einzelfälle und besondere Situationen soll der Ortsbischof bzw. die regionale Bischofskonferenz befinden. Damit wird den unterschiedlichen Situationen in den verschiedenen Regionen Rechnung getragen.

2.2 Europäische Folgerungen (Deutschland, Großbritannien)

Aus diesen verschiedenen Hinweisen, die dem „Zwischenfeld" auf dem Weg der Kirchen zueinander gerecht zu werden versuchen und deshalb per se keine einlinige Antwort auf die Frage der Öffnung katholischer Eucharistie-feiern geben, haben verschiedene Bischöfe, Bischofskonferenzen und Syno-den unterschiedliche Folgerungen gezogen. Als eine der ersten hat sich die von 1971 bis 1975 in Würzburg tagende Gemeinsame Synode der Bistümer in der (damaligen) *Bundesrepublik Deutschland* mit der Frage der Eucharis-tiegemeinschaft befasst. Sie stellt schon 1975 fest, dass „immer mehr nach der gemeinsamen Eucharistiefeier der bisher getrennten Kirchen verlangt" wird. Im Blick auf die Teilnahme evangelischer Christen bittet die Synode die Bischöfe zu prüfen, „ob es nicht auch ‚ausreichende Gründe' für die Zu-lassung evangelischer Christen geben kann, selbst wenn diese die Möglich-keit zum Empfang des Abendmahls hätten". Für katholische Christen folgt die Synode grundsätzlich der offiziellen lehramtlichen Position: Sie kann „zum gegenwärtigen Zeitpunkt (1975!) die Teilnahme eines katholischen Christen am evangelischen Abendmahl nicht gut heißen". Aber der Text fährt bezeichnenderweise folgendermaßen fort: „Es kann jedoch nicht ausge-schlossen werden, dass ein katholischer Christ - seinem persönlichen Gewis-sensspruch folgend - in seiner besonderen Lage Gründe zu erkennen glaubt, die ihm seine Teilnahme am evangelischen Abendmahl innerlich notwendig erscheinen lassen." Insgesamt ist unverkennbar, dass die Würzburger Synode an die Grenzen des Möglichen geht, „um den getrennten Christen, wenn sie es wünschen, den Zutritt zur Eucharistie zu öffnen"[34].

Die zehn Jahre später erlassenen Richtlinien der Deutschen Bischofskon-ferenz halten sich in der Frage der Eucharistiegemeinschaft eng an die offi-ziellen lehramtlichen Vorgaben[35]. Immerhin eröffnet ein Schreiben der Ökumene-Kommission der Deutschen Bischofskonferenz vom 11. Februar 1997 an die Nürnberger ACK eine kleine Perspektive im Blick auf „schwere Not-lagen": „Da in der Pastoral eine Festschreibung von objektivierbaren Krite-rien im Hinblick auf eine im Einzelfall gegebene „schwere (geistliche) Not-lage" äußerst schwierig ist, kann die Feststellung einer solchen „Notlage" nur vom zuständigen Pfarrer getroffen werden. ... Solange die getrennten Kirchen und kirchlichen Gemeinschaften sich in der ökumenischen Zwischenzeit auf dem Wege zwischen dem „schon" und dem „noch nicht" befinden, kann die römisch-katholische Kirche aus Überzeugung und Verantwortung Christen anderer Konfessionen nur in Ausnahmefällen die Gemeinschaft am Tisch des Herrn gewähren"[36].

---

[34] L. BERTSCH U.A. (HG.), *Gemeinsame Synode der Bistümer in der BRD*. Beschlüsse der Vollversammlung, Offizielle Gesamtausgabe I, Freiburg 1976, S. 213, 225, 216, 215.

[35] *Richtlinien für die ökumenische Praxis* vom 18. August 1985, Arbeitshilfen der Deutschen Bischofskonferenz Nr. 39, Bonn 1985, S. 10-14.

[36] Arbeitsgemeinschaft Christlicher Kirchen in Nürnberg, *Zur Frage der eucharistischen Gastfreundschaft bei konfessionsverschiedenen Ehen und Familien*. Eine Problemanzeige. Text und Dokumentation, Nürnberg 1998, S. 38f.

Ähnlich strikt wie die deutschen handhaben die *britischen* und *irischen* Bischöfe die Auslegung der lehramtlichen Vorgaben[37]. Immerhin schließen sie in ihrem Lehrschreiben von 1998 „Ein Brot - ein Leib" in die ausnahmsweise Zulassung von Nicht-Katholiken zur Kommunion „gelegentlich auch jene mit ein ..., die aufgrund eines freudigen oder traurigen Anlasses im Leben einer Familie oder eines einzelnen einmalig um den Empfang dieser Sakramente bitten" (Z. 106). So sehr einerseits der einmalige Ausnahmecharakter betont wird, der keinen Präzedenzfall und keine generelle Regel bedeutet, so wird hier andererseits wenigstens dem gemeinschaftlichen Charakter einmaliger Anlässe Rechnung getragen. Gegenseitigkeit der Teilnahme wird aber ausdrücklich verneint: „Katholiken (ist es) nicht erlaubt ..., die heilige Kommunion ... von Dienern der anglikanischen Gemeinschaft, der Church of Scotland oder anderer Glaubensgemeinschaften, die ihren Ursprung in der Reformation haben, zu empfangen" (Z. 117).

Anders als die deutschen reformatorischen Kirchenführer haben es sich die anglikanischen Bischöfe in England nicht nehmen lassen, im Jahr 2001 mit einer eigenen öffentlichen Stellungnahme zu antworten: „The Eucharist: Sacrament of Unity"[38]. Schon im Vorwort setzen sich die beiden Erzbischöfe von Canterbury und York mit den Regelungen auseinander, „die die Bischöfe der römisch-katholischen Kirche auf diesen Inseln anzuwenden versuchen. Wir betrachten das als verletzend (hurtful) und nicht hilfreich (unhelpful). Wir meinen nicht, dass das aus der eucharistischen Theologie folgt, in der Anglikaner und römische Katholiken weitgehend übereinstimmen" Unbeschadet des „brüderlichen Respekts und des guten Willens", in dem sie ihren katholischen „Kollegen" antworten, zögern die anglikanischen Erzbischöfe nicht, „ausdrücklich eine Reihe irrtümlicher Annahmen von der römisch-katholischen Kirche" anzusprechen „über die Kirche von England, die Reformation, anglikanisches Lehren über das eucharistische Opfer und die Gegenwart Christi im Sakrament. ... Wir ergreifen diese Gelegenheit, um diese Missverständnisse zu korrigieren. ...." Der offene brüderliche Dialog wird also fortgesetzt.

2.3 Außereuropäische Folgerungen (Kanada, Südafrika, Zimbabwe)

1999 hat die *kanadische* Konferenz katholischer Bischöfe Richtlinien erlassen und mit einem Kommentar versehen, „für Fälle von ernsthafter Notwendigkeit, in denen die Sakramente der Buße, Eucharistie und Krankensalbung Anglikanern und getauften protestantischen Christen gespendet werden können"[39]. Die zweite Richtlinie betrifft den anglikanischen oder protesti-

---

[37] *Ein Brot - Ein Leib.* Ein Lehrschreiben der britischen und irischen Bischöfe über die Eucharistie, 1998.

[38] Church House Publishing, London 2001, hier VIII.

[39] *Policy on Cases of Serious Need in which the Sacraments of Penance, Eucharist and Anointing of the Sick may be administered to Anglicans and baptised protestant Christians*, Ottawa 1999, Policy S. ", Commentary S. 4.

schen Partner in einer konfessionsverschiedenen Ehe, der sich im Blick auf die Eucharistie in einer „ernsthaften spirituellen Notlage (serious spiritual need) befindet: Er/sie „möge die Kommunion bei besonderen Gelegenheiten empfangen, etwa ... zu Weihnachten oder Ostern, wenn die Familie gemeinsam an der Messe teilnimmt, und bei anderen Anlässen von kirchlicher oder familiärer Bedeutung". Hier wird grundsätzlich dasselbe wie von europäischen Bischofskonferenzen gesagt, es geschieht aber doch in einer öffnenden, der besonderen Situation mehr Rechnung tragenden Weise. Der Kommentar verstärkt noch diese Öffnung gegenüber Nicht-Katholiken: „Die ‚schwere Notlage' (grave need) muss weit (broadly) ausgelegt werden in Übereinstimmung mit dem kanonischen Prinzip: Begünstigungen (favours) sollen vervielfacht, Belastungen (burdens) aber eingeschränkt werden... Alle Begriffe der grundlegenden Regelungen sollen eine weite (broad) Auslegung erhalten: ... ‚Ernsthafte spirituelle Notlage'.... , ‚Anlässe von kirchlicher oder familiärer Bedeutung'". Das zweite Prinzip wird im Kommentar so erläutert, „dass die Kirche von Nicht-Katholiken nicht mehr Kenntnis des Sakraments oder mehr Glauben und Heiligkeit erwartet, als sie bei katholischen Gläubigen anzutreffen sind". Allerdings wird auch betont, dass ein katholischer Priester Nicht-Katholiken nicht zur Teilnahme am Sakrament einladen darf, um nicht des Proselelytismus bezichtigt zu werden, sondern Nicht-Katholiken von sich aus die Initiative ergreifen müssen (must approach it on their own-initiative).Wie sensibel die kanadischen Richtlinien und ihre Erläuterungen auf das Empfinden von Nicht-Katholiken Rücksicht nehmen, belegt auch die abschließende Bemerkung: „Wenn die Ekklesiologie einer Kirche das sakramentale Teilen einschränkt, kann das als Quelle großer Schmerzen erfahren werden." Schließlich sei darauf aufmerksam gemacht, dass die kanadische katholische Bischofskonferenz ihre Grundsätze und deren Auslegung in einem zweiseitigen Flyer zusammengefasst hat, so dass jede/r Interessierte sich kurz und präzise informieren kann.

Die *südafrikanische* katholische Bischofskonferenz hat 1999 ein eigenes ökumenisches Direktorium für Südafrika veröffentlicht[40]. Auf dem Hintergrund der überwundenen Apartheid erweist es sich als besonders sensibel gegenüber Spaltungen und deren Überwindung. Das erste Kapitel über „Die Geschichte unserer Spaltungen im südlichen Afrika" beschreibt die ersten europäischen Missionsbemühungen folgendermaßen: „Die ersten Missionare brachten den Glauben in das südliche Afrika, einen Glauben, der geprägt war von der europäischen Kultur und der europäischen Geschichte der Spaltung unter den Christen" (1.4). Dementsprechend legt das vierte Kapitel besonderen Wert auf die „Förderung der Gemeinschaft im Leben und im geistlichen Tun unter den getauften Christen". In diesem Horizont kommt dann auch die Teilnahme nicht katholischer Christen an der Eucharistie zur Sprache. *„Was die Eucharistie betrifft,* so kann sich eine ernste und dringende spirituelle

---

[40] *Directory on Ecumenism for Southern Africa*, Pretoria, Oktober 1999, S. 4 u. 21f.

Notwendigkeit auch für einen Christen aus einer anderen Kirche oder kirchlichen Gemeinschaft ergeben, wenn er eine Eucharistiefeier zu einem besonderen Fest oder aus einem besonderen Anlass besucht. Denn abgesehen von der Erfüllung des betreffenden spirituellen Bedürfnisses, kann es auch als Ausdruck der wirklichen, wenn auch unvollkommenen Gemeinschaft gesehen werden, die bereits zwischen diesem Christen und der katholischen Kirche existiert.... . In der katholischen Kirche besteht seit langem die pastorale Praxis, dass jemand, der in gutem Glauben um die heilige Kommunion bittet, nicht abgewiesen wird" (6.5.3;6.5.3.1).

Hier wird also die Grenze der konfessionsverschiedenen Ehepartner überschritten und allgemein von einem „Christen aus einer anderen Kirche oder kirchlichen Gemeinschaft" gesprochen. In einem Land, das so lange und schmerzlich bis in die jüngste Vergangenheit hinein unter der Apartheid gelitten hat, ist es offenbar leichter möglich, die Grenzen der eucharistischen Gastfreundschaft weiter zu öffnen als in anderen Ländern. Diese Empfehlungen „sind zulässig, nicht vorgeschrieben, da sie erläutern, was im Rahmen der kirchlichen Ordnung möglich ist" (6. Empfehlungen).

In diesem Sinne ist auch die katholische Bischofskonferenz von *Zimbabwe* verfahren, als sie anlässlich der achten Vollversammlung des Ökumenischen Rates der Kirchen in Harare im August 1998 einen gemeinsamen Pastoralbrief unter der Überschrift veröffentlichte: „Unsere Chance zur Förderung der Einheit". Dort heißt es zur Frage der eucharistischen Gastfreundschaft mit Bezug auf Ziffer 129 des Ökumenischen Direktoriums: „Aber die Kirche erkennt auch an, dass unter gewissen Umständen, in Ausnahmefällen und unter gewissen Bedingungen der Zutritt zu diesen Sakramenten Christen anderer Kirchen und kirchlichen Gemeinschaften gewährt oder sogar empfohlen werden kann"[41]. Das hat den Erzbischof von Harare, Patrick Chakaipa, zu folgender Einladung veranlasst: „Am Sonntag, dem 13. Dezember, wird im St. Michaelsdom in Harare ein Hochamt gefeiert, zu dem *alle* (Hervorhebung v. Verf.) Teilnehmerinnen und Teilnehmer der Vollversammlung willkommen sind"[42]. Die Vollversammlung des Ökumenischen Rates in Harare war eine solche Ausnahmesituation, in der eucharistische Gastfreundschaft empfohlen wurde und gewährt worden ist.

3. Ansatzpunkte zur Verständigung

Der Schlüsselbegriff der „gewichtigen Notwendigkeit" (gravis necessitas) wird also in verschiedenen Situationen unterschiedlich ausgelegt. Das ist möglich, da keine lehramtliche Festlegung vorliegt, und zugleich notwendig, da die Entscheidung den „örtlichen bischöflichen Autoritäten" übertragen ist. Während die deutschen und britischen Bischofskonferenzen sich eng an die

---

[41] In: Supplement to the Sunday Mail, Harare, November 29, 1998, p. 7.
[42] In Harare verteilte Pressemitteilung unter der Überschrift: „Die katholischen Bischöfe in Simbabwe unterstützen die ÖRK-Vollversammlung".

Vorgaben aus Rom anschließen, sprechen sich die kanadischen und südafrikanischen Bischofskonferenzen für eine großzügigere Interpretation aus. Noch weiter gehen die „Weisungen für die Gläubigen der Diözese Straßburg über die eucharistische Gastfreundschaft für die konfessionsverschiedenen Ehen", die der damalige Bischof Léon Elchinger am 30. November 1972 erlassen hat[43]. Denn sie ermöglichen nicht nur einem „Christen als Glied einer Kirche reformatorischen Ursprungs ausnahmsweise zur Eucharistie in einer katholischen Gemeinde zugelassen (zu) werden", sondern sie schließen auch die gegenseitige Möglichkeit nicht aus, „dass ein Katholik ausnahmsweise an der Eucharistie einer protestantischen Gemeinde teilnehmen könnte". Die Richtlinien stellen klar, dass ein Katholik eine solche „außerordentliche Handlung vollziehen kann, die in den Augen der katholischen Kirche weder Mangel an Glaube noch Abfall ausdrücken wird"[44]. Denn sie kommen zu der Schlussfolgerung, „dass man in außergewöhnlichen Situationen", wie sie „das Drama der Trennung der Kirchen" darstellt, „nur außerordentliche Antworten geben kann"[45]. Im Sinne dieser Richtlinien hat der derzeitige Straßburger Erzbischof Joseph Doré in einem Schreiben vom 10. Juli 2000 einer ökumenischen Versammlung von fast 600 Christen seine Erlaubnis zu eucharistischer Gastfreundschaft erteilt: „Das hindert uns nicht, im Geiste des Vaticanum II für die katholische Kirche und von Mgr. Elchinger für das Elsass die Auffassung zu vertreten, dass es Umstände geben kann, in denen ausnahmsweise, man könnte deswegen sagen ‚vorausschauend' (‚prophétique'), die eucharistische Gastfreundschaft tatsächlich ins Auge gefasst werden kann. Mehrere Bedingungen erscheinen uns dafür erforderlich: dass der Sinn und die Grenzen des Vorgangs allen Beteiligten eindeutig klar sind; und dass die Diözesanleitung Gelegenheit hat, sich vorher zu äußern. Da diese Bedingungen in dem von Ihnen mir unterbreiteten Fall erfüllt sind, genehmige ich den Antrag, den Sie an mich für den nächsten Sonntag, den 16. Juli (2000), anlässlich der Charismatischen Ökumenischen Versammlung gerichtet haben"[46].

Ansatzpunkte zu einer Verständigung über die Frage eucharistischer Gastfreundschaft zwischen evangelischen und der römisch-katholischen Kirche sind also vorhanden. Im Blick auf den Ökumenischen Kirchentag in Berlin ist viel gewonnen, wenn evangelische Christen bei der Kommunion in katholischen Kirchen nicht zurückgewiesen werden und die Teilnahme katholischer Christen an evangelischen Abendmahlsfeiern zumindest geduldet wird. Dabei will nicht nur beachtet sein, dass es in unserem Land ungewöhnlich viele konfessionsverbindende Familien gibt, sondern dass wir im Land der Refor-

---

[43] In: R. MUMM - M. LIENHARD (HG.), *Eucharistische Gastfreundschaft.* Ökumenische Dokumente, Kassel 1974, S. 120 - 131; besonders 125 ff.
[44] A.a.O. 129.
[45] A.a.O. 131.
[46] In: Amtsblatt der Erzdiözese Straßburg *L'Église en Alsace*, Nr. 9, September 2000, S. 1-7 (deutsche Übersetzung).

mation und der Kirchenspaltung auch eine besondere kirchengeschichtliche Verantwortung dafür tragen, dass im 21. Jahrhundert ökumenische Gegengewichte zur Spaltung im 16. Jahrhundert gesetzt werden. Wie seinerzeit die Kirchenspaltung von Deutschland ihren Ausgangspunkt genommen hat, so muss auch der Impuls zur Versöhnung von unserem Land ausgehen. Der Ökumenische Kirchentag in Berlin bietet dafür einen einmaligen Kairos.

Die Eucharistie: eine gesellschaftliche und soziale Herausforderung

Von Christian Link

Auf dem Höhepunkt der Auseinandersetzungen um die südafrikanische Apartheid-Politik hat der Theologe Manas Buthelezi mit einer alltäglichen Episode das Problem, um das es in den folgenden Überlegungen geht, scharf beleuchtet: Was hilft es uns, dass wir - schwarz und weiß - einmal ausnahmsweise gemeinsam zum Tisch des Herrn gehen können, wenn wir anschließend auf das Verbot stoßen, im nächsten Restaurant eine Tasse Tee miteinander zu trinken?

Realitäten wie diese sind geeignet, unsere sorgfältig erarbeitete Abendmahls-Theologie aus den Angeln zu heben. Andererseits begreift man, wenn ein einschlägiges kirchliches Themenheft feststellt: „Die Gemeinschaft im Herrenmahl ist die einzige ökumenische Thematik, die auch in den Gemeinden auf intensives Interesse trifft."[1] Hier jedenfalls wird ein Lebensnerv unserer kirchlichen Handlungen (und unserer christlichen Symbolik) getroffen: die *Diskrepanz* zwischen dem, was wir glauben, und dem, was wir tun. Wie weit wir davon entfernt sind, diese Kluft zu schließen, zeigt sich am augenfälligsten daran, dass die Ökumene im Blick auf das, was im Zeichen eucharistischer Gemeinschaft selbstverständlich sein sollte (und könnte!), noch immer von einer „eucharistischen Vision" spricht, einem Ziel, das so unerreichbar zu sein scheint wie zu Beginn des letzten Jahrhunderts der Mondflug der Astronauten. Woran liegt das? An einem Defizit unserer Theologie, die über den jahrhundertelang traktierten Fragen der Realpräsenz, der Wandlung, des Opfers und nicht zuletzt des kirchlichen Amtes die feiernde Gemeinde völlig aus dem Blick verloren hat? Man darf ja mit Ernst Lange fragen, ob gerade die Theologen, „die doch eigentlich gelernte Spalter und Begründer von Spaltungen sind", bei der Herstellung von Gemeinschaft sehr erfolgreich sein können!"[2] Oder liegt es an der Unfähigkeit der geladenen Gäste, aus der symbolisch vollzogenen Gemeinschaft eine reale, lebensfähige und lebensbewährte Gemeinschaft werden zu lassen, also den immer ein wenig riskanten Schritt von der Dogmatik des Kopfes zur Ethik des Herzens und der Hände zu wagen? Wo also ist der Ort, an dem wir uns - vielleicht noch einmal ganz neu - über Tragweite und Sinn der Eucharistie verständigen müssten?

Ich will mit einer Einsicht unserer neueren Exegese beginnen: „Leib" und „Blut" aus den Einsetzungsworten unserer Liturgie sind nicht die Sachhälfte eines Bildes („Brot" und „Wein"), das gedeutet wird, sondern sind „die Deu-

---

[1] P. NEUNER, *Mahlgemeinschaft*, in: Bibel und Kirche 57 (2002), 31.
[2] E. LANGE, *Die ökumenische Utopie*, Stuttgart 1972, 89.

tung eines Ritus, an dem die Jünger bzw. die Gemeinde partizipieren".[3] Was Jesus hier tut und deutet, ist eine „prophetische Zeichenhandlung" und zwar eine solche, an der die Gemeinde durch ihr Essen und Trinken *beteiligt* ist. Nicht das also ist die Frage, ob oder inwiefern Brot und Wein „in Wirklichkeit" mehr sind als das, was wir tatsächlich essen und trinken. Wer sie zu dinghaften Trägern des Heils machen wollte, zu sakramentalen Objekten, muss sie (wie alle Objekte) verwalten, bewahren, vor Übergriffen schützen. Sie können dann wie Reliquien einen Verehrerkreis um sich scharen, aber keine nach vorwärts weisende Gemeinschaft begründen. Entscheidend ist demgegenüber, dass wir essend und trinkend „mitbeteiligt" werden an einem Geschehen, „am Tode Christi und an dem Segen", der gemeinschaftsstiftenden Kraft, die von ihm ausgeht. Wichtiger als die lehrhafte Dimension ist in den biblischen Texten „die Dimension der gemeinschaftlichen Erfahrung".[4] Deshalb verknüpft Paulus die Abendmahlsüberlieferung mit der Wüstenwanderung Israels (1 Kor 10,1-4) und leitet aus diesem, uns kein noch bewussten Zusammenhang die theologische Aussage ab. Wir werden (untrennbar wie die Gliedmaßen eines Leibes) zu einer neuen Gemeinschaft zusammengeschlossen und eben dadurch in die Lebensbewegung, den Lebensvollzug des jetzt auferstandenen Christus eingewiesen, dessen Gegenwart unsichtbar unter uns wohnt und mit uns geht, so wie die Gegenwart Gottes, die Schechina, Israel durch die Wüste begleitete.

Die Eucharistie als prophetische Zeichenhandlung, die den Nachfolgekreis Jesu zu der durchaus nicht nur metaphorisch gemeinten Wüstenwanderung durch eine zerrissene, an ihren Interessenkonflikten und Rivalitäten leidende Welt auffordert und befähigt - das ist eine uns ungewohnte Perspektive, die jedenfalls eines deutlich macht: Auf der Handlung, welche die Gemeinde *vollzieht* - „solches *tut* zu meinem Gedächtnis!" - und zwar nicht nur hinter geschützten Kirchenmauern, sondern auch „im nächsten Restaurant", liegt ein erheblich größeres Gewicht, als unsere traditionellen Auslegungen wahr haben wollen. Sagt man zu viel, wenn man vermutet, dass unsere verschiedenen konfessionstrennenden Abendmahls*verständnisse* (die aus der Eucharistie ein Symbol dogmatischer Rechtgläubigkeit gemacht haben) sich erst dann klären lassen, wenn wir uns tatsächlich auf eine solche gemeinsame Wanderung einlassen? Denn „aus gemeinsamer Praxis heraus lassen sich die Widersprüche auflösen, weil sie dann nämlich aufgelöst werden *müssen*."[5]

I. Der soziale Ort der Eucharistie

Wenn es stimmt, dass die Einheit der Kirche als „Gemeinschaft des Leibes Christi" im Abendmahl ihren dichtesten Ausdruck findet und dass sich diese Einheit auf dem Boden der Tatsachen und Konflikte unserer Welt sichtbar

---

[3] U. Luz, *Das Herrenmahl im Neuen Testament*, a.a.O. (Anm. 1) 5.
[4] Ebd.
[5] J. Moltmann, *Kirche in der Kraft des Geistes*, München 1975, 285.

darstellen muss (andernfalls bleibt sie ein Phantom), dann hat die Eucharistie nicht nur einen binnenkirchlichen „ekklesiologischen" Ort, sondern auch einen gesellschaftlichen und sozialen Ort, über den wir uns verständigen müssen. All diejenigen, die die Eucharistie nur im Vor- und Ausblick auf jene letzte Verheißung meinen feiern zu können, auf die sich die Kirche frei von den Zielen der Menschheit hinbewegt, erinnert J. Miguez-Bonino auf dem Hintergrund lateinamerikanischer Erfahrungen daran, dass auch unser theologisches Denken „innerhalb der Bedingungen dieser weltlich-geschichtlichen Existenz stattfindet, hier, zwischen den Zeiten, bei einer Eucharistie und in einer Kirche, die mit all den Doppeldeutigkeiten und Spannungen des allgemeinen Lebens behaftet sind, unlösbar verwickelt in … säkulare Kategorien und bewußtes oder unbewußtes Engagement … Haben wir einen anderen Ort als das Kreuz, von dem aus wir auf die eschatologische Verheißung blicken können?"[6] Wir können uns aus dem Krisenzusammenhang der Welt nicht verabschieden - schon deshalb nicht, weil unsere Theologie von Anfang an an das Kreuz der Wirklichkeit geheftet ist. Auch das, was uns im Zeichen der Eucharistie als „christliche Einheit" vor Augen stand oder steht, kann, wie wir uns eingestehen müssen, als eines unter vielen Denk- und Strukturmustern geschichtlich, politisch oder ideologisch datiert werden.

Wer einen Beleg für diese zugegebenermaßen modernen Einsichten sucht, kann ihn unschwer in der eigenen Geschichte finden. Die Aufkündigung der eucharistischen Tischgemeinschaft im Zeitalter der Reformation war nicht nur ein schwerwiegendes geistliches Ereignis, sondern hatte dramatische politische Folgen, die sich im Dreißigjährigen Krieg entluden, zur Zersplitterung Europas führten und einen gesellschaftlichen Bruch verursachten, der sich über Jahrhunderte in der getrennten Entwicklung einer katholischen und einer protestantischen Kultur manifestierte. Auch der viel gerühmte Westfälische Friede hat nach der völligen Erschöpfung beider Parteien nur die Kriegshandlungen beendet, nicht aber deren Ursachen beigelegt, die vielmehr in Form von sozialen Differenzen, Bildungsunterschieden und gesellschaftlichen Vorurteilen eine bis in die jüngste Vergangenheit nachweisbare mentale Barriere aufgerichtet haben. Und umgekehrt: Es ist kaum auszudenken, was etwa Serben und Kroaten nach der Auflösung des jugoslawischen Staatenbundes an (auch religiös motivierter) Gewalt erspart geblieben wäre, wenn orthodoxe und katholische Christen sich in eucharistischer Gemeinschaft zusammengefunden hätten! Denn die Konsequenzen der Eucharistie lassen sich nicht auf den Gottesdienst beschränken. Es gehört zu den nachdenkenswerten Erfahrungen der Alten Kirche, dass die an die Eucharistie sich anschließenden Agape-Mähler ein nahezu weltumspannendes soziales Netz geschaffen haben, das in keiner Weise an die oft genug miteinander rivalisierenden Bischofsämter gebunden war.

---

[6] J. Miguez-Bonino, *Einheit der Kirche - Einheit der Menschen*, in: ÖR 21 (1969), 184f.

Wo stehen wir heute? Trotz aller interkonfessionellen Gespräche, gemeinsamer Verlautbarungen und Erklärungen, auch erfreulicher ökumenischer Zusammenarbeit auf Gemeindeebene haben wir es im kirchlichen Binnenraum bisher nur zu einem Waffenstillstand gebracht. Der eucharistische Friedensschluss liegt noch vor uns. Das paradoxe Ergebnis dieses Zustandes zeigt sich daran, dass wir - in einer Umkehrung der biblisch-sachlichen Logik - zwar auf diakonischem Gebiet, etwa in der Flüchtlings- und Asylarbeit, in den Hilfswerken „Misereor" und „Brot für die Welt", erfolgreich gemeinsam handeln, in unseren Gottesdiensten aber getrennte Wege gehen. Im Unwichtigen, Zweitrangigen - so muss man diese kirchliche Selbsteinschätzung interpretieren - mag ein Zusammengehen an der Zeit sein, wenn nur das Eigentliche und Wichtige nicht in falsche Hände gerät! Solange dieses Denkmuster unser Verhalten bestimmt, sind wir weit davon entfernt, den sozialen Ort der Eucharistie zu erkennen, geschweige denn ihm Rechnung zu tragen.

Das Abendmahl, so sagte ich, ist an seinem biblischen Ursprungsort eine prophetische Zeichenhandlung. Zeichenhandlungen setzen das, was sie meinen, bildhaft anschaulich in Szene. Sie werden verstanden, wenn das Zeichen als Hinweis auf eine verheißene oder angedrohte Wirklichkeit entschlüsselt wird, die den Bereich unserer geschichtlichen Realität betrifft, sich zerstörend oder erneuernd an ihr auswirkt. So hat auch das im Abendmahl gebrochene Brot einen Zeichenwert, der nicht nur eine sakramentale, sondern auch eine gesellschaftliche, ja politische Realität benennt. Denn das Brot ist Symbol des westlichen Reichtums und eben dadurch zugleich ein Hinweis auf östliche und südliche Armut. Im Zeichen des Brotes wird heute ökonomische Gerechtigkeit eingeklagt. In den Elementen von Brot und Wein, im Gestus des Brechens und Teilens, ist die Welt präsent, nicht nur in ihrer physischen Materialität, sondern auch in ihrer sozialen Bedürftigkeit. Hier gibt es keine Trennung von geistlich und weltlich, von innen und außen. Deshalb führt die eucharistische Feier erst dann zu einer „wahren" Gemeinschaft, wenn die, die an ihr teilnehmen, nicht nur aus der dogmatischen, sondern auch aus der gesellschaftlichen Symbolik des Abendmahls gemeinsame Konsequenzen ziehen. Denn beides gehört von seinem Ursprung her zusammen.[7] Calvin etwa hat nicht schon in den Elementen der Mahlfeier, in Brot und Wein, die Gegenwart Christi zu erkennen gelehrt, sondern in der Anwesenheit des Bruders, und zwar des geringsten Bruders, der hier in die Gemeinschaft des Leibes Christi aufgenommen wird oder von ihr ausgeschlossen bleibt. In ihm bekennt sich die Gemeinde zu ihrem wiederkommenden Herrn.[8] Noch pointierter hat Leonardo Boff die Armen „die dichteste Anwesenheit Christi in

---

[7] „Das Teilen dieses Brotes ist das Symbol für das Teilen allen Brotes, der bedingungslose Charakter dieser Gemeinschaft ist das Unterpfand dafür, daß die ganze Gesellschaft in Christus wiederhergestellt wird", aus: *Löwen 1971.* Studienberichte und Dokumente der Kommission für Glauben und Kirchenverfassung, Beiheft zur ÖR 18/19, 61f.

[8] CALVIN, *Institutio IV,* 17,38.

der Geschichte" genannt: „Ja, ich würde sogar sagen - obwohl das vielleicht häretisch klingt -, daß Christus in den Armen dichter als in Brot und Wein, die uns in der Messe den Herrn vergegenwärtigen, präsent ist."[9]

II. Die ethischen Konsequenzen der Eucharistie

Was Leonardo Boff, damals als eine einsame Stimme, erkannt und ausgesprochen hat, beginnt heute langsam im kirchlichen Bewusstsein Wurzeln zu schlagen: Erst wenn sich die traditionelle Kirche des Almosens zu einer Kirche wandelt, die sich zum Anwalt des Prinzips sozialer Gerechtigkeit macht, hat sie den herausfordernden Sinn der Abendmahlspräsenz Christi verstanden, der nach Mt 25,35f. seiner Gemeinde gerade in den Hungrigen, Gefangenen und Entblößten begegnet. Diese Einsicht ist nicht erst auf dem Boden unserer von sozialen Spannungen und Verteilungskämpfen gezeichneten Gegenwart gewachsen. Sie ist älter.

Bartolomé de las Casas, der spanische Dominikaner, der sich in den Anfängen der Conquista für die Eingeborenen und ihre Rechte einsetzte, hatte im Jahr 1514 ein geistliches Erlebnis, das sein ganzes Leben prägte. Er war dabei, die Eucharistie zu feiern. Der Bibeltext, den er zu lesen hatte, stand bei Jesus Sirach (34,24f.) und lautete: „Wer ein Opfer darbringt vom Gut des Armen, ist wie einer, der den Sohn schlachtet vor den Augen des Vaters. Ein kärgliches Brot ist der Lebensunterhalt der Armen; wer ihm dies entzieht, ist ein Mörder." Der Text traf ihn so, dass er die Feier nicht beenden konnte. Denn stammten nicht das Brot und der Wein, die er dem Vater darbrachte, aus dem Gut der Armen? War er also nicht dabei, den Sohn vor dem Vater zu schlachten? Das Erlebnis war der Anfang seines Kampfes für die Indios.

Es ist ein ermutigendes Zeichen, dass die Ökumene in den beiden letzten Jahrzehnten - gewiss nicht ohne den Druck der Befreiungsbewegungen - den Anschluss an diese emanzipatorische Tradition gesucht und dabei die soziale Dimension der Eucharistie wiederentdeckt hat. Der Gedanke der Koinonia, verstanden als sozial verpflichtete Gemeinschaft, tritt nun auch für ein vom Sakrament her entwickeltes Kirchenverständnis in den Vordergrund.[10] Denn kein anderes Symbol verdeutlicht den Geschenkcharakter der uns angebotenen Gemeinschaft mit Christus („zu der ihr durch die Treue Gottes berufen seid"; 1 Kor 1,9) stärker als das *Teilen* von Brot und Wein, weshalb auch die Zerrissenheit der einen Kirche nirgendwo stärker erfahren wird als in der Eucharistie, und zwar in einer neuen Qualität: nicht (woran wir uns längst gewöhnt haben) als *konfessionelle* Spaltung, sondern als *soziale* Kluft zwischen der Welt der Armen und der Welt der Reichen. Auch im Nord-Süd Gefälle, auch im Ost-West Gegensatz - das ist die neue, bittere Erkenntnis - wird der Leib Christi „zerspalten" (1 Kor 1,12).

---

[9] L. Boff im Gespräch mit H. Goldstein, in: O. EICHER (HG), *Theologie der Befreiung im Gespräch,* München 1985, 92.
[10] Vgl. hierzu: M. KÄßMANN, *Die eucharistische Vision*, München-Mainz 1992, bes. 348ff.

Im Licht dieser Erkenntnis wird die Eucharistie zu einer Anfrage an die Kirche. Die scheinbar äußerliche Feststellung, dass uns der Zusammenhang von Sättigungsmahl (Agape) und Abendmahl verloren gegangen ist, macht uns nun darauf aufmerksam, dass wir die sozialethischen Implikationen des Sakraments längst aus den Augen verloren haben. Wir können sie unter den Bedingungen unserer Gegenwart nur zurückgewinnen, wenn wir uns die politische und ökonomische Situation der Erde bewusst machen, in der wir unsere Feiern begehen. Die Botschaft der ökumenischen Vollversammlung von Vancouver (1983) hat sie uns eindrücklich genug vor Augen gestellt.

„Wir hören die Schreie von Millionen, die dem täglichen Kampf um das Überleben ausgesetzt sind, die durch militärische Macht oder die Propaganda der Mächtigen mit Füßen getreten werden. Wir sehen die Flüchtlingslager und die Tränen all derer, die unmenschlichen Verlust erleiden. Wir spüren die Furcht von reichen Gruppen und Ländern und die Hoffnungslosigkeit vieler in einer Welt materiellen Reichtums, die in einer großen geistlichen Leere leben ... Unsere Welt - Gottes Welt - muß wählen zwischen ‚Leben und Tod, Segen und Fluch‘."[11]

Was bedeutet angesichts dieser Situation die biblisch begründete Gewissheit, dass sich die Gemeinde mit der Feier der Eucharistie in den Schnittpunkt der Menschheitsgeschichte *und* des in diese Geschichte einbrechenden Gottesreichs stellt? Ich versuche, auf diese Frage in drei Punkten einzugehen, auf die das ökumenische Gespräch unsere Aufmerksamkeit gerichtet hat.

1. *Katholizität.* „Die Mahlgemeinschaft ist das sichtbare Zeichen der Katholizität der Kirche."[12] Die Eucharistie wird in den Gemeinden „auf dem ganzen Erdkreis" gefeiert. Das neu erwachte Bewusstsein für diesen in seiner Singularität immer wieder erstaunlichen Tatbestand müsste uns nötigen, die individuelle Verengung unserer Abendmahlsfeiern gründlich in Frage zu stellen. Nun erschöpft sich jedoch das Attribut der Katholizität, auch wenn man es „in messianischer Offenheit" als Symbol „für die Vereinigung der Menschheit in der Gegenwart Gottes" versteht[13], keineswegs schon in dieser quasi geographischen Bedeutung. Sein theologischer Sinn tritt vielmehr erst dann zu Tage, wenn man es - vollends heute - in seiner polaren Spannung zum Attribut der Universalität interpretiert. Thesenhaft formuliert: Der *extensiven Weite* der ecclesia universalis steht die *intensive Dichte* der ecclesia catholica gegenüber. Dass hier ein *eigenes* Problem vorliegt, erkennt man am sichersten auf dem Hintergrund der Anschauung des Epheserbriefes: Mit der paulinischen Mission hat die Kirche die Enden der Erde erreicht. Sie hat dort nicht nur einzelne „Stützpunkte" Christi, sondern ganze Niederlassungen

---

[11] Botschaft der Konferenz, in W. MÜLLER-RÖMHELD, *Bericht aus Vancouver 1983*, Frankfurt a. M. 1983, 9.
[12] J. MOLTMANN, a.a.O. (Anm. 5) 284.
[13] Ebd. 284.

errichtet. Sie ist zur Universalkirche geworden. Heute hat sie die Welt in einem Ausmaß verändert, das für Paulus unvorstellbar gewesen ist. Nicht als ob ihr Wachstum damit abgeschlossen wäre; es muss sich weiter vollziehen, jetzt aber in einer *anderen* Richtung: nicht mehr nach außen, sondern nach innen. Jetzt gilt es, Christus „in seiner vollendeten Gestalt darzustellen", nicht länger „unmündige Kinder" zu sein (Eph 4,13f.). Die in der Eucharistie uns zugewandte Gnade will gelebt werden. Denn Gnade - auch diese neutestamentliche Erkenntnis ist uns weitgehend abhanden gekommen - ist kein ungreifbares Fluidum. Sie ist ein gestalthaftes Ereignis, geradezu ein Synonym für die Inkarnation. Soll in der Kirche Gnade gepredigt und Gnade erfahren werden (und nicht nur die Sonnenseite einer ansonsten gnadenlosen Realität), dann muss durch das Eintreten der Christen füreinander, durch ihr gemeinsames Feiern, Beten und Arbeiten die Spur der Inkarnation, der „Fleischwerdung" der Wahrheit, bis dorthin verfolgt werden, wo die materiellen Aspekte des Lebens - Gesundheit und Krankheit, Glück und Elend, Reichtum und Unterdrückung - in unversöhnlichem Gegensatz aufeinanderprallen. So verstanden findet die Katholizität ihren prägnantesten Ausdruck in dem Wort des Paulus: „Wo ein Glied leidet, da leiden alle Glieder mit" (1 Kor 12,26).[14]

Die Anfrage des Epheserbriefs kommt wie am ersten Tag auf unsere Kirche zurück: Hat unser *inneres* Wachstum mit unserer gewaltigen *äußeren* Expansion Schritt gehalten? Das Problem der gegenwärtigen Ökumene ist nicht ihre Universalität, sondern ihre gelebte Katholizität: Welche Gestalt muss ihre Nachfolge in der universal gewordenen christlichen Welt annehmen? Wie *lebt* eine Gemeinde das Zeugnis der Versöhnung angesichts des Gegensatzes von arm und reich, von schwarz und weiß, von Unterdrückten und Unterdrückern, der heute ein Gegensatz *innerhalb* der Welt des Christentums ist?

2. *„Option für die Armen".* Kein zweiter Impuls hat das Bewusstsein für die ethischen Konsequenzen der Eucharistie in einer Weise geschärft und - trotz der Behinderung der Theologie der Befreiung durch Rom - bis heute wach gehalten wie die von den lateinamerikanischen Bischofskonferenzen von Medellin (1968) und Puebla (1979) proklamierte „vorrangige Option für die Armen".[15] Wenn der *„unwürdige"* Empfang des Abendmahls, den Paulus mit der bekannten Schärfe verurteilt, auf das *unsolidarische* Verhalten reicher Gemeindeglieder in Korinth zielt (1 Kor 11,27-34), dann stehen wir hier im Zentrum aktueller Herausforderungen, und das um so mehr, als „arm" und „reich" heute in der Regel nicht durch einzelne Individuen verkörpert wer-

---

[14] „Was einigen geschieht, geschieht allen, denn wir sind ein Leib. Was einigen physisch geschieht, geschieht potentiell durch Einstellung und Verpflichtung allen, denn dieser eine Leib ist der Leib Christi. Sein Tod für andere bindet uns an dasselbe Kreuz für die ganze Menschheit, was es auch kosten mag", J. POULTON, *Das Fest des Lebens*, Genf 1982, 42.

[15] Vgl. dazu: G. GUTIERREZ, *Die historische Macht der Armen*, München-Mainz 1984, 80-124; World-Convocation, Seoul 1990 sowie: H. BEDFORD-STROHM, *Vorrang für die Armen*, Gütersloh 1993.

den, sondern durch die Kirchen selbst. Das jedenfalls macht den Konflikt keineswegs leichter. Denn die Existenz von Armut auf einer reichen Erde spiegelt einen Bruch in der Solidarität der Menschen (vollends der Christen) untereinander und in ihrer Gemeinschaft mit Gott. Materielle Armut empfindet nicht nur das moderne Bewusstsein als etwas Erniedrigendes. Wo die Armut ihr wahres Gesicht zeigt, da ist sie auch in der Bibel Gegenstand von Empörung, Anklage und Protest:

„Siehe, Leute wie Wildesel in der Wüste ziehen aus zu ihrem Werk, suchen nach dem Raub in der Steppe: ohne Brot sind ihre Kinder ... Nackt, ohne Kleidung, legen sie sich schlafen und haben in der Kälte keine Decke. Vom Regenguss der Berge triefen sie, und ohne Obdach schmiegen sie sich an den Felsen ... Aus Stadt und Häusern sind sie vertrieben, die Seele ihrer Kinder schreit um Hilfe" (Hiob 24,2ff.).

Das ist offenbar kein von Gott vorgesehener und gutgeheißener Zustand. Heute sind die Armen ein Indikator weltweiter Ungerechtigkeit, Sendboten gewissermaßen einer Unordnung, die die Länder des Westens mit ihrem Wirtschaftssystem erzeugt und durch ihren Lebensstil aufrechterhalten. Sie decken durch ihre bloße Existenz die Fragwürdigkeit unserer karitativen Beschwichtigungen auf. Sie decken auf, dass das, was wir Ordnung nennen, Unordnung ist, durch Ordnung verdeckte Unordnung. „Es ist die Ordnung, die wir Reichen, Satten, über Wissen und Macht Verfügenden uns aufgebaut haben, um unseren überproportionalen Anteil an den Gütern der Erde zu sichern."[16] Armut, die aus dieser „Ordnung" resultiert, so gibt uns die Stimme Lateinamerikas zu verstehen, ist „unvereinbar mit dem Kommen der Herrschaft Gottes, die ein Reich der Liebe und der Gerechtigkeit inauguriert. (Sie) ist ein Skandal ... Ihn abzustellen, heißt den Moment näher bringen, in dem wir - vereint mit anderen Menschen - Gott von Angesicht zu Angesicht sehen werden."[17] Kann aber solches „Sehen und Schmecken" auch nur zeichenhaft, wie die liturgische Einladung zum Abendmahl es doch meint, vorweggenommen werden, solange wir diesen Skandal tolerieren und ihn nicht als ernsthafte Infragestellung der „Gemeinschaft am Leibe Christi" (1 Kor 10,16) verstehen? Kann die Eucharistie „katholisch" - mitleidend mit den Leidenden, sich freuend mit den Fröhlichen - gefeiert werden, ohne dass wir unserseits einen neuen „armen" und darin glaubwürdigen Lebensstil einzuüben beginnen?

Gewiss, der Zustand der Armut hat keinerlei verborgene religiöse Qualitäten in sich. Er verträgt (und verdient) keine Idealisierung, Seine Auszeichnung besteht allein darin, dass die Bewegung der göttlichen Kondeszendenz, Gottes „rettender Schritt" in die Geschichte (Gutierrez) zuerst in der Welt der

---

[16] K. BÄUMLIN, *Die Flüchtlinge retten die Seele der Kirche*, in: Reformatio 36 (1987), 93-101, hier 97.
[17] G. GUTIERREZ, *Theologie der Befreiung*, München [6]1982, 277.

Armen ankommt (Lk 1,52f.), oder richtiger: dass die Spuren dieses Schrittes gerade dort wahrgenommen und entdeckt werden, wo der Schrei nach Freiheit aufbricht, wo das Recht nicht länger als Instrument zum Ausspielen eigener Macht hingenommen, sondern als Hilfe zum Aufbau der Integrität des eigenen und des gemeinsamen Lebens proklamiert wird. Das macht den theologischen „Vorrang der Armen" aus. Sie sind dem Licht einer Zukunft geöffnet, von dem sich die Welt der Reichen längst abgeschnitten hat. Aus diesem Grund nimmt die ‚Theologie der Befreiung' den historischen Ort der Armen nachgerade als Ort der „sakramentalen" Präsenz Gottes in Anspruch. Er ist den reichen Kirchen des Westens als Prüfstein ihrer eucharistischen Praxis vor Augen gestellt.

3. *Verpflichtete Gemeinschaft.* Die ethischen Konsequenzen sind im Zuge der ökumenischen Öffnung unserer Kirchen längst und mit großer Eindringlichkeit beim Namen genannt. Es ist alles gesagt. Das längst Bekannte noch einmal zu wiederholen, ist nur deshalb am Platz, weil auch das Abendmahl selbst als Zeichen der Versöhnung ständig wiederholt sein will. Wir werden mit der uns gestellten Aufgabe nicht fertig. Die Formel von Neu Delhi (1961) spricht von einer „völlig verpflichteten Gemeinschaft", die „das eine Brot bricht, sich im gemeinsamen Gebet vereint und ein gemeinsames Leben führt, das sich in Zeugnis und Dienst an alle wendet".[18] Was das bedeuten könnte und müsste, hat die Erklärung von Lima (1982) in ihrem Abendmahlsabschnitt höchst grundsätzlich formuliert:

„*Die Eucharistie umgreift alle Aspekte des Lebens. Sie ist ein repräsentativer Akt der Danksagung und Darbringung für die ganze Welt. Die eucharistische Feier fordert Versöhnung und Gemeinschaft unter all denen, die als Brüder und Schwestern in der einen Familie Gottes betrachtet werden, und sie ist eine ständige Herausforderung bei der Suche nach angemessenen Beziehungen im sozialen, wirtschaftlichen und politischen Leben. Alle Arten von Ungerechtigkeit, Rassismus, Trennung und Mangel an Freiheit werden radikal herausgefordert, wenn wir miteinander am Leib und Blut Christi teilhaben.*"[19]

Hier wird ein ausgesprochen kritischer, *gesellschafts*kritischer Ton angeschlagen, der die Kirche daran erinnert, dass auch sie auf dem Boden der „noch nicht erlösten Welt" steht.[20] Sollen die Zeichen der Versöhnung, die sie dieser Welt schuldet, gesellschaftlich wirksame, ja auch nur vernehmbare Zeichen sein, dann muss sie sich „aktiv an der ständigen Wiederherstellung der Situation der Welt und der menschlichen Lebensbedingungen beteiligen".[21]

---

[18] Neu Delhi Dokumente, hg. von F. LÜPSEN, Witten 1962, 65.
[19] Konvergenzerklärung von Lima: *Taufe, Eucharistie und Amt*, n.20, Frankfurt 1982, 24 .
[20] Barmer Theologische Erklärung (1934), These V.
[21] Konvergenzerklärung von Lima, a.a.O. n.20.

Seit der Weltkirchenkonferenz von Uppsala (1968) kann die Christenheit es wissen: Es gibt nicht nur dogmatische, es gibt auch *ethische* Häresien, Abwege und Irrwege einer als Kirche sich negierenden Gemeinschaft, die nicht in der Verleugnung der „reinen" Lehre, sondern in der Verweigerung der ihr entsprechenden Lebenshaltung ihre Wurzel haben.[22] Von diesen Häresien ist die Eucharistie heute im Kern bedroht. Nachhaltiger als durch konfessionelle Trennungen wird sie durch die soziale Spaltung, die quer durch alle Konfessionen geht, als Symbol der Einheit verraten. Es ist daher entschieden nicht gut, dass diese Herausforderung in der ökumenischen Debatte nur unter dem verharmlosenden Etikett der „nicht-theologischen Faktoren" wahrgenommen wird, als ob das Thema, das hier auf dem Prüfstand steht, der Ruf nach sozialer *Gerechtigkeit*, nicht ins Zentrum einer biblisch verantworteten Theologie gehörte. Wohl braucht es, um diese Gerechtigkeit einzufordern und Modelle zu ihrer Verwirklichung zu entwickeln, mehr als einen bloß „theologischen" Sachverstand. Das haben die Studien zum „Prozeß für Gerechtigkeit, Frieden und die Bewahrung (integrity) der Schöpfung" gezeigt.[23] Vor allem aber braucht es, wenn Brot und Arbeit miteinander (und mit der noch ungeborenen Generation) geteilt werden sollen, Visionen und produktive Phantasie.

III. Die „eucharistische Vision"

In der Lübecker St. Petri Kirche, einem ehrwürdigen gotischen, jetzt strahlend weiß gekalkten, lichtvollen Raum sind die Tische gedeckt, die Speisen aufgetragen. Die Tür steht offen. Ein Gemeindevertreter hat draußen seinen Posten bezogen und spricht die vorbeiströmenden Passanten der Innenstadt an: „Darf ich Sie zum Essen einladen?" Er darf, und der Kirchenraum füllt sich: hanseatische Protestanten und zugewanderte Katholiken, neugierige Agnostiker und Kirchenfremde, gut situierte Bürgerinnen und Asylbewerber vom Stadtrand nehmen an den Tischen Platz und kommen miteinander ins Gespräch. Es gibt nur eine Regel: niemand nimmt sich selbst, jeder lässt sich die Speisen reichen, er gibt sie weiter, er teilt. Symbolisches Teilen, denn alle sind Gäste. Bettler und Reiche sitzen an einem Tisch. Über soziale Abgründe spannt sich die Brücke der Agape. Sie alle erfahren die versöhnende Kraft des Teilens. Was am Altar „für viele" (Mk 14,24) geschieht, geschieht jetzt sichtbar und greifbar für alle. Sakramentale und ethische Dimension der Eucharistie haben einander gefunden:

---

[22] „Es muß klar werden, daß die Kirchenglieder, die in der Praxis die Verantwortung für die Bedürftigen irgendwo in der Welt leugnen, ebenso der Häresie schuldig sind wie die, welche die eine oder andere Glaubenswahrheit verwerfen", *Bericht aus Uppsala*, hg. von N. GOODALL, Genf 1968, 337f.

[23] Vgl. insbesondere J. PRONK, *Leben in Einheit*. Die politische Voraussetzungen zur ökonomischen Realisation eines ökumenischen Mandats, in: Vancouver 1983, Beiheft zur ÖR 48, 1984, 76-81, sowie H. BEDFORD-STROHM, a.a.O. (Anm. 15), 204ff.

„*Das uns dargereichte Brot bringt die Hungernden mit in unsere Gemein-schaft. Der uns dargereichte Wein bringt die Freudlosen, die Kranken und diejenigen, denen die Früchte der Erde versagt bleiben. Gemeinschaft und Friedensgruß bringen die Gefangenen und die Geisteskranken, die Flüchtlin-ge und die Staatenlosen in unsere Mitte. An dieser Feier beteiligt zu sein, ist Suche und Verpflichtung zugleich. Auf eigene Art wird hier ein Manifest des Eintretens für eine notleidende Welt verkündet.*"[24]

Visionen sind keine Programme, aber sie enthalten einen programmati-schen Kern, den man analysieren muss, wenn sie sich nicht zu bloßen und am Ende gar frommen Wünschen verflüchtigen sollen. Die eucharistische Vision entleiht ihre Farben und ihre Anziehungskraft dem überschaubaren Bild der neutestamentlichen Urgemeinde, ihrer „*koinonia*", die heute zum Leitwort eines neuen ökumenischen Nachdenkens geworden ist. Lässt sich das Bild dieser Koinonia - Gestalt geworden in dem lukanischen Gemeindeideal, wo-nach „die Gäubiggewordenen … alles gemeinsam hatten, ihre Güter und Ha-be verkauften und unter alle verteilten, je nachdem einer es nötig hatte" (Apg 2,44) - lässt sich dieses Ideal in die Realität einer Christenheit übertragen, die in das Nord-Süd Gefälle und in die Verteilungskämpfe um Nahrung und Rohstoffe verflochten ist? Frederick Herzog hat schon vor zwanzig Jahren schärfer nachgefragt: „Hat die reiche Kirche ein Gewissen?" Hätte sie es - so seine Antwort - dann müsste sie das reformatorische „allein durch Glauben" in die Maxime „allein durch geteilten Reichtum" übersetzen.[25] Denn „koino-nia" heißt heute *Solidarität*. Sie muss als „eucharistischer Lebensstil" bereits auf der Gemeinde-Ebene eingeübt werden. Was bedeutet das im Einzelnen?

1. *Kein sturmfreier Ort*. Die Feier der Eucharistie mit ihrem liturgischen Ruf „Die Herzen in die Höhe!" ist in unserem traditionsgebundenen Bewusst-sein noch immer der Ort, an dem wir uns über alle Nöte und Konflikte der Erde hinwegsetzen und mit den „Engeln und Erzengeln" im Lobe Gottes zu-sammenschließen dürfen. Ob sich aber die alten Liturgen kundig gemacht haben, was diesen „himmlischen Heerscharen" aufgetragen war? Wer sich in der Bibel umsieht, der weiß, dass sie gelegentlich auch einmal einem Got-tesmann, der die Waffen der Feinde segnen will, mit bloßem Schwert in den Weg treten (Num 22,22ff.), dass sie Jerusalems Tore für die Flüchtlinge aus Babylon offen halten (Sach 2,3ff.) oder den Zeugen Gottes den Weg aus dem Gefängnis frei kämpfen (Apg 12,7). Ihr „Halleluja" scheint eher die Ausnah-me als die Regel zu sein. So bestätigen sie auf ihre Weise Bonhoeffers Wort, dass (sinngemäß abgewandelt) nur der in den Lobgesang der Engel einstim-men darf, der für die Hungrigen und Gefangenen dieser Erde schreit. In der Eucharistie verabschieden wir uns nicht aus dem Krisenzusammenhang der Menschheit, wir stellen uns in ihn hinein. Der Zeichenwert der hier sichtbar

---

[24] J. POULTON, a.a.O. (Anm. 14), 24.
[25] F. HERZOG, *Hat die reiche Kirche ein Gewissen?*, in: EvKom 13 (1980), 586f.

dargestellten Einheit, der für Gemeindeverständnis und Kirchenordnung unabsehbare Folgen haben müsste, hängt von dem gesellschaftlichen und politischen Ort der Kirche ab.

2. *Zwischen Passa- und Völkermahl.* In der Eucharistie feiern wir „schon jetzt" den Einbruch des Reiches Gottes in unsere Zeit. Sie ist das Sakrament des Aufbruchs; sie hat ein Ziel. Sie ist „die Speisung und Tränkung auf dem Pilgerweg eines auf ein herrliches Ziel zuwandernden Volkes".[26] Sie hat die Verheißung, dass Christus als der im Mahl gegenwärtige Herr sie auf dem Weg dorthin begleiten wird wie Israel durch die Wüste. Das Ziel freilich erreichen wir nicht allein, sondern nur zusammen mit anderen. Der Weg führt - biblisch gesprochen - vom Passa- zum Völkermahl. Der Aufbruch stellt uns in unsere reale historische Situation, in der wir - jetzt auch im eigenen Land - von anderen Kulturen und anderen gesellschaftlichen Standards umgeben sind. Ihn zu inszenieren, heißt trennende, „natürliche" und soziale Grenzen zu überschreiten, und das geschieht am wirksamsten dort, wo es zu konkreten Akten des Teilens kommt, zunächst des Teilens der Nahrung, das im Abendmahl so einzigartig symbolisiert wird. Erst dieser elementare Schritt gelebter Solidarität kann das Handeln „vor Ort" (local acting) zur Wahrnehmung der universalen Überlebensfragen der Menschheit (global thinking) führen, und genau das macht den „eucharistischen Lebensstil" aus. Denn die einheitsstiftende Kraft der Sakramente kann nicht vom Prinzip der sozialen Gerechtigkeit gelöst werden. Margot Käßmann spricht von der „Liturgie nach der Liturgie"[27], die das gemeinsame Feiern, Beten und Bekennen in verpflichtende Praxis überführt und dadurch den theologischen Konsens erst eigentlich wahr macht.

3. *Eine Utopie?* Die Eucharistie ist ein Fest der Hoffnung, ein Hoffnungszeichen. Sie antwortet auf ein Problem, das den Christen sozusagen vom ersten Tage an gestellt war. Denn es ist die Abwesenheit ihres kommenden Herrn, mit dem sie seit Himmelfahrt fertig werden müssen. Die Kirche muss in einer Welt, die sehen, tasten, anfassen will, mit der Abwesenheit Christi leben und ihm so die Treue halten. Im Abendmahl aber geschieht es, dass in der Handlung des Austeilens und Empfangens von Brot und Wein die Gegenwart des Auferstandenen unter uns Ereignis wird, dass Gott die Fülle des Lebens „gleichsam aus seiner Hand in unsere legt."[28] In den geistlichen und sozialen Grundvollzügen der Gemeinde bleibt Christus unter uns präsent. Der den Bedingungen der Geschichte entzogene Christus zieht sich nicht aus der Geschichte zurück. Wir greifen also nicht zu hoch, wenn wir vom Einbruch des Reiches Gottes in unsere Gegenwart sprechen. Wohl blickt die eucharistische Hoffnung noch weiter hinaus. Sie richtet sich auf ein letztes Ziel und

[26] M BARTH, *Das Mahl des Herrn.* Gemeinschaft mit Israel, mit Christus und unter den Gästen, Neukirchen 1987, 97.

[27] M. KÄßMANN, a.a.O. (Anm. 10), 354f. u.ö.

[28] CALVIN, *Institutio IV,*17,37.

eine letzte Erfüllung, auf einen Ort, den wir noch nie gesehen und nie betreten haben. Sie hat im Wortsinne etwas Utopisches. Zur schlechten Utopie, zur Theologie ohne Boden unter den Füßen, würde sie erst dann, wenn wir uns dabei die Welt und ihre Geschichte wegdenken wollten, an die Gott mit dem Kommen Christi seinen Namen gebunden hat.

Und doch darf man fragen, ob wir den richtigen Ton treffen, wenn wir (die ökumenischen Texte zumal) uns selbst und die Kirche unter einen permanenten geistlichen und sozialen Leistungsdruck setzen: die Kirche muss, sie sollte, sie hat den Auftrag, sie ist verpflichtet …, als läge es an ihr, die Utopie endlich in Realität zu überführen. Die Folge ist Beklemmung: Wir schaffen es doch nicht. In der Eucharistie leben wir aus dem Überfluss, nicht aus dem Mangel. Hier entdecken wir eine andere Wirklichkeit als die, der ständig und doch unüberhörbar das Urteil gesprochen wird, auf die dauernd die moralische Guillotine niedersaust, eine Wirklichkeit, die Christus schafft und in die er uns versetzt. Nicht „Kirchenträume", sondern „Reich-Gottes-Träume" öffnen uns den Horizont der Eucharistie.[29] Nur dazu sind wir da, dass etwas von der Freundlichkeit *Gottes* seine Wirkung in der Welt tut. Gott braucht die Christen für die Welt, „damit sie eure guten Werke sehen und euern Vater im Himmel preisen" (Mt 5,16).

Damit verändert sich die Perspektive. Der Blick richtet sich auf Gott, nicht auf uns, auf Gott, der uns braucht. Er richtet sich auf das Risiko, auf das Er sich mit seiner Bindung an unsere Geschichte eingelassen hat. Denn Bindung bedeutet Abhängigkeit. Gott macht sich abhängig von uns. Wagt man diesen Gedanken zu Ende zu denken, dann bekommen unsere eucharistischen Initiativen und Appelle noch einmal einen anderen, ihnen selbst meist verborgenen Sinn, den Friedrich-Wilhelm Marquardt hinter der dogmatischen Erbschaft unserer eigenen Tradition wieder freigelegt hat: Sie erinnern uns daran, dass unsere Kirchen und unsere Gesellschaft Gott „schwach gemacht und ermüdet haben", dass Gott „an (ihnen), (ihren) Geistes- und Handlungszuständen … erkennbar viel an Kraft und Gottheit verloren hat." Eine bessere eucharistische Praxis könnte sich also nicht in erster Linie mit der Hoffnung verbinden, uns selbst im Blick auf das Ziel der Einheit der Kirche handlungsfähiger und „effektiver" zu machen. Sie hätte allem zuvor dabei „mit(zu)helfen, … Gott selbst Kräfte zuzuführen, Ihn zu stärken, für Ihn einzustehen"[30] und dann von ihm alles andere zu erwarten (Mt 6,33). Denn höher kann auch eine eucharistische Vision gar nicht greifen als bis zu der Erwartung, dass Gott selbst in seinen Gemeinden wieder mächtig wird.

---

[29] Vgl. hierzu M. BLASBERG-KUHNKE, *Konziliarer Prozeß*, in: Diakonia 20 (1989), 289-297, hier 294f.

[30] F.-W. MARQUARDT, *Eia, wärn wir da. - Eine theologische Utopie*, Gütersloh 1997, 300.

Liturgische Praxis

Evangelisches Abendmahlsverständnis in den Liturgien des neuen Gottesdienstbuches

Von Heidi Leucht

I. Zum neuen Gottesdienstbuch

1. Entstehung und Verbreitung

Das neue Gottesdienstbuch (im folgenden: GB) ist seit 1999 in den sieben Landeskirchen der Evangelischen Kirche der Union und den acht Landeskirchen der Vereinigten Evangelisch-Lutherischen Kirchen Deutschlands in Gebrauch (in der Bundesrepublik Deutschland gibt es insgesamt 24 Landeskirchen). Der Einführung des neuen Gottesdienstbuchs vorangegangen war ein Erprobungsprozess in den Gemeinden. Stellungnahmen und Änderungsvorschläge wurden z. T. eingearbeitet.

2. Anliegen

Das neue GB „ist kein Buch mit einer festen Ordnung, in dem nur die dem jeweiligen Sonntag zugeordneten Texte zu berücksichtigen wären. Es ist vielmehr ein Buch, mit dessen Hilfe die liturgische Aufgabe der konkreten Gottesdienstgestaltung in der Gemeinde und gemeinsam mit ihr angemessen erfüllt werden kann" (GB S. 17). Dazu bietet dieses Buch Vorschläge, Bausteine, die unterschiedlich kombiniert werden können, Handlungs- und Freiräume. Es trägt damit evangelischer Freiheit und Glaubensvielfalt Rechnung.

3. Konzeption

Von sieben maßgeblichen Kriterien her wurde das Gottesdienstbuch gestaltet: (1) *Der Gottesdienst wird unter der Verantwortung und Beteiligung der ganzen Gemeinde gefeiert.* (2) *Der Gottesdienst folgt einer erkennbaren stabilen Grundstruktur, die vielfältige Gestaltungsmöglichkeiten offen hält.* (3) *Bewährte Texte aus der Tradition und neue Texte aus dem Gemeindeleben der Gegenwart erhalten den gleichen Stellenwert.* (4) *Der evangelische Gottesdienst steht in einem lebendigen Zusammenhang mit den Gottesdiensten der anderen Kirchen der Ökumene.* (5) *Die Sprache darf niemanden ausgrenzen; vielmehr soll in ihr die Gemeinschaft von Männern, Frauen, Jugendlichen und Kindern sowie von unterschiedlichen Gruppierungen in der Kirche ihren angemessenen Ausdruck finden.* (6) *Liturgisches Handeln und Verhalten bezieht den ganzen Menschen ein; es äußert sich auch leibhaft und sinnlich.* (7) *Die Christenheit ist bleibend mit Israel als dem erstberufenen Gottesvolk verbunden* (GB S.15ff). Diese Kriterien wirken sich auch auf die Abendmahlstexte aus.

4. Gottesdienstformen

Das Gottesdienstbuch bietet geprägte Liturgien und offene Formen an. Die Gottesdienste folgen in der Regel einer der beiden Grundformen evangelischer Gottesdienste: *Grundform I* ist ein „Abendmahlsgottesdienst, der aus der vorreformatorischen, in ihrer Geschichte bis in die Alte Kirche zurückreichenden ‚Messe' hervorgegangen ist" (GB S. 14). *Grundform II* ist ein Predigtgottesdienst aus dem südwestdeutschen Raum. Auch dieser Gottesdienst kann mit einem Abendmahl verbunden werden.

II. Zum Abendmahlsverständnis

In den Ev. Kirchen hat in den letzten 30 Jahren eine Neubesinnung aufs Abendmahl stattgefunden. Es wird weitgehend *im* Gottesdienst gefeiert (nicht mehr im Anschluss an den Wortgottesdienst); es wird öfters gefeiert (nicht mehr nur drei- bis viermal im Jahr); festlichere Formen und Liturgien gestalten die Abendmahlsfeier; in vielen Landeskirchen und Gemeinden sind auch Kinder zum Abendmahl eingeladen (nicht erst nach der Konfirmation).

Von den unterschiedlichen Glaubenstraditionen her (z.B. lutherisch, reformiert, liberal, pietistisch) ist evangelisches Abendmahlsverständnis vielschichtig. Auch die Gebete und Texte des GB haben unterschiedlichen Stil und sind Ausdruck unterschiedlicher Frömmigkeit.

Entsprechend den beiden Grundformen evangelischen Gottesdienstes gibt es auch unterschiedliche Formen der Abendmahlsfeiern.

1. Abendmahl nach Grundform I

Das Abendmahl ist grundsätzlich in den Gottesdienst einbezogen. Seine Form und sein Verlauf sind folgendermaßen strukturiert: Vorbereitung, Lobgebet (Präfation), Dreimalheilig (Sanctus), Abendmahlsgebet I, Einsetzungsworte, Christuslob, Abendmahlsgebet II, Vater unser, Friedensgebet, Lamm Gottes, Austeilung, Dankgebet (GB S. 78ff). Nicht alle Teile müssen in einem Gottesdienst vorkommen. Verbindlich sind die Einsetzungsworte.

Das neue Gottesdienstbuch bietet einzelne Bausteine für die Abendmahlsliturgie. Die vorgegebenen Bausteine können unterschiedlich miteinander verwendet werden. Dadurch ergeben sich unterschiedliche Schwerpunkte.

In den *Präfationen* wird Gott gelobt und gepriesen (Eingangsteil) für seine Heilstaten in Jesus Christus an uns (Mittelteil). Dies verbindet uns zu gemeinsamem Rühmen (Schlussteil). Vom Kirchenjahr her kann der Mittelteil erweitert und verändert werden. Abendmahl ist Eucharistie: Lob und Dank an Gott, den Gastgeber.

Die „*Eucharistiegebete* sind eine Weiterentwicklung jüdischer Mahlgebete und ein Erbe aus den Kirchen des Ostens." Sie haben oft eine trinitarische Struktur: Dank an Gott, Erinnerung an das Heilswirken Jesu Christi, Bitte um den Heiligen Geist. In den einzelnen Gebeten gibt es unterschiedliche Aussagen zum Abendmahlsverständnis: (1) *Mit Brot und Kelch bekommen wir Anteil am Leben, das in Jesus Christus erschienen ist* (S. 639). (2) *Die Teilnah-*

me am Abendmahl verbindet uns mit Christus, der uns Richtung und Ziel gibt, der Sünde und Tod entmachtet und Hoffnung schenkt (S. 640). (3) Das Abendmahl macht uns eins mit Christus und stärkt unseren Glauben (S. 646). (4) Brot und Kelch sind Zeichen der Gegenwart Jesu (S. 652). (5) Abendmahl wird gefeiert als Vermächtnis Jesu, ist Erinnerung an das letzte Mahl Jesu mit seinen Jüngern. Im Abendmahl denken wir an das Leiden und Sterben Jesu und dessen Bedeutung für uns (Einsetzungsworte). (6) Abendmahl ist Feier des neuen Bundes, in dem Schuld vergeben ist (Einsetzungsworte). (7) Es ist Zeichen der weltweiten Gemeinschaft und Vorfreude auf die Gemeinschaft im Reich Gottes (S. 655).

2. Abendmahl nach Grundform II

In den Liturgien von Grundform II ist das Abendmahlsverständnis leichter zu erheben. Die einleitende Betrachtung enthält eine Deutung des Abendmahles. Form und Verlauf weisen folgende Struktur auf: Abendmahlsbetrachtung, Einsetzungsworte, Abendmahlsgebet, Vater unser, Friedensgruß und Einladung, Austeilung, Dankgebet (S. 55f). Nicht alle Teile müssen bei jeder Abendmahlsfeier vorkommen. Verbindlich sind die Einsetzungsworte.

Die Abendmahlsbetrachtungen geben folgende Deutungen des Abendmahles: *Jesus lädt ein an seinen Tisch* (S, 661, 662 u. ö.); *Brot und Kelch sind Zeichen der Gegenwart Christi* (S. 661, 663, u. ö.); *Christus ist gegenwärtig, in unserer Mitte* (S. 663); *Das Abendmahl verbindet uns untereinander und mit Gott* (S. 661, 663); *Abendmahl ist Vergebung von Schuld* (S. 662,); *Abendmahl ist Stärkung und Trost* (S. 662); *Abendmahl ist Gemeinschaft Jesu Christi mit allen* (S. 662, 663); *Das Abendmahl verändert uns* (S. 664).

Diese Deutungen des Abendmahles wiederholen sich in den Abendmahlsgebeten: *Christus lädt ein* (S. 666); *Christus ist uns nahe, er ist gegenwärtig* (S. 666); *Schuld ist vergeben* (S. 666, 667); *durch das Abendmahl sind wir eine weltweite Gemeinschaft* (S. 667, 668); *das Abendmahl ist Feier der Glieder am Leib Christi* (S. 669).

Das Gebet *nach* dem Abendmahl dankt für Jesu Nähe und Liebe, für Freude der Gemeinschaft (S. 673). Es bittet um Vollendung dessen, was begonnen hat: um die Gemeinde aus allen Völkern in Gottes Reich (S. 673), um Solidarität untereinander (S. 674).

3. Abendmahl und Feierabendmahl

Von den Kirchentagen her kam diese Form in die Gemeinden. Oft wird das Feierabendmahl mit einer Mahlzeit verbunden. Einsetzungsworte, Gebete, Teilen von Brot und Kelch gehören auch zu dieser Feier. „Im Feierabendmahl kommen besonders folgende Inhalte und Aspekte zur Geltung: Eingehen auf die politischen und gesellschaftlichen Herausforderungen der Zeit, Feiergestaltung mit neuen Stilelementen und Ausdrucksformen von Jugendlichen, neue Erfahrungen und Deutungen im Abendmahl (Schöpfungsdank, Gemeinschaft, eucharistischer Lebensstil). So wird das Abendmahl als ein Leib, Geist und Seele umfassendes Geschehen zu einem Quellort für die Erfahrung der Ganzheitlichkeit christlicher Lebenspraxis" (S. 214).

4. Zusammenfassung

Folgende Deutungen des Abendmahles sind in den Liturgien des neuen Gottesdienstbuches zu finden: (1) *Gott bzw. Christus laden zum Abendmahl ein und sind Gastgeber.* (2) *In, mit und unter den eucharistischen Gaben ist Christus gegenwärtig und schenkt sich uns.* (3) *Das Abendmahl ist Feier des Dankes an Gott für sein Heil.* (4) *Das Abendmahl ist Feier der Vergebung von Schuld. Wir feiern Abendmahl als mit Gott und untereinander Versöhnte.* (5) *Das Abendmahl ist Gemeinschaft mit Gott und Gemeinschaft untereinander.* (6) *Das Abendmahl verbindet uns mit Menschen in der ganzen Welt, die Abendmahl feiern. Gemeinschaft am Tisch des Herrn ist Gemeinschaft der Glieder am Leib Christi.* (7) *Das Abendmahl stärkt unseren Glauben, tröstet und gibt Hoffnung.* (8) *Das Abendmahl ist das Mahl der Gerechtigkeit: alle bekommen Gleiches und gleich viel; alle haben Anteil an der Liebe Gottes.* (9) *Das Abendmahl ist das Mahl der Hoffnung, auf dass wird, was noch nicht ist: Gemeinschaft aller am Tisch des Herrn, gemeinsame Feier aller an einem Tisch.*

5. Auswertung

Das neue Evangelische Gottesdienstbuch bringt eine deutliche ökumenische Öffnung hinsichtlich des evangelischen Abendmahlsverständnisses sowie der Formen, Abendmahl/Eucharistie zu feiern. Das zeigt sich an dem, was in diesem Buch z. B. gegenüber der bisherigen Agende I neu ist, und an den Anknüpfungen an Traditionen der Alten Kirche. Die Feier des Abendmahles ist *in* den Gottesdienst integriert; sie findet also nicht mehr im Anschluss an den ‚Wortgottesdienst' statt. Der Gottesdienst nach Grundform I ist aus der ‚Messe' der vorreformatorischen Zeit hervorgegangen. Diese wiederum reicht zurück in die Zeit der Alten Kirche (GB S. 14). Ferner ist die Einseitigkeit der Blickrichtung auf „Abendmahl ist Vergebung von Schuld" preisgegeben worden zugunsten eines umfassenderen Verständnisses des Abendmahls. Die Vielfalt der Aspekte des Abendmahls zeigt sich in den Gebeten und Liedern sowie in den Arten seiner Gestaltung (GB S. 34).

Das neue Gottesdienstbuch gibt viele Anregungen zur Gestaltung der Abendmahlsfeiern: Dankopfer, Bereitung der Gaben, Friedensgruß, Austeilung (GB S. 46f, 206). Unterschiedliche Formen wie Tischabendmahl (GB S. 159f), Feierabendmahl (GB S. 214ff), Abendmahl im Familiengottesdienst (GB S. 212), Abendmahl mit reichen Interaktionsformen (GB S. 229ff) werden als weitere Arten des Feierns vorgestellt.

Gelegentlich (viel zu selten) wird statt ‚Abendmahl' ‚Eucharistie' gesagt (GB S. 34, 633). Bleibt zu hoffen und zu wünschen, dass in der Evangelischen Kirche das Abendmahl als Eucharistie, als Dankfest für Gott wiederentdeckt und gefeiert wird.

Neben der *Form* des gesamten Gottesdienstes (Grundform I) knüpfen auch viele *Eucharistiegebete* an Traditionen der Alten Kirche an (GB S. 633): in ihrer trinitarischen Struktur und in den Aspekten von Lobpreis, Anamnese, Epiklese und eschatologischer Hoffnung (GB S. 633 und Gebete ab S. 634). Das neue Gottesdienstbuch gibt viele Anregungen und bietet viele gute Texte. Ökumenischer Reichtum und ökumenische Weite werden spürbar. Abendmahl / Eucharistie als Fest und Feier wurden wiederentdeckt. Hoffen und beten wir, dass dadurch ökumenische Mahlgemeinschaft wächst.

Abendmahlsliturgien im neuen Kirchenbuch der Evangelisch-reformierten Kirche

Von Gottfried Peters

I. Reformierte Liturgie und Abendmahl

1. Die überarbeitete Agende

Ebenso wie andere Kirchen im deutschsprachigen Raum haben die Reformierten für den evangelisch-reformierten Gottesdienst ein neues Kirchenbuch veröffentlicht. Die 1999 im foedus- und Neukirchner Verlag erschienene „Reformierte Liturgie" gilt als Agende für alle Mitgliedskirchen des Reformierten Bundes, also für die Lippische Landeskirche, die Evangelisch-reformierte Kirche in Bayern und Nordwestdeutschland, die Evangelisch-altreformierte Kirche und die evangelisch-reformierten Gemeinden in den Unionskirchen, d. h. für ca. zwei Millionen Reformierte in Deutschland.

Die Bezeichnung „Reformierte Liturgie" wurde für den deutschsprachigen Raum zwar nicht erstmalig gewählt. Die evangelisch-reformierten Gemeinden der Schweiz hatten ihr Kirchenbuch bereits 1972 so genannt. Und schon im 19. Jahrhundert hatte in den niederländischen und französischsprachigen Gemeinden Nordamerikas hat die Bezeichnung „Liturgie" ihren festen Platz. Gleichwohl deutet der Bezeichnungswechsel von „Kirchenbuch" zur „Reformierten Liturgie" auf eine Klärung reformierter gottesdienstlicher Akzente hin.

2. Konzentrierte Form - von der Epiklese zur Paränese

Die vermeintlich „schlichte" Form des reformierten Gottesdienstes deutet nicht etwa auf einen Mangel an liturgischer Ausgestaltung. Die Gottesdienstformen, die in reformierter Tradition üblich sind, zeigen vielmehr, dass die versammelte Gemeinde ihren Gottesdienst als Zeichen hoher „Konzentration" auf das Lebensnotwendige feiert. Hören und Reden, Singen und Schweigen im Gottesdienst sind anspruchsvoll. Sie setzen Denken und Fühlen in Bewegung, sie führen Menschen zusammen und setzen sich in der Tat im Alltag fort.

Reformierte Gottesdienste sind als gestaltetes Ganzes Gottesdienste in „der Gegenwart des Heiligen Geistes" (RL, S.7). Sie sollen dem Reichtum des Evangeliums Raum verschaffen und im „alltäglichen Gottesdienst" Folgen zeitigen. Konzentriert und auf der Suche nach Konsequenz benötigt die versammelte Gemeinde keine liturgische Dramatik, keine barocken Stilmittel, Überhöhungen oder Symbolismen. Gerade elementare liturgische Formen schaffen die Freiräume, in denen der Teilnehmer, die Teilnehmerin, sich als Bundespartner Gottes erfahren und seiner Weisung folgen können. In der versammelten Gemeinde dient Gott den Menschen, und der Mensch dient im Innehalten, Zuhören, im erhörten Gebet, Lobpreis und Dank Gott selbst und zugleich der Gemeinschaft vor den Kirchentüren. Von der Epiklese führt also ein unterschwelliger Strom zur Paränese.

3. Verbindliche Ordnung

Zwar heißt es im Geleitwort zur neuen „Reformierte(n) Liturgie", die „RL", wolle „überzeugen und einladen". Nach der Kirchenverfassung vom 9. Juni 1988 der Evangelisch-reformierten Kirche (Synode evangelisch-reformierter Kirchen in Bayern und Nordwestdeutschland) sind die Texte der „RL" für die Gemeinden allerdings durch gesamtsynodalen Beschluss verbindlich (nach: Kirchenverfassung § 69 [1], 6) - es sei denn, der Kirchenrat einer Gemeinde, dem das „ius liturgicum", das Recht zur Gottesdienstgestaltung, zusteht, hätte von seinem Widerspruchspruchsrecht Gebrauch gemacht (nach: KV §17,2.4). Das war aber nur in Einzelpunkten der Fall. Der der Einführung des Kirchenbuches vorausgehende Gesprächs- und Abstimmungsprozess mit den Gemeinden hat vielmehr dazu geführt, dass die neue „RL" einen Reichtum an Formen zu einem sinnvollen Ganzen zusammenwebt und deshalb hohe Akzeptanz findet.

Mit ihrer Verbindlichkeit wehrt somit die „RL" die Versuchung ab, sich „ungebührlich ins Eigene zu verlieben". Sie hält, wie es im Geleitwort heißt, die „Bitte um den Heiligen Geist lebendig" (8) und widerspricht dadurch der „Neigung zu ungutem Subjektivismus".

4. Ökumenizität und Regionalität

Die „RL" ist in erstaunlichem Maße „grenzüberschreitend". Zwar bewahrt sie das, was in eigener Tradition gewachsen ist: die Konzentration auf das verkündigte Wort, den Reimpsalter, die Zuordnung der Fragen des Heidelberger Katechismus zu den einzelnen Sonntagen (Lehrgottesdienst), die Beschränkung auf die Sakramente Taufe und Abendmahl als die wesentlichen Zeichen. „RL" orientiert sich also an den regionalen Vorformen und Formen reformierter Kirchengebiete und gottesdienstlicher Hörgewohnheiten. Zugleich aber nimmt die „RL" liturgische Elemente und Formen aus fast allen reformierten Kirchen Europas auf. So findet sich die an der Messform orientierte Abendmahlsordnung der schweizerischen Kirchen als Form B 1 in der „RL" wieder. Texte oder Anregungen aus der neuen „Agende der Evangelischen Kirche von Kurhessen Waldeck" oder aus dem „Evangelischen Gottesdienstbuch" sind berücksichtigt worden, auf den Gleichklang mit anderen Gottesdienstordnungen wurde geachtet.

5. Liturgie-Didaktik

„Leiturgia" bezeichnet in der antiken Amtssprache den öffentlichen Dienst für das Gemeinwesen. Genauso soll auch die neue „RL" den öffentlichen Dienst der Verständlichkeit liturgischen Handelns leisten. Der Gottesdienst umfasst ja das Geschehen, in dem Gott selbst den Menschen „dienend gegenwärtig ist" (RL, S. 15). Um diesen Dienst Außenstehenden besser verständlich zu machen, enthält „RL" eine ausführliche gottesdienstliche Didaktik. Sie erläutert und bringt nahe, was an reformierten und anderen Formen wie zusammenwirkt.

6. Jüdischer Festkalender („RL", S. 611ff)

Dem Kirchenbuch ist eine Übersicht über die wichtigsten jüdischen Fest- und Gedenktage beigefügt. Sie soll dazu beitragen, dass besondere Themen und Anlässe (Israelsonntag, Schoagedenken) deutlicher als bislang in die gottesdienstliche Gestaltung sachgerecht mit aufgenommen werden. In der Einführung zur „Reformierten Liturgie" heißt es: „Eine reformierte Agende hat dem, was der Kirche an neuen Erkenntnissen und Einsichten zugewachsen ist, Rechnung zu tragen. Deshalb bemüht sich die Reformierte Liturgie darum, der Erneuerung des Verhältnisses von Christen und Juden liturgisch gerecht zu werden."

II. Reformiertes Abendmahlsverständnis

1. Zu den Kennzeichen einer reformierten Abendmahlsfeier gehören, wie die Durchsicht aller Formulare der „RL" zeigt, sechs unaufgebbare Punkte: (1) *Die Feier im Gottesdienst der versammelten Gemeinde* (Ausnahmen: Krankenabendmahl - mit Familienangehörigen, Pflegepersonal, die Gemeinde „bei Gelegenheit" bilden), (2) *die Feier in beiderlei Gestalt* (Brot und Wein) - von allen Teilnehmenden empfangen, (3) *das Abendmahlsgebet* (Eucharistiegebet), (4) *die Einsetzungsworte nach 1. Kor 11,23-26.* Als Variante bieten die in der „RL" benannten Formen B 1 und B 2 an: den von Martin Luther in seiner Deutschen Messe aus den vier biblischen Textfassungen gebildeten „Mischtext": *„Unser Herr Jesus Christus, in der Nacht, da er verraten ward, nahm er das Brot, dankte und brach's und gab's seinen Jüngern und sprach: Nehmet hin und esset, das ist mein Leib, der für euch gegeben wird. Solches tut zu meinem Gedächtnis. Desgleichen nahm er auch den Kelch nach dem Abendmahl, dankte und gab ihnen den und sprach: Nehmt hin und trinket alle daraus, dieser Kelch ist das Neue Testament in meinem Blut, das für euch vergossen wird zur Vergebung der Sünden. Solches tut, sooft ihr's trinkt, zu meinem Gedächtnis."* (5) *Einladung und Austeilung* sowie (6) *das Dankgebet* (mit evtl. anschließendem Unser-Vater-Gebet) beschließen das Abendmahl.

2. Das Verständnis des Abendmahls: im Abendmahl ist Christus gegenwärtig. Von der Bekenntnissynode der Evangelischen Kirche der Union in Halle (1937) bis zu den ökumenischen Texten „Lehrverurteilungen - kirchentrennend?" gibt es eine deutliche protestantische Übereinstimmung darin, dass sich Christus selbst in Brot und Wein gibt. Nicht das „Dass" der Gegenwart Christi ist der eigentliche konfessionelle Kontroverspunkt, sondern das „Wie" (vgl. Wilhelm Niesel, Das Evangelium und die Kirchen, Neukirchen,1953, S. 227f). *Spätestens seit der Leuenberger Konkordie ist deshalb die gegenseitige Einladung zur Abendmahlsfeier - jedenfalls aus evangelischer Sicht - kein Problempunkt mehr.* Wichtig ist für das Verständnis des Abendmahls aus reformierter Sicht, dass das einmalige Opfer Christi (1) *als ein für allemal geschehen geglaubt wird (vgl. Heidelberger Katechismus Frage 80),* (2) *der Mensch aber zugleich durch den Heiligen Geist und die „sichtbaren Zeichen" (Brot und Wein) Anteil bekommt an dem, was Christus ihm in seinem Leiden, seinem Gehorsam „zueignet"* (HK 79).

Die oft polemisch benutzte Formel aus HK 80, es handele sich bei der Lehre von der unblutigen Wiederholung des Opfers Christi um eine „vermaledeite Abgötterei", ist vom Moderamen (Kirchenleitung) des Reformierten Bundes mit folgender Richtigstellung versehen worden: „Diese Verwerfung wurde vor 400 Jahren formuliert; sie lässt sich nach Inhalt und Sprache in dieser Form nicht aufrecht erhalten. ... Der bleibende Lehrunterschied besteht darin, dass die Eucharistie in der römisch-katholischen Kirche als ‚Opfer', das Abendmahl im evangelischen Gottesdienst aber als ‚Mahlfeier' begriffen wird; doch sollte sich dieser Unterschied nicht kirchentrennend auswirken" (HK 80 Anm.). Denn im Abendmahl (1) *speist Christus selbst seine Gläubigen „zum ewigen Leben" (HK 75).* (2) *In der gottesdienstlichen Handlung, in der Darreichung von Brot und Kelch nimmt die versammelte Gemeinde den Reichtum der Güte Christi wahr. In der leiblichen Aufnahme („Nießung") der Wahrzeichen wird jedem Gläubigen gewiss, dass Leib und Blut Christi gerade ihm gegeben sind (HK 75). Zugleich „bezeugt ... das Abendmahl",* (3) *dass der Mensch durch den Heiligen Geist mit „Christus mehr und mehr vereinigt" wird (HK 76), indem die Gemeinde im Abendmahl* (4) *die Gegenwart des ‚auferstandenen Herrn unter uns' feiert (Arnoldshainer Thesen, 3.4) und* (5) *dem „mit seinem wahren Leib erhöhten Herrn einverleibt" wird (HK 80); zudem gibt der erhöhte Herr schon jetzt* (6) *Anteil an der zukünftigen Gemeinschaft im Reich Gottes (vgl. HK 80 und Arnoldshainer Thesen, 1.1) und bringt (7) seine Gemeinde zum uneingeschränkten Lob und zur Anbetung seines Namens.*

III. Die Feier des Abendmahls im Vollzug

Der Wunsch Johannes Calvins, das Abendmahl sonntäglich zu feiern, konnte sich in den Kirchen der reformierten Reformation nicht durchsetzen.

1. Häufigkeit der Abendmahlsfeiern. So sah etwa die „Kasseler Ordnung" (1539) vor, dass mindestens in jeder Stadtkirche eine Abendmahlsfeier angeboten werden sollte. Aber die „Pfälzer Ordnung" von 1563 nahm diese Regelung zurück und forderte eine monatliche Feier. In den folgenden Jahrzehnten wurde es üblich, dass das Abendmahl in den evangelisch-reformierten Gemeinden an den kirchlichen Hochfesten und einmal im Herbst gefeiert wurde (viermal/Jahr). Diesen Trend zur „Abendmahlsscheu" förderte die Buß- und Kirchenzucht, die in reformierten Gemeinden in besonderer Weise durch den mindestens jährlichen Hausbesuch aufrechterhalten wurde. In den letzten zwanzig Jahren ist dagegen eine erneute Rückkehr zur monatlichen Feierpraxis zu beobachten. Die „RL" macht keine Vorschläge zur Häufigkeit der Abendmahlsfeiern.

2. Leitung der Abendmahlsfeiern. Die Leitung der Abendmahlsfeier liegt beim Presbyterium der Gemeinde. In der Regel gestaltet der ordinierte Pfarrer/ die ordinierte Pfarrerin den liturgischen Ablauf. An der Austeilung sind Diakone/Diakoninnen und Presbyter/Presbyterinnen/Kirchenälteste beteiligt. Viele reformierte Gemeinden führen nicht nur ihre ehrenamtlichen Presbyter/Presbyterinnen, sondern auch ihre Diakone/Diakoninnen in den Dienst der Gemeinde ein. Sie entsprechen damit der Vorstellung Calvins vom gegliederten Amt in einer „wohlgeordneten Kirche" (église dressée). Zugleich wird ein Gedanke der ursprünglichen calvinischen Abendmahlstradition aufgenommen. Aus dem Mahl heraus wurden im Genf Calvins in der Regel den Kranken und Bedürftigen in den Gemeinden Brot und Wein gebracht. So wurde ein unangemessener Umgang vermieden. Heute wächst allmählich für den geordneten Umgang mit Brot und Wein das Verständnis in den Gemeinden.

3. Die Form der Mahlfeier lässt viele Ordnungen zu. Nach „RL" ist sowohl die „wandelnde Kommunion", bei der die Gemeindemitglieder in Gruppen an den Abendmahlstisch treten, als auch die sog. „Bank-Kommunion", die aus der Züricher Praxis stammt, denkbar. Dabei bleiben die Gemeindeglieder in den Bänken sitzen, empfangen, stehend oder sitzend (früher: knieend), Brot und Wein. Aus der Londoner Flüchtlingsgemeinde stammt die Form, dass die Gemeinde in Gruppen an den Abendmahlstisch tritt und unter Aufnahme des Gemeinschaftscharakters Brot und Wein zu sich nimmt. Am weitesten verbreitet ist die „stehende Kommunion", bei der die Gemeinde einen Halbkreis um den Abendmahlstisch bildet. Die Gemeindeglieder reichen sich Brot und Wein. Gebräuchlich ist auch die wechselnde Feier mit Gemeinschafts- und Einzelkelch, die Verwendung von Traubensaft statt Wein. Auch die Praxis der „intinctio" wird geübt, um den Vollzug der Kommunion in beiderlei Gestalt abzubilden.

IV. Reformierte Liturgie und Herrenmahlformen

(I) In den ostfriesischen und Bentheim/Steinfurter Gegenden ist „Form A 1" gebräuchlich: (1) *Wort zum Abendmahl (Eucharistiegebet)*; (2) *Einsetzungsworte;* (3) *Abendmahlsgebet*; (4) *(Gebet des Herrn)*; (5) *Einladung;* (6) *Austeilung;* (7) *Danksagung;* (8) *Psalm oder Lied.*

(II) In der Lippischen Landeskirche und einigen reformierten Einzelgemeinden ist „Form A 2" eingeführt; unterschiedlich ist lediglich die durch Pietismus und Erweckungsbewegung erneut geprägte artikulierte oder stille Abendmahlsvorbereitung in Sündenbekenntnis und Vergebungszusage vor den Einsetzungsworten: (1) *Wort zum Abendmahl;* (2) *Gebet;* (3) *Besinnung;* (4) *Sündenbekenntnis;* (5) *Verheißung;* (6) *Einsetzungsworte;* (7) *Abendmahlsgebet;* (8) *Gebet des Herrn;* (9) *Einladung und Austeilung;* (10) *Danksagung;* (11) *Psalm, Lied.*

(III) Schweizer Formen wirken auch in Deutschland und den Niederlanden nach. Die evangelische Fassung der Messform bietet „Form B 1": (1) *Vorbereitung;* (2) *Dankopfer mit Kollekte;* (3) *Dankopfergebet (Präfation);* (4) *Lobgebet (großer Lobpreis)*: Geprägter Eingangs- und Schlussteil mit einem kirchenjahresbezogenen Mittelstück, das sich auf Elemente des Heilshandelns Gottes bezieht – wechselnd: (5) *Sanctus;* (6) *Gebet zum Abendmahl (Eucharistiegebet, trinitarische Struktur);* (7) *Einsetzungsworte;* (8) *Gebet des Herrn;* (9) *Friedensgruß;* (10) *Lamm Gottes;* (11) *Einladung;* (12) *Austeilung;* (13) *Dankpsalm, Lied.*

(IV) Unter anderem in den Gemeinden der Union ist „Form B 2" gebräuchlich. Sie unterscheidet sich von B 1 durch weniger starke Ausgestaltung des Präfations- und des Eucharistiegebetsteiles: (1) *Vorbereitung*; (2) *Lobgebet;* (3) *Sanctus;* (4) *Gebet zum Abendmahl;* (5) *Gebet des Herrn;* (6) *Einsetzungsworte;* (7) *Lamm Gottes;* (8) *Einladung;* (9) *Austeilung;* (10) *Danksagung;* (11) *Psalm, Lied.*

Diese vier Gestaltungsformen - nach „RL" gültigen und für den evangelisch-reformierten Raum gebräuchlichen Ordnungen - widerlegen in sonntäglicher Praxis, was nicht nur Bruno Bürki, Fribourg, über die reformiert-liturgische Gestaltungskraft zu verbreiten wusste: dass der „reformierte Predigtgottesdienst ... mit seiner liturgischen Sprödigkeit ... nichts anderes (ist) als die Fortsetzung des mittelalterlichen Pronaus" (Handbuch der Liturgik, 165). Die Behauptung, die „reformierte Abendmahlsliturgie wurzele außerhalb der abendländischen Messe" (ebd), ist zumindest in großen Teilen unzutreffend. Die Praxis zeigt, dass an anderen Orten und zu anderen Zeiten umfangreich und nachhaltig in den allen Kirchen gemeinsamen Traditionsströmen der liturgischen Formen und Gestaltungen - auch von Reformierten - geschöpft wurde.

Es wird sich zeigen, ob der Reimpsalter als umfangreiches Gebetbuch des Gottesvolkes, ob die Öffnung für den israelischen Festkalender und die vom gepredigten Gotteswort herkommende Gottesdienstgestaltung, ob die Anlehnung an Schweizer Traditionen und Formen nicht zu neuen Impulsen für die Abendmahlsfeiern im evangelisch-reformierten Bereich führen werden.

V. Eucharistische Gastfreundschaft

Die Vielfalt der Feierformen und die Aufnahme unterschiedlicher liturgischer Elemente stärken die Gemeinschaft der evangelisch-reformierten Kirchen. Außerdem wird in Ansätzen die Richtung erkennbar, in der eucharistische Gastfreundschaft erlebbar werden kann: in versöhnlicher Anerkennung der liturgischen Verschiedenheiten. Denn Christus selbst lädt alle an seinen Tisch zum Mahl der Gemeinschaft und der Freude, zur Vergebung, zum Dank und zur Hoffnung auf sein Kommen.

Sicherlich sind in allen Kirchen im Blick auf eucharistische Gastfreundschaft komplexe theologische Fragen unbeantwortet. Zudem müssen Gewohnheiten, Traditionen und Frömmigkeitsformen sorgsam gepflegt und geachtet werden. Aber die Frage wird immer drängender, ob Lehrdifferenzen und gewachsene liturgische Unterschiede noch länger dazu führen dürfen, dass sich Kirchen eucharistische Gastfreundschaft verwehren. Evangelisch-reformierte Gemeinden laden alle Christen zum Herrenmahl ein.

Literatur:

Evangelisch-reformierte Kirche u.a. (Hrsg.), *Evangelisches Gesangbuch*, Gütersloh-Bielefeld-Neukirchen-Vluyn 1996 (EG).

KARL BARTH, *Gotteserkenntnis und Gottesdienst nach reformierter Lehre*, Zürich 1938.

PETER BUKOWSKI u.a. (HRSG.), *Reformierte Liturgie*, Wuppertal-Neukirchen 1999.

WILHELM NIESEL, *Das Evangelium und die Kirchen*, Neukirchen 1953.

HANS-CHRISTOPH SCHMIDT-LAUBER u.a.(HRSG.), *Handbuch der Liturgik*, Göttingen 1995.

JOACHIM STAEDTKE, Artikel *Abendmahl III/3*, in TRE 1 (Berlin 1977), S. 106ff.

Das ökumenische Gespräch über Eucharistischen Gastfreundschaft in den Niederlanden

Von Margriet Gosker

1. Mahl des Herrn

Wenn ich den Begriff „Mahl des Herrn" oder „Herrenmahl" anwende, dann verstehe ich darunter dasjenige, was in der römisch-katholischen Kirche „Eucharistie" und in den evangelischen Kirchen „Abendmahl" genannt wird. Unter „Kommunion" verstehe ich den Teil in der Feier des Herrenmahls, in welchem die Gläubigen Brot und Wein als Gemeinschaft mit dem Leib und Blut Christi miteinander teilen. Ich folge hier dem Wortlaut des Dokumentes: *Het kerkelijk gemengd huwelijk en de Maaltijd des Heren. Vervolgverklaring*, Utrecht 2001. Das Dokument ist noch ganz neu; da es sich noch in einer Vorphase befindet, ist es bisher noch nicht veröffentlicht worden.

2. Jesus Christus lädt zur Kommunion ein

Jesus Christus lädt alle, die an ihn glauben, zur Kommunion ein. Weil nicht die Kirche die einladende ist, sondern Jesus Christus selbst, kann keine Kirche darüber entscheiden, wer an der Kommunion teilnehmen darf oder nicht. Es ist eine offene Einladung, die keinen Menschen von vornherein von dem Mahl des Herrn ausschließt. Die gemeinsame Kommunion wäre ein hoffnungsvolles Zeichen, das die Kirchen einander nicht ohne Grund verweigern können. Es ist nicht nur wichtig für die konfessionsverbindenden Ehen, sondern auch für das gemeinsame Zeugnis der Kirchen in der Welt. Kirchen, welche die gemeinsame Feier des Abendmahls verweigern, müssen ganz genau sagen können, warum es unmöglich ist, dass Christen aus verschiedenen Kirchen nicht miteinander das Mahl des Herrn feiern können. Wenn diese Kirchen das nicht eindeutig klar machen können, verlieren sie ihre Glaubwürdigkeit.

3. Taufe als sakramentales Band der Einheit

Wenn wir das Thema der gemeinsamen ökumenischen Eucharistie bzw. Abendmahlsfeier einen Schritt weiter bringen wollen, fangen wir am besten bei der Taufe an. Die Taufe ist als sakramentales Band der Einheit (*Unitatis Redintegratio* 22) das Fundament der wachsenden Gemeinschaft zwischen den Kirchen. Die gegenseitige Anerkennung der Taufe, die es seit den siebziger Jahren sowohl in Deutschland als auch in den Niederlanden gibt, ist nicht nur ein wichtiges pastorales Argument, sondern auch ein gültiges juridisches Argument für die gemeinsame Feier des Abendmahls und der Eucharistie; sie ist ein großer Schritt vorwärts. Für mich ist es unverständlich, dass die gegenseitige Anerkennung der Taufe noch nicht so weitergeführt worden ist, dass wir auch miteinander gemeinsam das Abendmahl bzw. die Eucharistie feiern können.

4. Diskussion des Zusammenhangs von Mahl des Herrn und kirchlichem Amt. Nationale Ebene

Über das Herrenmahl ist auf nationaler Ebene in den Niederlanden intensiv diskutiert worden. Wir haben verschiedene Gesprächsrunden gehabt. Das Ergebnis der ersten Runde war eine gemeinsame Erklärung über Eucharistie und Abendmahl, und das Ergebnis der zweiten Runde war eine gemeinsame Erklärung über das kirchliche Amt in Bezug auf die Feier des Herrenmahls. Beide Dokumente sind im Jahre 1975 publiziert worden (*Archief van de Kerken* 30 [1975] 588-601). Es folgten kritische Reaktionen, vor allem von römisch-katholischer Seite (*Archief van de Kerken* 33 [1978] 1-19 und 340-343). Im Anschluss daran folgte eine neue Kommission einer ganz neuen Methode. Diesmal wählte man einen liturgischen Ansatz. Das Ergebnis war eine gemeinsame Erklärung: Mahl des Herrn und kirchliches Amt (*Een-Twee-Een. Kerkelijke documentatie* 17 [1989], 5-166). Die drei SoW-Kirchen haben seitdem die Ortsgemeinden aufgerufen, die Möglichkeiten der Gastfreundschaft bei der Feier des heiligen Abendmahls weiter auszunützen. Auch die römisch-katholische Bischofskonferenz der Niederlande sprach von einer wachsenden Konvergenz in Bezug auf die Eucharistie und von einem ersten Ansatz von Konvergenz in Bezug auf das Amt (*Oecumenisch Vademecum* 1, 70-76). Dabei sind drei Aspekte der Annäherung genannt worden: die praesentia realis des Herrn, der Aspekt des Opfers in der sakramentalen Gedächtnisfeier, und die Epiklese (Anrufung des Heiligen Geistes), auf welche die Kirchen bei der Ordination Gewicht legen. Die Bischöfe betonen aber auch, dass Konvergenz noch kein Konsens ist; sie sind der Meinung, dass deswegen die gemeinsame Feier der Eucharistie/des Abendmahls noch nicht möglich sei. Man solle aber unbedingt weitere Gespräche führen sowohl über das Mahl des Herrn als auch über das Amt. Meiner Meinung nach hätten die Bischöfe mehr Möglichkeiten zur Verfügung, als sie tatsächlich genützt haben.

5. Diskussion des Zusammenhangs von Mahl des Herrn und kirchlichem Amt. Internationale Ebene

Auf internationaler Ebene gab es viele intensive theologische Diskussionen zwischen der römisch-katholischen Kirche und den reformierten Kirchen. Die Ergebnisse sind in verschiedenen Dokumenten veröffentlicht worden, zum Beispiel: *Die Gegenwart Christi in Kirche und Welt* (1977) und: *Towards a Common Understanding* (1990). Dasselbe gilt auch für die Beziehungen zwischen der römisch-katholischen Kirche und den lutherischen Kirchen: *Das Herrenmahl* (1978), *Das geistliche Amt in der Kirche* (1981) und *Kirche und Rechtfertigung* (1994). Natürlich muss auch das *Lima-Dokument* genannt werden. Die Rezeption des Lima-Dokumentes lässt aber immer noch auf sich warten. Es scheint jetzt sogar so zu sein, als sei der „Kairos" schon verpasst worden. Oder wartet das Lima-Dokument noch, bis die Zeit da ist, in der es endlich aus seinem Ei hervorkommt?

6. Konfessionsverbindende Ehen sind nicht problematisch

Das kirchliche Verbot einer gemeinsamen Feier der Eucharistie/des Abendmahls ist vor allem problematisch für diejenigen, die in einer konfessionsverbindenden Ehe leben. Nicht diese Ehen sind problematisch, sondern das kirchliche Verbot. Die konfessionsverbindenden Ehen sind aber vor allem ein Zeichen der Hoffnung (*Exhortatio Familiaris Consortio* 78) und eine Aufforderung an die Kirchen, neue Schritte zu gehen auf dem Weg zu voller Kirchengemeinschaft. Diese Ehen dürfen auf spezielle Aufmerksamkeit und Sorge von Seiten der Kirchen rechnen (*Ök. Direktorium* 145), weil die noch immer bestehenden kirchlichen Spaltungen ihnen oft besondere Schwierigkeiten machen.

7. Zwischenbilanz

Die römisch-katholische Kirche legt großen Nachdruck auf die Eucharistie als zentrales Element des kirchlichen Lebens. Die römisch-katholischen Gläubigen werden immer das Verlangen haben, die Eucharistie mitfeiern zu können. Den nicht-römisch-katholischen Partnern ist es aber in der Regel nicht erlaubt, während einer römisch-katholischen Eucharistiefeier die Kommunion zu empfangen. Die römisch-katholischen Gläubigen können die Kommunion außer in der eigenen Kirche nur in einer Kirche empfangen, in der die Sakramente nach römisch-katholischem Verständnis deshalb gültig gespendet werden, weil die Vorsteher der Eucharistiefeier gültig geweiht sind (*Ök. Direktorium* 132). Das Dokument *Het kerkelijk huwelijk* (Seite 5) ist der Meinung, dass die Ordination der Pfarrer der niederländischen SoW(=Zusammen auf den Weg)-Kirchen nach römisch-katholischer Ansicht nicht gültig ist. Andere katholische Theologen bestreiten dies. In den vergangenen dreißig Jahren ist ein ernsthaftes Gespräch zwischen den Kirchen geführt worden. Obwohl es schon viele Konvergenzen in ehemals kontroversen Lehrfragen gibt, gibt es dennoch noch keinen vollständigen Konsens, den die römisch-katholische Kirche für eine gemeinsame Abendmahlsfeier fordert. Für evangelische Christen sind unterschiedliche Glaubenseinsichten und Glaubensauffassungen kein großes Hindernis für eine Gastfreundschaft am Tisch des Herrn. Die römisch-katholische Kirche ist aber der Meinung, dass es zu einer gemeinsamen Feier der Eucharistie einer gemeinsamen Glaubensauffassung bedarf, wenigstens in den Punkten, die für sehr wesentlich gehalten werden. Nach römisch-katholischer Auffassung setzt die Einheit am Tisch des Herren auch eine Gemeinschaft in bestimmten Glaubenslehren voraus. Da diese nicht gegeben seien, könne die Eucharistie nicht Ausdruck und Zeichen der Einheit sein; deswegen ist die gemeinsame Feier untersagt (*Unitatis Redintegratio* 8). Als Mittel der Gnade gibt es aber in speziellen Fällen und unter bestimmten Umständen jedoch jetzt schon Möglichkeiten einer solchen, vor allem in Notfällen oder aus Verlangen danach.

8. Ausnahmen sind Anhaltspunkte

Die zuvor genannten bestimmten Ausnahmen besagen für mich im Grunde, dass es keine prinzipiellen definitiven Gegenargumente gegen eine Abendmahlsgemeinschaft mehr gibt, die nicht eine Ausnahmen zuließen. Das ist hoffnungsvoll und ein Anhaltspunkt für weitere Schritte.

9. Corpus Christi

In der Optik der römisch-katholischen Kirche sind Kirche und Eucharistie sehr eng miteinander verbunden. Diese Verbundenheit findet die Kirche in der Bibel (1 Kor. 10, 16-17); Paulus bezieht „Corpus Christi" zunächst auf die Eucharistie und dann auch auf die Kirche. Diese Auffassung ist der Reformation nicht fremd. Das klassische niederländische Abendmahlsformular bringt genau dies zum Ausdruck, dass Teilnahme am heiligen Abendmahl auch die wahrhafte Gemeinschaft der Gläubigen bewirkt. Mit dem Herrenmahl ist das Amt stark verbunden. Nach römisch-katholischer Überzeugung ist es ein unerlässliches Element eucharistischer Symbolik. Auch in den protestantischen Kirchen ist die Sakramentsbefugnis im Prinzip nur denen vorbehalten, die im Pfarramt stehen und gültig ordiniert worden sind.

10. Das Bischofsamt

Die Probleme werden noch viel größer, wenn (nach römisch-katholischer Überzeugung) eine Übereinstimmung in der Lehre der Eucharistie abhängig gemacht wird von einer Übereinstimmung im historischen Bischofsamt. In der evangelischen Tradition ist das Amt des Wortes und des Sakramentes eingebettet in die Verantwortlichkeit des Kirchenrates und der regionalen Synode (Classis). Der Pfarrer oder die Pfarrerin als Diener(in) des Wortes ist die sichtbare Verbindung zwischen Ortsgemeinde und Landeskirche. Die römisch-katholische Kirche versteht sich als Universalkirche. Der Priester arbeitet in der Ortsgemeinde, und er ist es auch, der am Ort gewissermaßen den Bischof vergegenwärtigt. Die Priester sind „sorgsame Mitarbeiter" des Bischofs (*Lumen Gentium* 28). Die Gemeinde am Ort ist durch den Priester mit dem Bischof und mit der Universalkirche verbunden.

11. Eine neue Entwicklung

Nachdem das II. Vatikanum zum Dialog über das Herrenmahl mit den kirchlichen Gemeinschaften des Westens aufgerufen hat, hat das *Ökumenische Direktorium* (1967) bereits konkrete Normen in Bezug auf das Herrenmahl gegeben. Mehrere Bischofskonferenzen haben seither an dieser Thematik weitergearbeitet, und es hat wieder eine Reaktion von Seiten Roms gegeben. 1983 wurde das *Gesetzbuch des kanonischen Rechts für die Lateinische Kirche* promulgiert, und 1990 folgte der *Codex des kanonischen Rechts für die mit Rom unierten Orthodoxen Kirchen*. Dann folgte ein neues *Ökumenisches Direktorium* (1993). Die Publikationen zeigen eine neue Entwicklung, die gegründet ist auf einer wachsenden Einsicht in das, was die Kirchen verbindet und unterscheidet.

12. Ekklesiale Bedeutung

So sind in den letzten Jahren die Gläubigen anderer kirchlicher Gemeinschaften von der römisch-katholischen Kirche immer weniger als individuelle Gläubige angesehen worden, sondern vielmehr als Glieder einer kirchlichen Gemeinschaft, die noch nicht in voller Gemeinschaft mit der römisch-katholischen Kirche steht. Das ist weniger individuell, sondern mehr ekklesiologisch gedacht. Das ist nicht nur neu, sondern auch hoffnungsvoll. So hat man immer mehr die ekklesiale Bedeutung des Feierns betont und die ekklesiale Bedeutung des Empfangens der Sakramente. Ich meine, dass daraus jetzt auch Schlussfolgerungen gezogen werden müssen.

Wenn die Kirchen einander als Kirchen anerkennen, dann können sie auch gegenseitig ihre Ämter anerkennen und miteinander die Eucharistie/das Abendmahl feiern.

Ökumenische Sensibilität im Gottesdienst
Liturgische Vorschläge auf dem Weg zur Eucharistischen Gastfreundschaft

Von Hans-Georg Link

Angesichts der einen, gegenseitig anerkannten Taufe spricht das Ökumenismusdekret des Zweiten Vatikanischen Konzils von „einer gewissen, wenn auch nicht vollkommenen Gemeinschaft"[1] zwischen der katholischen und anderen Kirchen. Evangelische und römisch-katholische Kirche befinden sich demnach nicht mehr im Zustand der Kirchentrennung, aber noch nicht in Kirchengemeinschaft miteinander. Diesem Zwischenzustand entspricht in etwa auch die gottesdienstliche Situation: Gemeinsame Wortgottesdienste sind möglich, Taufen werden gegenseitig anerkannt, aber die volle Abendmahlsgemeinschaft steht bekanntlich noch aus. Diese Lage zwischen beiden Kirchen stellt sich allerdings asymmetrisch dar: Während die evangelischen Kirchen seit 1975[2] ihre Abendmahlsfeiern für getaufte Christen anderer Kirchen geöffnet haben, ist es nicht-katholischen Christen offiziell nur in sehr eng begrenzten Ausnahmefällen gestattet, an der katholischen Kommunion teilzunehmen, und katholischen Christen grundsätzlich nicht erlaubt, in evangelischen Gottesdiensten das Abendmahl zu empfangen. Denn dort wird nach katholischer Lehre das Sakrament nicht „gültig gespendet", weil die Spender nicht „gültig geweiht" sind[3].

Da nicht zu erwarten ist, dass die damit verbundenen theologischen und kirchenrechtlichen Probleme kurzfristig gelöst werden, stellt sich die Frage, was sofort getan werden kann, damit die Kirchen sich auch in dieser dringlichsten ökumenischen Notlage näher kommen können. Denn gerade beim Abendmahl bzw. der Eucharistie sind es oft mehr die praktischen Gestaltungsformen und Verhaltensweisen, die als einladend oder abstoßend erfahren werden: „Da die Kontroversen so stark an der Praxis orientiert waren und sind, ist es gewiss keine unangemessene Erwartung, dass ein Abbau divergierender Praxis gerade im Bereich des (eucharistischen) Gottesdienstes entscheidende Bedeutung für eine Verständigung der Kirchen in ihren Gemeinden haben kann"[4]. So wäre schon viel gewonnen, wenn Gemeindeglieder an den Gottesdiensten der anderen Konfession hin und wieder teilnähmen, um zu gegenseitiger Vertrautheit zu gelangen. Man könnte dann miteinander

---

[1] UR 3 in: K. RAHNER - H. VORGRIMLER, *Kleines Konzilskompendium*, Freiburg 1966, S. 232.

[2] Vgl. die pastoraltheologische Handreichung: Zur Frage einer Teilnahme evangelisch-lutherischer und römisch-katholischer Christen an Eucharistie- bzw. Abendmahlsfeiern der anderen Konfession, Hannover 1975.

[3] Vgl. *Ökumenisches Direktorium* vom 25.03.1993, Z. 129-132, VAS 110, S. 70 f.

[4] *Kirchengemeinschaft in Wort und Sakrament*, Hannover-Paderborn 1984, S. 45.

Erfahrungen austauschen, sich gegenseitig befragen bzw. erklären und auf diese Weise ökumenische Sensibilität füreinander entwickeln. Oft scheitert eine Annäherung in diesen wichtigen Fragen schon an wechselseitigem Desinteresse und mangelnder Kenntnis.

Die Leitfrage, der sich eine ökumenisch-sensible Gemeinde bzw. Kirche in diesem Zusammenhang zu stellen hat, lautet: Was können wir dazu beitragen, dass Angehörige der anderen Kirche in unserer Feier des Abendmahls bzw. der Eucharistie das Mahl Jesu Christi wiedererkennen können? Es geht dabei um einen Prozess des wechselseitigen Wiedererkennens, bei dem nicht das je eigene Selbstverständnis, sondern das Verstehen der Anderen den Ausschlag gibt. In diesem Sinn spricht die katholische „Ermutigung zur Ökumene" davon, dass „noch mancher Schritt zu gehen (ist), bei dem wir uns allerdings gegenseitig mehr zumuten können und müssen als bislang ... Diese Anfragen stellen keine Forderungen dar, sondern sind ökumenisch-konfessionelle Anliegen, die zum einen noch bestehende Grenzen ehrlich artikulieren wollen und zum anderen die offene Bereitschaft zum gegenseitigen Lernen beinhalten."[5] Mit Paulus gesprochen geht es darum, in der Gestaltung der gottesdienstlichen Abendmahls- bzw. Eucharistiefeier „dem Bruder (der Schwester) keinen Anstoß zu geben"[6]. Hier sind nicht in erster Linie akademische Theologen, vielmehr Gemeindepfarrer/innen angefragt, inwieweit und inwiefern sie in der Gestaltung ihrer Abendmahls- und Eucharistiegottesdienste diese ökumenische Sensibilität für die Partnerkirche entwickelt haben.

Im folgenden möchte ich dazu Vorschläge unterbreiten, und zwar zuerst für evangelische und katholische Sakramentsgottesdienste gemeinsam, dann für evangelische Abendmahlsfeiern und schließlich auch für katholische Eucharistiefeiern Sie sind aus langjährigen Erfahrungen als evangelischer Ökumenepfarrer erwachsen, wollen gleichwohl nicht als Forderungen mißverstanden, sondern als Anregungen zur Freisetzung eigener Sensibilität und Kreativität aufgenommen werden.

I. Evangelische und katholische Sakramentsgottesdienste

Meistens wird es schon im ersten oder zweiten Satz der Begrüßung deutlich, ob der/die Begrüßende nur die eigene Gemeinde im Blick hat oder nicht: „Heute feiern wir..."; „an diesem Sonntag denkt die Kirche an ..." In konfessionell gemischten Gebieten wie dem Rheinland oder dem Rhein-Main-Gebiet empfiehlt es sich, von vornherein Angehörige anderer Kirchen im Gottesdienst willkommen zu heißen, z. B. Ehepartner. Um der Zielrichtung des Sakraments der Gemeinschaft entgegenzukommen, sollte möglichst an *jedem* Sakramentsgottesdienst der einen Kirche zumindest *ein* Repräsentant aus Presbyterium bzw. Pfarrgemeinderat der örtlichen Partnergemeinde teil-

---

[5] *Ermutigung zur Ökumene.* Orientierung und Hoffnung auf dem Weg zum ökumenischen Kirchentag 2003 in Berlin, 24.11.2001, Bonn, 8. Auflage, Juni 2002, S. 20 f.
[6] Römer 14,13.

nehmen und ein kurzes Grußwort sprechen oder eine Lesung bzw. eine Fürbitte übernehmen.

Bei Gebeten zeigt eine Bitte um Gemeinschaft aller Christen am Ort, ein Gedenken an andere Kirchen im Hochgebet oder eine Fürbitte für die örtliche Partnergemeinde, ob man deren Anliegen vor Gott mitträgt oder nur ökumenische Lippenbekenntnisse von sich gibt. Als Glaubensbekenntnis bietet sich in Sakramentsgottesdiensten das Ökumenische Bekenntnis von 381 an, das im „Wir"-Stil formuliert ist und als einziges „mit der ganzen Christenheit auf Erden" gesprochen werden kann. Beim Vater Unser bzw. seiner abschließenden Doxologie könnte man daran denken, zur frühchristlichen Gebetshaltung der Oranten mit nach oben geöffneten Händen zurückzukehren und so der gemeinsamen Anbetung Gottes sinnenfälligen Ausdruck zu verleihen.

Im Blick auf die Gestaltung der Austeilung/Kommunion möchte ich die in anglikanischen Gemeinden und in manchen lutherischen Gemeinden Schwedens übliche Praxis empfehlen, Menschen, die nicht kommunizieren (wollen, dürfen, können), einen Altarsegen zu geben. Sie kommen mit nach vorn, geben mit geschlossenen Händen zu erkennen, dass sie nicht kommunizieren und sind doch durch den Segen in spiritueller Kommunion mit den Kommunizierenden verbunden. Schließlich erinnere ich an den alten Brauch, nach der Feier die übrig gebliebenen Mahlgaben zu Menschen zu bringen, die nicht teilnehmen konnten: zu Alten, Kranken, Gefangenen u.a.m. Auf diese Weise wird der Gemeinschaft stiftende Weltbezug des Abendmahls verstärkt.

Entscheidend ist, dass im Gottesdienst sich eine Atmosphäre der Gastfreundschaft ausbreitet, die allen Anwesenden vermittelt, dass sie in Gottes Haus und am Tisch Jesu Christi so oder so willkommen sind.

II. Evangelische Abendmahlsfeiern

Im Blick auf den Prozess des „Wiedererkennens" ist es wichtig, der Abendmahlsliturgie, die oft nur in aphoristischer bzw. rudimentärer Form gehalten wird, besondere Aufmerksamkeit zu schenken. Die Gabenbereitung lässt sich gut mit Segensworten aus der jüdischen Tradition (Israelbezug!), einem Gebet für die Einheit aller Christen und Menschen (z. B. Didache 9,4) und einer ökumenischen Sammlung in der Gemeinde verbinden. Seit den bahnbrechenden Lima-Erklärungen vor 20 Jahren sollte sich auch in evangelischen Abendmahlsfeiern die trinitarische Struktur durchgesetzt haben: Danksagung an den Vater - Vergegenwärtigung des Sohnes - Anrufung des Geistes[7]. In den Dank an den Vater kann man den Dank für das Geschenk der anderen Konfessionen, die Vielfalt der Christen, die ökumenische Bewegung insgesamt, mit einbeziehen. Man merkt es beim Sprechen der Einsetzungsworte, ob jemand der Gegenwart Christi in, mit und unter Brot und Wein vertraut oder nur Worte zitiert zur Erinnerung an damals. Die gesungene Antwort der Gemeinde nach Präfation, Einsetzungsworten und Epiklese ist

---

[7] Vgl. die Eucharistie-Erklärung, in: *Taufe, Eucharistie und Amt*, Frankfurt/Main 1982, S. 19-22.

eine große Bereicherung. In der Akklamation: „Deinen Tod, o Herr, verkünden wir und deine Auferstehung preisen wir, bis du kommst in Herrlichkeit", wird mit der Vergegenwärtigung Christi zugleich der eschatologische Ausblick verbunden. Streng genommen müsste man eine Abendmahlsliturgie ohne Anrufung des Geistes häretisch nennen. Entscheidend ist bei der Herabrufung des Geistes auf Gemeinde und Gaben die Einsicht, dass Gottes Präsenz sich nicht automatisch (ex opere operato) einstellt, sondern seine die Gemeinde verwandelnde Gegenwart erbeten sein will.

Der Friedensgruß ist eine wunderbare Gelegenheit, sich einander zuzuwenden, bevor man gemeinsam vor Gott an den Altar tritt. Die Einladung zur Teilnahme an der Austeilung der Gaben sollte ausdrücklich an alle getauften Anwesenden gerichtet werden, damit sich auch Angehörige anderer Kirchen angesprochen wissen.

Ein erhebliches Problem sehen viele katholische Christen im Umgang mit den Elementen in evangelischen Abendmahlsfeiern. Wenn man sie als Schöpfungsgaben betrachtet, über denen der Segen des dreieinigen Gottes gesprochen und in, mit und unter denen seine „reale, lebendige und handelnde Gegenwart"[8] erfahren worden ist, dann wird man mit ihnen vor, während und nach der Abendmahlsfeier auch entsprechend sorgfältig umgehen. Das hat nicht das Geringste mit Magie zu tun, wohl aber eine Menge mit Schöpfungsglauben, sinnlicher Gotteserfahrung und Achtung vor der Überzeugung anderer. Ökumenische Sensibilität wird gerade hier Verletzungen von Angehörigen anderer Konfessionen zu vermeiden suchen.

Es ist ein Zeichen von Bekenntnistreue und ökumenischer Aufmerksamkeit, dass auch in der evangelischen Kirche nur „ordnungsgemäß Berufene", also Ordinierte, die Abendmahlsfeier leiten, wie es das Augsburger Bekenntnis[9], die grundlegende evangelische Bekenntnisschrift, vorsieht.

Schließlich will auch die Problematik der liturgischen Kleidung bedacht werden. Denn der noch heute übliche schwarze Professorentalar aus längst vergangenen Zeiten vermittelt der Mahlfeier nur wenig evangelische Festfreude. In manchen Kirchen ist es üblich, zur Abendmahlsfeier wenigstens ein weißes Chorgewand über dem Talar anzulegen. Ein Schritt in die richtige Richtung wäre es m. E., zumindest eine Stola in der Farbe der jeweiligen Kirchenjahreszeit zu tragen. Mehr noch vermittelt ein heller Talar, die Albe, die ursprünglich auf das weiße Gewand aller Getauften zurückgeht, etwas von der neu schaffenden Kraft des Evangeliums.

III. Katholische Eucharistiefeiern

Es liegt in der hierarchischen Struktur der römisch-katholischen Kirche begründet, dass den einzelnen Priestern in der Gestaltung der Eucharistiefeiern beileibe nicht so viel Spielraum eingeräumt wird, wie das bei evangelischen Pfarrern/innen der Fall ist. Vorschläge für Änderungen geraten hier

---

[8] Eucharistie-Erklärung von Lima, Z. 13, a.a.O., S. 21.
[9] Vgl. Art. 7 und 14, Göttingen 1980, S. 26 und 30.

sehr viel schneller an ihre Grenzen bzw. auf eine gesamtkirchliche Ebene, um so mehr, wenn sie von einer nicht-katholischen Person vorgebracht werden. Um nicht von vornherein überhört zu werden, bediene ich mich der Frageform.

Ich habe bereits auf die sehr enge Begrenzung der Ausnahmeregelungen für nichtkatholische Christen hingewiesen. Es wird längst auch innerhalb der katholischen Kirche diskutiert, ob diese Regelungen nicht erweitert werden können. Hier ist den nationalen Bischofskonferenzen[10], sogar den Ortsgeistlichen[11] mehr Spielraum zugestanden, als sie gemeinhin bisher in Anspruch genommen haben. Die Frage ist keineswegs neu, ob die Erlaubnis zum Kommunionempfang nicht zumindest auf konfessionsverbindende Paare und Familien ausgeweitet werden kann.

In den eucharistischen Hochgebieten findet sich manche Formulierung, insbesondere im Zusammenhang mit Opfervorstellungen, die nach evangelischem Verständnis ökumenisch nicht akzeptabel ist[12]. Eine Überarbeitung dieser Texte steht m. W. seit den neuen Einsichten des Zweiten Vatikanischen Konzils an. Ich frage an, wann mit solchen Änderungen zu rechnen ist und ob zwischenzeitlich nicht örtliche Revisionen möglich sind[13].

Da es derzeit der römisch-katholischen Seite noch nicht möglich ist, eine Einladung zur Kommunion an alle Getauften auszusprechen, ist es für nichtkatholische Kommunizierende um so wichtiger, grundsätzlich nicht zurückgewiesen zu werden, wenn sie sich dennoch zu einer Teilnahme entschließen. Ich zitiere in diesem Zusammenhang aus dem von Dorothea Sattler und mir verantworteten Schlussbericht der Kommission „Ökumenische Feierformen" für den Ökumenischen Kirchentag in Berlin 2003 vom 14.09.2001: „Eine von den Vorstehern der liturgischen Feiern offen ausgesprochene Einladung aller Getauften zur gemeinsamen Eucharistie- und Abendmahlsfeier ist angesichts der auf theologischer Basis stehenden kirchenrechtlichen Bestimmungen von römisch-katholischer Seite derzeit nicht möglich. Es wäre ökumenisch hilfreich, wenn diese Grenze von nicht-römisch-katholischer Seite respektiert würde. Es ist ein großes Zeichen ökumenischer Sensibilität, nicht auf eine ausdrücklich ausgesprochene Einladung zur Mitfeier der Eucharistie zu warten, sondern der eigenen Gewissensentscheidung zu folgen und dabei die weithin bestehende Praxis in der römisch-katholischen Kirche zu erleben, niemanden zurückzuweisen, der um die eucharistische Communio bittet. Vermieden werden sollte von römisch-katholischer Seite eine ausdrückliche

---

[10] Vgl. *Ökumenisches Direktorium*, Z. 130, a.a.0. S. 70.

[11] Vgl. Brief der Ökumene-Kommission der dt. Bischofskonferenz vom 11.02.1997 an die ACK Nürnberg, in: Zur Frage der eucharistischen Gastfreundschaft bei konfessionsverschiedenen Ehen und Familien. Eine Problemanzeige. Text und Dokumentation, Nürnberg ²1998, 35-39.

[12] Z. B. im ersten und dritten eucharistischen Hochgebet.

[13] Vgl. dazu A. GERHARDS - K. RICHTER, *Das Opfer. Biblischer Anspruch und liturgische Gestalt* (QD 186), Freiburg 2000.

Ausladung anwesender evangelischer Christen mit Hinweis auf die entsprechenden Bestimmungen" (Bericht 4.5).

Einer der Hauptkonfliktpunkte der Reformationszeit, die Kelchkommunion, ist theologisch längst aufgearbeitet. Deshalb stellt sich aus evangelischer Sicht die Frage, warum dann nicht die stiftungsgemäße Feier der Eucharistie mit beiden Elementen die Regelgestalt der katholischen Eucharistiefeier ist. Es ist auch ein Missverhältnis zwischen der ausführlichen und gehaltvollen katholischen Abendmahlsliturgie und der vergleichsweise schlichten Form der Kommunionausteilung für evangelische Teilnehmende nicht zur übersehen. Ob hier nicht die katholische Praxis von der in evangelischen Gottesdiensten vielfach üblichen Gestaltung lernen könnte, sich im Kreis um den Altar zu versammeln, einander nach dem Empfang von Brot und Wein als Zeichen der Verbundenheit die Hände zu reichen, ein Bibelwort zu hören und sich den Frieden Gottes zusprechen zu lassen?

Mehr am Rande möchte ich anmerken, dass evangelische Christen es mit Befremden und Unruhe aufnehmen, wenn katholischerseits neuerdings wieder die Praxis der Tabernakel-Frömmigkeit empfohlen wird. Statt dessen begrüßen sie es außerordentlich, wenn der Zusammenhang vom Teilen des Brotes am Altar und in der Welt, also die Ethik des Teilens, unterstrichen wird, wie es die Lima-Erklärung tut: „Die eucharistische Feier fordert Versöhnung und Gemeinschaft unter all denen, die als Brüder und Schwestern in der einen Familie Gottes betrachtet werden, und sie ist eine ständige Herausforderung bei der Suche nach angemessenen Beziehungen im sozialen, wirtschaftlichen und politischen Leben."[14]

Gerade, wenn der große Durchbruch zur gemeinsamen Abendmahls- bzw. Eucharistiefeier noch auf sich warten lässt, ist es um so wichtiger, die liturgischen Öffnungen vorzunehmen, die den Angehörigen der jeweils anderen Kirchen zu erkennen geben, dass sie im Blick und willkommen sind.

Letztlich kommt es nur darauf an, im Geist des Evangeliums allen am jeweiligen Gottesdienst teilnehmenden Menschen Gottes Zuwendung auf gastfreundliche Weise erfahrbar zu machen. Ökumenische Sensibilität in der Gestaltung der sonntäglichen konfessionellen Gottesdienste heißt daher das Gebot der Stunde für beide Seiten.

---

[14] Eucharistie-Erklärung, Z. 20, a.a.O., S. 24.

Dokumente

Gegenseitige Zulassung zum Herrenmahl

Erarbeitet von der Gemeinsamen römisch-katholischen/evangelisch-lutherischen Kommission (1983)

Inhalt des Dokumentes

Einleitung

1. Die gemeinsame Feier des Herrenmahls ist in besonderem Maße Zeichen und Ausdruck kirchlicher Gemeinschaft. Darum war die Ermöglichung gemeinsamer Teilhabe am Tisch des Herrn jeher eines der Hauptziele ökumenischer Bemühungen.

2. Die bereits erreichten Ergebnisse der Dialoge zwischen Katholiken und Lutheranern im Blick auf das Verständnis der Eucharistie, des ordinierten Amtes und - noch umfassender - der Botschaft des Evangeliums, aus der die Kirche lebt, wie auch die Verbindungen, die sich zwischen unseren Kirchen geknüpft haben im Vollzug ihres gemeinsamen Bemühens um sichtbare Einheit der Kirche Christi, drängen uns, die Frage nach der Möglichkeit eucharistischer Gemeinschaft zu stellen.

3. Katholiken und Lutheraner sind sich bewusst, dass die vorhandenen Übereinstimmungen und Konvergenzen zwischen ihren Kirchen noch nicht hinreichen, jene volle kirchliche Gemeinschaft zu verwirklichen, die allein die volle eucharistische Gemeinschaft zu rechtfertigen vermag. Jedoch kann man die Frage stellen, ob nicht schon von jetzt an oder in naher Zukunft eine gegenseitige Zulassung zum Mahl des Herrn in bestimmten Situationen und unter bestimmten Bedingungen möglich wäre.[1]

4. Katholiken und Lutheraner sind sich auch bewusst, dass eine allgemeine und universalgültige Entscheidung beim gegenwärtigen Stand der Beziehungen zwischen ihren Kirchen noch nicht möglich ist. Es wird Sache der kirch-

---

[1] Eine solche - begrenzte und gelegentliche - Zulassung darf nicht mit einer „gemeinsamen Feier" der Eucharistie oder dem, was man „Interkommunion" nennt, verwechselt werden. Es würde sich vielmehr um eine „eucharistische Gastbereitschaft" handeln, bei der das Herrenmahl jeweils von einer der Kirchen und unter ihrer Verantwortung gefeiert wird, die Glieder der anderen Kirche jedoch ausnahmsweise zugelassen werden könnten.

lichen Autoritäten sein, angesichts der örtlichen Gegebenheiten, unter Berücksichtigung der Lehre ihrer Kirche und in einem Akt geistlicher Unterscheidung und pastoralen Urteils eine Entscheidung zu fällen.

5. Der folgende Text wurde von einem Unterausschuss der Kommission vorbereitet und von der Kommission wiederholt diskutiert. Alle Mitglieder sind sich der wachsenden Übereinstimmungen und Konvergenzen zwischen ihren Kirchen bewusst und empfinden schmerzlich die fehlende eucharistische Gemeinschaft. Es war ihnen jedoch nicht möglich, über Inhalt und Duktus des vorliegenden Textes Übereinstimmung zu erreichen. Deshalb wurde diese Vorlage nicht als Dokument der Kommission verabschiedet. Die Kommission meint jedoch, dass zumindest einzelne im Text enthaltene Argumente und Gesichtspunkte in der weiteren Diskussion um eucharistische Gemeinschaft zwischen Katholiken und Lutheranern hilfreich sein könnten. Sie beschloss darum, das vorliegende Papier dem Generalsekretariat des Lutherischen Weltbundes und dem Sekretariat für die Einheit der Christen zur internen und vertraulichen Information, Auswertung und Benutzung vorzulegen.

I. Gemeinsame Überzeugungen

6. „Die Eucharistie ist zugleich Quelle und Höhepunkt kirchlichen Lebens. Ohne Eucharistiegemeinschaft gibt es keine volle kirchliche Gemeinschaft, ohne kirchliche Gemeinschaft keine wahrhafte eucharistische Gemeinschaft" („Das Herrenmahl", Nr. 26).

Gemeinsam vertreten wir die Unauflösbarkeit des Bandes zwischen Kirche und Eucharistie. Die Zusammengehörigkeit zwischen kirchlicher Gemeinschaft und eucharistischer Gemeinschaft darf nicht aufgelöst werden. An einer bestimmten Eucharistie teilnehmen heißt, an der Gemeinschaft dieser Kirche teilhaben. „Die Teilhabe am selben Brot und am selben Kelch an einem bestimmten Ort bewirkt die Einheit der Kommunizierenden mit dem ganzen Christus, untereinander und mit allen anderen Kommunizierenden, zu allen Zeiten und an allen Orten. Indem sie am selben Brot teilhaben, machen sie ihre Zugehörigkeit zur Kirche in ihrer Katholizität offenbar"[2]. Man kann nicht das eine gegen das andere ausspielen: die Eucharistie als Ausdruck der Einheit der Kirche und die Eucharistie als Quelle und Mittel dieser Einheit.

7. Diese gemeinsamen Überzeugungen haben eine Reihe von Konsequenzen:

a. Wenn man nicht das Band zwischen Kirche und Eucharistie in Frage stellen will, so heißt dies:

- dass man sich davor hüten muss, die Frage der eucharistischen Gastbereitschaft nur unter dem Gesichtspunkt individueller geistlicher Bedürfnisse

---

[2] Gruppe von Dombes: *Auf dem Wege zu ein und demselben eucharistischen Glauben ?*, Nr. 21, abgedruckt in: *Um Amt und Herrenmahl* - Dokumente zum evangelisch/römisch-katholischen Gespräch. Ökumenische Dokumentation Bd. 1, hrg. von G. GASSMANN, M. LIENHARD, H. MEYER und H.-V. HERNTRICH, Frankfurt a. M. 1974, S. 108.

anzugehen und sich damit zu begnügen, eine Kasuistik der „Notfälle" zu entwickeln. Dadurch würde in der Tat die kirchliche Dimension der Eucharistie verdunkelt werden;

- dass man sich davor hüten muss, die Rechtmäßigkeit der Teilnahme an der Eucharistie einer anderen als der eigenen Kirche allein unter dem Gesichtspunkt der „Anerkennung" des der eucharistischen Feier vorstehenden Amtes zu beurteilen. Das hieße, die Wirklichkeit einer Eucharistie und die Gegenwart Christi allein von der Person des Amtsträgers und seinen „Vollmachten" abhängig zu machen.

b. Wenn man daran festhält, dass die Eucharistie Zeichen und Ausdruck bereits bestehender kirchlicher Gemeinschaft ist, und man sich dann fragt, wie es in der heutigen Situation getrennter Kirchen schon jetzt möglich sein könnte, zu einer wahrhaftigen gemeinsamen Teilhabe an der Eucharistie zu gelangen, dann

- muss man sich fragen, welche Einheit im kirchlichen Glauben erfordert ist, damit eucharistische Gemeinschaft möglich wird; welchen Sinn und welche Bedeutung die Taufe für uns besitzt, die ja alle Christen Christus einverleibt; welchen Wert es hat, wenn wir den anderen Kirchen Ekklesialität zusprechen;

- muss man ernst nehmen, dass jede Eucharistie einer Kirche, die andere Christen ausschließt, unbeschadet der Frage nach der Legitimität dieses Ausschlusses, entstellt ist, solange es bei diesem Ausschluss bleibt;

- muss man sich dessen erinnern, dass die Eucharistie das Sakrament einer pilgernden Kirche ist, die in der Spannung lebt zwischen dem, was ihr „schon jetzt" zu feiern wirklich gegeben ist, und dem „Noch nicht" der vollen Wahrheit dessen, was sie feiert.

c. Wenn man einerseits an der Zusammengehörigkeit von eucharistischer Gemeinschaft und Kirchengemeinschaft festhält und die Eucharistie als Zeichen und Ausdruck bestehender kirchlicher Gemeinschaft versteht, und wenn man andererseits der anderen Kirche das Kirche-Sein oder zumindest einen ekklesialen Charakter zuerkennt, aufgrund der vorhandenen geistlichen Elemente und Güter eine zwar begrenzte, aber doch wirkliche Verbundenheit mit ihr voraussetzt und angesichts der wachsenden Übereinstimmung in zentralen Glaubenswahrheiten von einer mehr und mehr sich vertiefenden Gemeinschaft im Glauben, im sakramentalen Leben und in Verständnis und Praxis des kirchlichen Amtes überzeugt ist, dann

- muss man sich fragen, ob ein völliges Ausschließen wechselseitiger eucharistischer Gemeinschaft noch gerechtfertigt sein kann, oder ob nicht die Möglichkeit einer sukzessiven Verwirklichung eucharistischer Gemeinschaft, die der wachsenden kirchlichen Gemeinschaft korrespondiert, grundsätzlich in Erwägung zu ziehen ist;

- muss man prüfen, unter welchen Voraussetzungen, in welchen Situationen und in welchen Formen eine solche sukzessive Verwirklichung eucharistischer Gemeinschaft angemessen und verantwortbar sein kann.

II. Katholische Überlegungen

8. Im Ökumenismusdekret des Vatikanum II heißt es: „Man darf ... die Gemeinschaft beim Gottesdienst (communicatio in sacris) nicht als ein allgemein und ohne Unterscheidung gültiges Mittel zur Wiederherstellung der Einheit der Christen ansehen." Und es wird hinzugefügt: „Hier sind hauptsächlich zwei Prinzipien maßgebend: die Bezeugung der Einheit der Kirche und die Teilnahme an den Mitteln der Gnade" (Nr. 8).

9. Bei der Durchführung dieser Prinzipien sehen das Ökumenismusdekret sowie die Dokumente des Einheitssekretariats, die es interpretieren[3], vor, dass die Christen der reformatorischen Kirchen bzw. der von der katholischen Kirche getrennten Kirchen des Westens, ausnahmsweise zum Empfang der Kommunion in der katholischen Kirche zugelassen werden können, dass aber umgekehrt es für Katholiken nicht gestattet ist, bei einer Eucharistiefeier innerhalb einer solchen Kirche zu kommunizieren.

10. Diese Einstellung der katholischen Kirche darf nicht auf ihre bloß „disziplinären" Aspekte verengt werden. Man muss sie im Lichte der theologischen Implikationen verstehen, die jede Eucharistiefeier in sich birgt; denn in der Tat geht es bei der Eucharistiefeier zugleich um eine Reihe zentraler Glaubensfragen: nicht nur um den Sinn der Eucharistie selbst, sondern auch um die Ordination, die befähigt, der Eucharistiefeier vorzustehen, und - noch umfassender - um das Band zwischen Eucharistie und Kirche.

11. Ohne die Tatsache und Bedeutung dieser theologischen Implikationen wieder in Frage stellen zu wollen, fragen wir uns heute doch, ob es - angesichts der ökumenischen Fortschritte, wie sie sich besonders in den Ergebnissen unserer Gespräche über Evangelium und Kirche, über das Herrenmahl und über das Amt widerspiegeln - nicht möglich wäre, die Zulassung von Christen aus den lutherischen Kirchen zu unserer Eucharistie zu erweitern, und ob es für einen Katholiken theologisch nicht legitim sein könnte, die ihm angebotene Möglichkeit zu ergreifen und an einem Abendmahl teilzunehmen, das in diesen Kirchen gefeiert wird.

A. Zulassung eines Gliedes einer lutherischen Kirche zu einer römisch-katholischen Eucharistiefeier

12. Die Texte des Einheitssekretariats, besonders die „Instruktion" von 1972, sehen „Fälle dringender Notwendigkeit" vor und fügen hinzu, dass es sich um Christen handelt, die „ein ernsthaftes geistliches Bedürfnis nach der Speise der Eucharistie empfinden, sich aber für längere Zeit nicht an einen Diener ihrer eigenen Gemeinschaft wenden können" (Instruktion, 5 und 4b).

---

[3] *Ökumenisches Direktorium*, 1. Teil (AAS 59/1967, 574-592). *Erklärung des Sekretariats für die Einheit der Christen vom 1. Januar 1970 über die Stellung der katholischen Kirche zur Interkommunion* (AAS 62/1970, 184-188). *Instruktion für besondere Fälle einer Zulassung anderer Christen zur eucharistischen Kommunion in der katholischen Kirche* (AAS 64/1972, 518-525). *Fälle einer Zulassung anderer Christen zur eucharistischen Kommunion in der katholischen Kirche* (AAS 65/1973, 616-619).

Die „Notsituationen", die diese Texte beschreiben, sind wirkliche Notsituationen, und man könnte zweifellos zu den ausdrücklich vorgesehenen Fällen noch andere Fälle hinzufügen. Darf man aber die Frage eucharistischer Gastbereitschaft nur unter dem Gesichtspunkt der „Notsituation" sehen? Ist dieser Ansatzpunkt nicht zu sehr auf den Einzelnen bezogen, und führt er gerade deshalb nicht in die Gefahr, das Band zwischen eucharistischer Gemeinschaft und kirchlicher Gemeinschaft zu verdunkeln, dem die katholische Kirche ebenso wie die orthodoxe Kirche eine erstrangige Bedeutung beimessen?

13. Die „Instruktion" von 1972 unterstreicht dies: Was auch immer an pastoralen Initiativen ergriffen werden kann, das Band zwischen Kirche und Eucharistie darf nicht zerrissen oder verdunkelt werden: „Als geistliche Speise, welche die Wirkung hat, den Christen aufs engste mit Christus Jesus zu verbinden, ist die Eucharistie keineswegs das Mittel, ausschließlich individuelle Strebungen zu befriedigen, mögen diese auch noch so erhaben sein." Deshalb gilt: „Das geistliche Bedürfnis nach der Eucharistie zielt also nicht nur auf das persönliche Wachstum, sondern zugleich und untrennbar auf unser tieferes Hineingenommensein in die Kirche Christi" (Instruktion, 3b und 3c).

14. Die eucharistische Gastbereitschaft kann nicht undifferenziert allen Gliedern der lutherischen Kirchen angeboten werden. Das wäre im Augenblick weder theologisch legitim noch pastoral hilfreich. Sie wird notwendigerweise begrenzt sein auf einige bestimmte Situationen und Voraussetzungen. Wir halten es jedoch für wünschenswert, dass die zuständigen Autoritäten (Bischöfe) die Bitten, die man ihnen unterbreitet, weniger restriktiv beantworten und dass sie sie in ihrer pastoralen Urteilsfindung nicht nur unter dem Aspekt individueller „Notsituationen" betrachten, sondern darin auch den Ausdruck des tiefen Wunsches der Christen sehen, durch dieses Sakrament der Einheit des Leibes Christi, das die Eucharistie ja ist, die Gemeinschaft im Glauben mit ihren katholischen Brüdern zu bezeugen und zu stärken.

15. Die Bedingungen, unter denen jene Christen zugelassen werden könnten, müssten also vor allem sicherstellen wollen, dass diese Akte eucharistischer Gastbereitschaft sich in der Wahrheit vollziehen, das heißt besonders,

- dass jene Christen, indem sie - insbesondere was die Eucharistie betrifft - den wesentlichen Inhalt des Glaubens der sie aufnehmenden katholischen Gemeinschaft teilen und die Amtsträger dieser Gemeinschaft als wahre Diener des Evangeliums anerkennen, in der Lage sind, das Verständnis, das die feiernde Gemeinde von der Eucharistie hat, für sich nachzuvollziehen[4];

- dass jene Christen wirkliche Verbindung zum Leben der katholischen Kirche haben (z.B. durch ihren katholischen Ehegatten oder ihre katholischen

---

[4] Dabei sollte bedacht werden, dass man von jenen Christen nicht mehr verlangen kann als von einem Katholiken. Ein Text wie *Das Herrenmahl*, insbesondere Teil I („Gemeinsames Zeugnis"), Nr. 6 - 45, kann dazu helfen, die notwendige Übereinstimmung im Glauben zu verifizieren.

Kinder oder dadurch, dass sie in ökumenischen Gruppen zusammen mit Katholiken gemeinsam beten, nachdenken und sich engagieren), dass sie das Verlangen empfinden, in der Eucharistie eine christliche Einheit zum Ausdruck zu bringen, die schon real gelebt wird, und dass es sich um Situationen oder Umstände handelt, die in besonderem Maße bedeutungsvoll und geeignet sind, die Einheit in Christus auszudrücken (Taufe, erste Kommunion, Ehe, Ordination, Feste usw.).

16. Wenn diese Bedingungen erfüllt sind, ist der Bezug zwischen der gemeinsamen Teilhabe an Brot und Wein und der Teilhabe am selben Glauben, zwischen eucharistischer Gemeinschaft und kirchlicher Gemeinschaft gewährleistet und der Gefahr begegnet, in der Eucharistie nur das „Mittel" zu sehen, „ausschließlich individuelle Strebungen zu befriedigen, mögen diese auch noch so erhaben sein".

B. Wechselseitige eucharistische Gastbereitschaft?

17. Wenn lutherische Christen zum katholischen Abendmahl zugelassen werden können, stellt sich notwendigerweise die Frage der Wechselseitigkeit. Fehlt diese Wechselseitigkeit, so wird das unausweichlich zu Spannungen führen. Besonders im Falle konfessionsverschiedener Familien könnte dadurch deren geistliches Gleichgewicht gefährdet werden. Ganz allgemein fragen sich viele Christen, warum ihre Gemeinschaft im Glauben nur dann in der gemeinsamen Teilhabe am Abendmahl zum Ausdruck kommen kann, wenn das Herrenmahl in einer katholischen Gemeinschaft, aber nicht, wenn es in einer lutherischen Gemeinschaft gefeiert wird. Mehr noch: Wenn die eucharistische Gastbereitschaft nicht wechselseitig ist, so führt das die Christen, die ihrer Ursprungskirche eingegliedert bleiben, dazu, Eucharistie und Kirche zu trennen. Sie werden also paradoxerweise dahingebracht, in praxi eine Ekklesiologie zu leben, die von der katholischen Ekklesiologie abweicht.

18. Bislang ist es einem Katholiken nicht gestattet, auf eine ihm von lutherischer Seite angebotene eucharistische Gastbereitschaft einzugehen, einerseits weil auch die reformatorischen Kirchen „wegen des ‚defectus' des Weihesakraments die ursprüngliche und vollständige Wirklichkeit des eucharistischen Mysteriums nicht bewahrt haben" (UR 22; vgl. „Das geistliche Amt in der Kirche", Nr. 75 und 76), andererseits und ganz allgemein, weil die Glaubensgemeinschaft zwischen der katholischen Kirche und jenen Kirchen nicht ausreicht, um einen Katholiken in Wahrheit an der dort gefeierten Eucharistie teilhaben zu lassen.

19. Die Fortschritte des katholisch/lutherischen Dialogs und die Verbundenheit, die zwischen unseren Kirchen und ihren Gliedern entstanden ist, lassen uns jedoch die Frage stellen, ob ein Katholik in bestimmten Situationen nicht doch an einem in einer lutherischen Gemeinschaft gefeierten Herrenmahl teilnehmen kann und ob die ihm angebotene und von ihm angenommene eucharistische Gastbereitschaft nicht doch theologisch legitim sein könnte, wenn eine gewisse Anzahl von Bedingungen erfüllt ist.

20. Die Antwort auf die gestellte Frage ist nicht leicht, besonders wenn man sie nicht, wie es allzu oft geschieht, nur unter dem Gesichtspunkt der Realpräsenz, die ihrerseits wiederum einzig unter dem Aspekt der „Gültigkeit" der Ordination des der Eucharistiefeier vorstehenden Amtsträgers erscheint, sieht, und wenn man die Eucharistie als das Sakrament versteht, das am vollständigsten und ausdrücklichsten den Glauben der feiernden Gemeinde bezeugt. Führt eine solche umfassende Sicht der Eucharistie als Sakrament der Einheit der Kirche nicht zu dem Schluss, dass für einen Katholiken die Teilnahme am Herrenmahl in einer anderen kirchlichen Gemeinschaft als seiner eigenen völlig unmöglich ist? Führt sie nicht dazu, die Möglichkeit der Teilhabe an derselben eucharistischen Gabe ganz und gar von der Verwirklichung der vollen kirchlichen Gemeinschaft abhängig zu machen? Oder könnte eine solche Sicht nicht auch den Weg öffnen für Überlegungen, die es gestatten, die *Legitimität* einer Wechselseitigkeit zu erkennen?

21. Die damit gestellte Grundfrage ist, wieweit man die „Ekklesialität" der reformatorischen, insbesondere der lutherischen Kirchen anerkennen kann: In welchem Maße ist es möglich, diese kirchlichen Gemeinschaften als Verwirklichungen der einen Kirche Christi an einem bestimmten Ort anzuerkennen, so dass es von daher auch möglich ist, die Echtheit der in ihnen ausgeübten Ämter und der in ihnen vollzogenen Sakramente anzuerkennen?

22. Diejenigen Katholiken, die meinen, die eucharistische Gastbereitschaft annehmen zu können, wie auch die verantwortlichen Autoritäten (Bischöfe) werden sich also angesichts der jeweiligen lutherischen Kirche fragen müssen, in welcher Gemeinschaft ihre eigene Kirche (der sie als Glieder angehören oder für die sie verantwortlich sind) mit dieser Kirche steht, und ob diese Gemeinschaft hinreicht für eine sinnvolle gemeinsame Teilhabe am Mahl des Herrn. Genauer noch: Man wird sich fragen müssen,

- ob es, unter Berücksichtigung der legitimen Verschiedenheiten hinsichtlich der „Formen des geistlichen Lebens und der äußeren Lebensgestaltung, ... der liturgischen Riten sowie der theologischen Ausarbeitung der Offenbarungswahrheit" (UR 4), zwischen diesen Kirchen eine ausreichende Gemeinschaft im selben, von den Aposteln überlieferten Glauben gibt[5];

- ob es möglich ist anzuerkennen, dass in dieser Kirche die konstitutiven Elemente kirchlicher Struktur vorhanden sind, insbesondere ein Amt, das eingesetzt ist zur Verkündigung des Wortes und Verwaltung der Sakramente und zur Wahrung und Bestätigung der Treue der Gemeinden im apostolischen Glauben und in ihrer Einheit;

---

[5] Man wird sich dabei daran erinnern, „dass es nach katholischer Lehre eine Rangordnung oder ,Hierarchie' der Wahrheiten gibt, je nach der verschiedenen Art ihres Zusammenhanges mit dem Fundament des christlichen Glaubens" UR 11; im übrigen wird man zur Kenntnis nehmen, dass die „communicatio in sacris" mit den Ostkirchen nicht davon abhängig ist, dass diese die Lehrentscheidungen des zweiten Jahrtausends annehmen, und dass sogar hinsichtlich der christologischen Lehrentscheidungen kein Unterschied gemacht wird zwischen chalcedonensischen und „nicht-chalcedonensischen" Kirchen.

- ob es möglich ist anzuerkennen, dass in dem dort gefeierten Herrenmahl die von uns als wesentlich angesehenen Elemente und damit die Voraussetzungen für die Wahrheit des Herrenmahls gegeben sind (vgl. „Das Herrenmahl", Nr. 74-76).

23. Wir glauben, dass die eine Kirche Christi „unverlierbar in der katholischen Kirche besteht" (UR 4) und dass die eigentliche Wirklichkeit des eucharistischen Mysteriums uns dort in ihrer Fülle gegeben ist; wir meinen auch, dass es in den reformatorischen Kirchen im Blick auf die sakramentale Ordnung, wodurch sich die Kirche in ihrer Sichtbarkeit aufbaut, Mängel gibt, und dass die dort gefeierte Eucharistie nicht alle Dimensionen des eucharistischen Mysteriums ungeschmälert verwirklicht. Dennoch bleibt bestehen, dass, wenn wir in diesen Kirchen das Wesentliche des christlichen Glaubens sowie die konstitutiven Elemente der Kirche als vorhanden anerkennen können, wir auch anerkennen müssen,

- dass es ein und derselbe Leib Christi ist, der sich dort auferbaut, und von dem wir glauben, er „bestehe" in der katholischen Kirche;
- dass in den dort gefeierten Eucharistien sich wirklich ein und derselbe Herr vergegenwärtigt, um sich den Seinen als Speise zu geben zur Auferbauung seines Leibes.

24. Es erscheint uns deshalb nicht als undenkbar, dass bei bestimmten und bedeutungsvollen Gelegenheiten und in Ausnahmefällen ein Katholik am Herrenmahl einer lutherischen Gemeinschaft teilnehmen kann. Gewiss, ein solcher Katholik muss sich der bleibenden Unterschiede bewusst sein, die eine volle Gemeinschaft zwischen den Kirchen verhindern; er darf auch nichts von seinem Glauben verleugnen und seine Zugehörigkeit zu seiner eigenen Kirche nicht in Frage stellen; auch sollte er nicht an dieser Eucharistie teilnehmen in dem Gedanken, dass alle Kirchen und alle Eucharistien gleich seien. Dennoch könnte eine solche Teilnahme von den anderen Gliedern seiner Kirche und von seinen Autoritäten (Bischöfen) als legitim anerkannt werden, sofern die „Ekklesialität" der jeweiligen lutherischen Kirche anerkannt werden kann, und sofern der betreffende Christ wirklich durch das Band gemeinsamen Glaubens mit den Gliedern der ihn aufnehmenden Kirche verbunden ist, er in demjenigen, der der Eucharistie vorsteht, einen rechtmässig eingesetzten Amtsträger der Gemeinschaft anerkennen und wirklich das Verständnis nachvollziehen kann, das jene Gemeinschaft von dem Herrenmahl hat, das sie versammelt. Unter diesen Voraussetzungen würde die Annahme eucharistischer Gastbereitschaft durch einen Katholiken das Band zwischen Kirche und Eucharistie nicht in Frage stellen. Er würde in der Tat wissen, dass diese Eucharistie, die er mit den lutherischen Brüdern feiert, ihm auf geheimnisvolle, aber reale Weise Anteil gibt an dem einen Paschamysterium und dass es wirklich der eine Leib Christi ist, der sich durch dieses Sakrament auferbaut.

III. Lutherische Überlegungen

25. Die lutherischen Kirchen gehen - gemeinsam mit der römisch-katholischen Kirche - davon aus,

- dass Gemeinschaft am Tisch des Herrn und kirchliche Gemeinschaft nicht voneinander getrennt werden können (vgl. oben Nr. 6);

- dass beim gegenwärtigen Stand der Annäherung und Verständigung zwischen ihnen und der römisch-katholischen Kirche eine undifferenzierte und generelle Eröffnung voller eucharistischer Gemeinschaft noch nicht gerechtfertigt oder angezeigt erscheint, sondern eine Verwirklichung eucharistischer Gemeinschaft jeweils von den Situationen abhängt, in denen unsere Kirchen in den verschiedenen Teilen der Welt miteinander leben, und auch dort, wo diese Situation günstig ist, vorerst noch auf bestimmte Gelegenheiten und Voraussetzungen begrenzt werden sollte (vgl. oben Nr. 3 und 14);

- dass die Feier des Herrenmahls auf keinen Fall Anlass sei darf, sich über die noch bestehenden Unterschiede in Lehre, Ordnung und Frömmigkeit hinwegzusetzen.

26. Freilich meinen die lutherischen Kirchen im allgemeinen, die Frage nach den Möglichkeiten einer gelegentlichen wechselseitigen eucharistischen Gastbereitschaft weniger zurückhaltend beantworten zu können, als die römisch-katholische Kirche dies bislang getan hat[6].

27. Aufgrund der Tatsache,

- dass man lutherischerseits nicht bestreitet, dass Jesus Christus auch im Gottesdienst der römisch-katholischen Kirche gegenwärtig ist, wie wir es vom eigenen Gottesdienst glauben, wenn in der Eucharistiefeier Brot und Wein mit den Stiftungsworten Christi gesegnet und so bei der Kommunion durch die Gabe von Leib und Blut Christi in seinem Namen und auf seinen Befehl die „Vergebung der Sünden, Leben und Seligkeit" den glaubenden Sündern zugeeignet werden[7];

---

[6] Fälle einer von lutherischen Kirchen offiziell ermöglichten oder befürworteten gelegentlichen und wechselseitigen eucharistischen Gastbereitschaft sind z.b. die *Empfehlungen des Oberkonsistoriums der Kirche Augsburgischer Konfession im Elsass und in Lothringen im Blick auf die eucharistische Gastbereitschaft* (Dezember 1973, abgedruckt u.a. in: Lutherische Rundschau 1975, Heft 1/2, S. 142-144) und die von der Generalsynode der Vereinigten Evangelisch-Lutherischen Kirche Deutschlands (VELKD) entgegengenommene und den Gliedkirchen empfohlene *Pastoral-theologische Handreichung zur Frage einer Teilnahme evangelisch-lutherischer und römisch-katholischer Christen an Eucharistie- bzw. Abendmahlsfeiern der anderen Konfession* (Oktober 1975). Vgl. auch die *Stellungnahme des Strassburger Instituts zur lutherisch-katholischen Abendmahlsgemeinschaft* (April 1973), abgedruckt u.a. in: *Um Amt und Herrenmahl – Dokumente zum evangelisch/römischen-katholischen Gespräch.* Ökumenische Dokumentation Bd. 1, hrg. von G. GASSMANN, M. LIENHARD, H. MEYER und H.-V. HERRNTRICH, Frankfurt a. M. 1974, S. 129-145.

[7] Vgl. die *Pastoral-theologische Handreichung* der VELKD, S. 7.

- dass man lutherischerseits das Vorhandensein des kirchlichen Amtes in der römisch-katholischen Kirche nicht leugnet[8];

- dass der theologische Dialog zwischen unseren Kirchen grundlegende Gemeinsamkeiten im Verständnis des Evangeliums feststellen konnte[9], die sich vor allem in einem weitgehenden Konsens im Verständnis sowohl des Herrenmahls (vgl. „Das Herrenmahl") als auch des kirchlichen Amtes (vgl. „Das geistliche Amt in der Kirche") bestätigt und konkretisiert haben,

meinen die Lutheraner sagen zu können, „dass schon jetzt ... gelegentliche gemeinsame eucharistische Feiern befürwortet werden können"[10].

28. Wenn deshalb lutherische Christen „in besonderen Fällen bei einer Eucharistiefeier in einer Gemeinde der römisch-katholischen Kirche kommunizieren wollen, so können sie darauf vertrauen, dass der gekreuzigte und auferstandene Jesus Christus sich ihnen kraft der Zusage seiner Worte bei der Einsetzung des Abendmahls leibhaftig schenkt"[11]. Die lutherischen Kirchen sollten ihren Gliedern, die in solchem Glauben zum Tisch des Herrn gehen, eine in besonderen Fällen geschehende Teilnahme an der römisch-katholischen Eucharistiefeier nicht verwehren oder davon abraten.

29. Wenn auf der anderen Seite in besonderen Fällen Glieder der römisch-katholischen Kirche im Vertrauen auf die Einladung Jesu Christi am Abendmahl in einem lutherischen Gottesdienst teilnehmen wollen, so steht es den lutherischen Kirchen nicht zu, sie allein deswegen daran zu hindern, weil sie Glieder er römisch-katholischen Kirche sind. Die lutherischen Kirchen erwarten jedoch von allen, die zum Tisch des Herrn treten, dass sie das Abendmahl im lutherischen Gottesdienst als stiftungsgemäß anerkennen.

30. Als Bedingungen für die rechte Praxis einer solchen eucharistischen Gastbereitschaft sollten gelten,

- dass eucharistische Gastbereitschaft nur dort geübt wird, wo zwischen der einladenden Gemeinde und dem Gast lebendige Beziehungen bestehen[12];

- dass die eucharistische Feier in der betreffenden Kirche so verstanden und vollzogen wird, dass diejenigen, die gastweise daran teilnehmen, dieses Verständnis für sich nachvollziehen und in der Feier die Feier des Mahles, das der Herr eingesetzt hat, persönlich erkennen können[13];

---

[8] Vgl. *Das Evangelium und die Kirche*, Nr. 64; *Das geistliche Amt in der Kirche*, Nr. 79.

[9] Vgl. *Das Evangelium und die Kirche*, Nr. 14-34; 64 und 73; *Alle unter einem Christus*, Nr. 13-17.

[10] *Das Evangelium und die Kirche*, Nr. 64. Vgl. Nr. 72 und 73.

[11] *Pastoral-theologische Handreichung* der VELKD, S. 7

[12] Vgl. die *Empfehlungen des Oberkonsistoriums der Kirche Augsburgischer Konfession im Elsass*, S. 144; vgl. auch oben Nr. 15.

[13] Vgl. die *Empfehlungen des Oberkonsistoriums der Kirche Augsburgischer Konfession im Elsass*, S. 143 und 144; vgl. auch oben Nr. 15 und 24. Für einen lutherischen Christen würde das heißen, dass ihm eine volle innerliche Beteiligung wohl nur bei einer solchen römisch-katholischen Eucharistiefeier möglich ist, in der die erreichte ökumenische Verständigung hinsichtlich Auffassung und Praxis des Herrenmahls erkennbar ist (vgl die *Stellungnahme des Straßburger Instituts*, S. 143f.).

- dass durch die Teilnahme an der eucharistischen Feier der anderen Kirche die Bindung an seine eigene Kirche nicht geschwächt oder in Frage gestellt wird[14];
- dass angesichts der noch bestehenden Unterschiede in Lehre und Ordnung unserer Kirchen der Ausnahmecharakter solcher Akte eucharistischer Gastbereitschaft nicht verwischt wird.

---

[14] Vgl. die *Empfehlungen des Oberkonsistoriums der Kirche Augsburgischer Konfession im Elsass*, S. 143; vgl. auch oben Nr. 24.

Konfessionsverschiedene Ehen und Familien: Ein Hinweis

Der Sekretär des Päpstlichen Rates zur Förderung der Einheit der Christen, Bischof Marc Ouellet, Rom, hat am 4. August 2001 in einer eindrucksvollen Rede vor dem „Internationalen Kongress konfessionsverschiedener Ehen und Familien" in Edmonton/Kanada deren theologische und ökumenische Bedeutung gewürdigt. Darin unterstreicht er insbesondere ihre ekklesiologische Funktion als Hauskirche und ihre ökumenische Bedeutsamkeit auf dem Weg zur Wiederherstellung der Gemeinschaft der christlichen Kirchen. Bemerkenswert ist, dass Bischof Ouellet die Möglichkeiten von Gottesdienstgemeinschaft konfessionsverschiedener Ehen und Familien seitens der römisch-katholischen Kirche für größer hält, als sie gemeinhin angenommen werden.

Der Text von Bischof Ouellet ist unter dem Titel „Living the Path to Christian Unity. The Potential of Mixed Marriage Families for Promoting Christian Unity (2001)" im Internet unter der Adresse http://www.aifw.org/confer/caif/ouellet-e.htm veröffentlicht. Leider ist es den Herausgebern nicht gelungen, eine Abdruckgenehmigung dieses Textes zu erhalten.

Mahl des Herrn
Eucharistische Gastfreundschaft, Abendmahlsverständnis, Abendmahlsgemeinschaft
Erwägungen und Anregungen des Kölner Ökumenischen Studienkreises

Im Winterhalbjahr 2000/2001 befasste sich der Kölner Ökumenische Studienkreis mit wichtigen Aspekten der Thematik Abendmahl, Eucharistie, Mahl des Herrn, Christusgemeinschaft, Eucharistische Gastfreundschaft, Abendmahlsgemeinschaft, Kirchengemeinschaft. Dabei wurden biblische Grundlagen, altkirchliche Perspektiven, mittelalterliche Entwicklungen, Lehrkontroversen der Reformationszeit, gegenwärtige ökumenische Lehrkonsense, kirchenamtliche Vereinbarungen zwischen verschiedenen Kirchen zur Sprache gebracht und Abendmahlsliturgien verschiedener kirchlicher Traditionen sowie Abendmahlslieder aus dem Evangelischen Gesangbuch und dem römisch-katholischen Gotteslob auf das in ihnen sich spiegelnde Abendmahlsverständnis untersucht. Ausdrücklich wurde der gesellschaftspolitischen Relevanz des Gottesdienstes und kirchlicher Gottesdienstgemeinschaft nachgegangen, einer Thematik, die in aller Regel bei der Bearbeitung von Abendmahl und Abendmahlsgemeinschaft übergangen und zum Schaden christlicher Verkündigung nicht behandelt wird.

In dieser Zusammenfassung können nur wichtige Aspekte hervorgehoben, nicht jedoch die unverzichtbaren inhaltlichen Details dargelegt werden. Zur *Terminologie* ist anzumerken, dass sowohl „Mahl des Herrn" wie „Abendmahl" und „Eucharistie" und deren jeweilige Verbindung mit dem Begriff „Gemeinschaft" (communio, koinonia) adäquate und sachgerechte Bezeichnungen für den christlichen Gottesdienst und für sein Verständnis sind, nicht jedoch die Begriffe „Messe" und „Messopfer"; sie sind theologisch irreführend; sie werden auch durch die Hinzufügung des Adjektivs „heilig" nicht aussagekräftiger und sollten deshalb im heutigen christlichen Sprachgebrauch nicht mehr verwendet werden.

Zur biblischen Grundlage

Jede Theologie und jede Praxis der Mahlfeier des Herrn muss die biblische Grundlage in 1 Kor 10,15-17 und 1 Kor 11, 23-29 spiegeln und ihr standhalten können. Das bedeutet im einzelnen, dass die *Gemeinschaft mit Christus* die Kirchengemeinschaft begründet und aus sich heraus entlässt, und nicht umgekehrt. Das bedeutet ferner, dass der christliche Gottesdienst als ganzer und als solcher Verkündigung, Predigt ist. Und es bedeutet schließlich, dass nicht die Gemeinde über Gesinnung und Moral der/des Einzelnen als Zulassungsvoraussetzung zur Teilnahme am Abendmahl zu entscheiden hat, sondern der/die Einzelne selbst. Nicht minder wichtig für das rechte Verständnis der Feier des Mahls des Herrn ist ihre *jüdische Grundlage* in der Pessachfeier als Erinnerung an die Befreiung und Errettung aus der

Sklaverei Ägyptens; konstitutiv für das Verständnis des Abendmahls bzw. der Eucharistie ist ebenso die Mahlgemeinschaft Jesu mit Zöllnern und Sündern. — Für die in der Teilhabe an Brot und Kelch gewährte Gemeinschaft mit Jesus Christus selbst und für die in ihr grundgelegte Kirche als Leib Christi gilt folgendes (1 Kor 12, 27-30): „Ihr aber seid der Leib Christi und jeder von euch ein Glied. Und Gott hat in der Gemeinde eingesetzt erstens Apostel, zweitens Propheten, drittens Lehrer, dann Wundertäter, dann Gaben, gesund zu machen, zu helfen, zu leiten und mancherlei Zungenrede. Sind alle Apostel? Sind alle Propheten? Sind alle Lehrer? Sind alle Wundertäter? Haben alle die Gabe, gesund zu machen? Reden alle in Zungen? Können alle auslegen?" Von dieser hier grundgelegten biblischen Perspektive aus ist die sogenannte *Amtsfrage* zu diskutieren, die, wenn sie nicht diesen paulinischen Standard spiegelt und ihm standzuhalten vermag, in einer seriösen theologischen und ökumenischen Debatte nichts mehr zu suchen hat; sie hat dann nämlich kein theologisches Gewicht mehr, sondern ist nur noch von kirchenpolitischem Interesse.

Zu kirchengeschichtlichen Entwicklungen

Die kirchengeschichtlichen Entwicklungen, Veränderungen, Verschiebungen, Umdeutungen etc. hatten und haben teilweise ein dramatisches Ausmaß angenommen. Für die Gemeinschaft der Kirchen galten in der *Alten Kirche* folgende Kriterien: der Gottesdienst, die Liebesdienste und die Gastfreundschaft, der Kanon der Heiligen Schrift, das Glaubensbekenntnis, die Ämter im Zusammenhang mit dem apostolischen Zeugnis (apostolische Tradition). Zu dramatischen Akzentverschiebungen und Umdeutungen des Verständnisses der Eucharistie kam es im Verlaufe der Epoche vom Frühmittelalter bis ins Spätmittelalter innerhalb der *Westkirche*. Am Ende dieser Entwicklung galt etwa folgendes: Der Versammlungsraum der Christen, das Kirchengebäude, wurde als Tempel verstanden („der eine Tempel damals, die vielen Tempel heute"); aus dem Vorsteher der Eucharistie wurde der Opferpriester („der eine Hohepriester damals, die vielen Priester heute"); die Eucharistiefeier selbst wurde zur Opferfeier („das eine Opfer im Tempel damals, die vielen Opfer in den Tempeln heute"); Brot und Wein wurden zu Opfergaben („das blutige Opfer damals/das blutige Opfer Jesu Christi, die unblutigen Opfer heute"), die der Opferpriester Gott darbrachte; die lateinische Sprache wurde zur kultischen Opfersprache („Hebräisch damals, Lateinisch heute"). Aus der altkirchlichen sonntäglichen Eucharistie der Gemeinde wurde die individuelle Opferfeier des Priesters, die täglich und täglich mehrmals von jedem einzelnen Priester begangen wurde („das einmal jährlich in dem einen Tempel durch den einen Hohenpriester dargebrachte Opfer damals, die täglich in den vielen Tempeln durch die vielen Priester dargebrachten Opfer heute"). Die Akzentverschiebungen und Umdeutungen spiegeln einerseits in ganz erheblichem Ausmaß den christlichen Antijudaismus und verstellen den Blick auf die Thematik des jüdischen Pessachfestes. Andererseits verengte sich das gesamte Verständnis der altkirchlichen Eucharistie in dieser Epoche auf die *Elemente* von Brot und Wein, die als die Opfergaben verstanden wurden, und auf die Rolle des *Priesters*, der aufgrund seiner Weihe zum Opferpriester die Elemente von Brot und Wein zum Leib und Blut Christi konsekrierte und sie dann Gott opferte. Die theologische Debatte und die Volksfrömmigkeit befassten sich bald nur noch mit den Elementen von Brot und Wein, wenn es um die Eucharistie ging. Beleg dafür sind die mittelalterlichen Debatten zwischen Symbolisten und Realisten. Klärung sollte hier die Transsubstantiationslehre bringen: „das *Wesen* des Brotes wird in das *Wesen* des Leibes Christi verwandelt" (*nicht jedoch einfach*: „das Brot wird in den Leib Christi verwandelt"); aber diese Lehre wurde im Grunde nicht verstanden und im Volk auch nicht rezipiert. So blieb es bei der radikalen Umdeutung der altkirchlichen Eucharistie und deren Verengung zu einem Tun, in welchem die Elemente von Brot und Wein und die Opferpriester die alles beherrschende Rolle spielten. Realpräsenz und Realpermanenz Jesu Christi in den Elementen wurden die wichtigsten Themen; in den Kirchengebäuden wurde der Tabernakel eingerichtet; Hostienwunder „passierten" geradezu überall, und Hostienschändung war eines der schlimmsten Verbrechen, das man vor allem den Juden unterstellte; Prozessionen mit Hostien kamen auf; Verehrung und Anbetung der eucharistischen Elemente außerhalb des eucharistischen Gottesdienstes hatten einen nicht minderen Rang als die täglichen Privatmessen der Priester. Die mit Hilfe der Transsubstantiationslehre möglichen Differenzierungen hatten in der Volksfrömmigkeit und bei den diese unterstützenden Klerikern keine Chance, und für den höheren Klerus war diese Volksfrömmigkeit mit finanziellem Gewinn verbunden.

In der *Reformation* wurde unter dem Einfluss des Humanismus die altkirchliche Eucharistie wiederentdeckt. An der spätmittelalterlichen Theologie und Volksfrömmigkeit wurde vor allem das Opferverständnis kritisiert, nicht jedoch die Lehre von der Realpräsenz, an der man festhielt. Eucharistie wird anstatt der täglichen privaten Opfermesse der Priester jetzt wieder zur Feier der ganzen Gemeinde am Sonntag, der ein Pfarrer oder Bischof vorsteht, der das Wort Gottes in diesem Gottesdienst verkündigt. Die Elemente von Brot und Wein werden wieder an alle zum Gottesdienst Versammelten ausgeteilt; sie sind nämlich gegeben, um empfangen zu werden, und nicht, um sie Gott darzubringen; der Gebrauch der Elemente außerhalb des Gottesdienstes ist deren Missbrauch. Der Priester ist nicht Opferpriester, sondern Verkündiger des Wortes und Austeiler der von Gott geschenkten sakramentalen Gaben. Die Reformation führte viel Altkirchliches wieder neu ein: Eucharistie nur an Sonn- und Feiertagen, Austeilung der Elemente von Brot und Wein an alle Teilnehmenden, Einführung der Volkssprache für diejenigen, die kein Latein verstehen konnten. Verbunden damit war die Abschaffung der Privatmessen, die außereucharistische Verwendung der Elemente in Andachten, Prozessionen, Segnungen und noch manches andere.

Zur gegenwärtigen ökumenischen Debatte

Die gegenwärtige ökumenische Debatte hat wohl wie bei kaum einem anderen theologisch strittigen Problem im Rückgriff auf die Heilige Schrift und das altkirchliche, in den Ostkirchen bewahrte umfassende Eucharistieverständnis zu einem überzeugenden theologischen *Konsens* im Verständnis der Eucharistie gefunden: Die Eucharistie ist die Feier des Gedächtnisses an den einmaligen Kreuzestod Jesu Christi und die darin gründende Befreiung, Errettung, Erlösung (*Anamnese, memoria*); sie wird gefeiert unter Anrufung des Heiligen Geistes, der auf die feiernde Gemeinde und die Elemente herabgerufen wird (*Epiklese*); sie ist die im Sakrament verhüllte Vorausfeier des himmlischen Freudenmahles (*eschatologischer Aspekt*), und sie wird gefeiert nicht nur für uns selbst, sondern auch für das Leben der ganzen Welt (*kosmologischer Aspekt*). Jedem Gottesdienst steht ein/eine von der Kirche (Gemeinde) Beauftragter/Beauftragte (*Ordination*) vor, der/die an Christi Statt das Wort Gottes predigt, es auslegt und die Sakramente austeilt. Gefeiert wird der Gottesdienst von der ganzen Gemeinde. Derjenige, der zum Abendmahl einlädt und Herr dieses Mahles ist, ist Jesus Christus, nicht die Kirche; die Kirchen haben nur die Aufgabe, diese Einladung konkret weiterzugeben. Für diese Einladung und für die in der Teilhabe an den Gaben gewährte Gemeinschaft mit Christus sagt sowohl die ganze Gemeinde wie auch der/die einzelne Gott Lob und Dank (*eucharistia, doxologia*).

Aufgrund dieses Konsenses im Verständnis des Abendmahls, der sich auch in den Liturgien und Agenden der Kirchen, teilweise erst nach erfolgten Liturgiereformen, sowie in der Lima-Liturgie wiederfindet, sahen und sehen sich viele Kirchen in der Lage, untereinander sowohl *Kanzel- und Abendmahls- bzw. Gottesdienstgemeinschaft* wiederherzustellen als auch ein *offenes Abendmahl* zu praktizieren, indem sie die Einladung Jesu Christi zum Abendmahl auch an Christen aus jenen Kirchen aussprachen und bis heute aussprechen, mit denen sie noch nicht in offizieller Abendmahlsgemeinschaft stehen. In der Diözese Straßburg ist auch in der römisch-katholischen Kirche schon 1972 der Weg in diese Richtung beschritten worden, als für konfessionsverbindende Familien diese Einladung öffentlich ausgesprochen wurde. Solche Einladung entspricht der Intention des gefeierten Gottesdienstes, die Verweigerung der Weitergabe der Einladung Jesu Christi widerspricht diesem fundamental.

Bei der Durchsicht des *Liedgutes* fiel auf, dass im „Evangelischen Gesangbuch" die Abendmahlslieder ein zutreffendes theologisches Verständnis des Abendmahls spiegeln; einige Lieder mit einer stark pietistisch geprägten Frömmigkeitssprache empfinden manche eher abschreckend als einladend, obgleich auch in ihnen sich ein zutreffendes theologisches Abendmahlsverständnis findet. Im römisch-katholischen „Gotteslob" sind neben theologisch korrekten Liedern eine ganze Reihe von Abendmahlsliedern stehen geblieben, die zwar populär sind, deren Inhalt aber weder dem biblischen noch dem altkirchlichen noch dem heute gewonnenen ökumenischen Konsens im Abendmahlsverständnis standhalten kann, weil er zu stark von verengenden und streckenweise falschen, vom II. Vatikanischen Konzil revidierten bzw. zurechtgerückten Opfervorstellungen geprägt ist. Hier ist eine Revision angesagt. Eine Revision ist ebenso angesagt bei den ersten drei (der vier) amtlichen liturgischen Hochgebeten der römisch-katholischen Kirche, in denen ein unklares, zweideutiges und auch falsches Opferverständnis sich findet, das selbst dem Standard römisch-katholischer Eucharistielehre nicht entspricht.

Zu kirchlichen und gesellschaftlichen Auswirkungen

Die gesellschaftspolitische Relevanz praktizierter eucharistischer Gastfreundschaft, in der die Kirchen sich gemeinsam als im Dienst Jesu Christi stehend begreifen und seine Einladung in seine Gemeinschaft weitergeben und dazu auch Christen aus anderen Kirchen einladen, liegt auf der Hand. Dieses Tun wäre die überzeugendste Predigt der Kirchen, die lebendigste Verkündigung des Evangeliums in den Gesellschaften der verschiedenen Länder und Kontinente. Denn auf diese Weise könnten diese Gesellschaften sehen, wie frühere Feinde durch die Kraft des Evangeliums zu Freunden werden und ihre Geschwisterlichkeit entdecken und leben. Kirchen, die im Gottesdienst durch dessen Öffnung sich ja nur auf die Dimensionen des Tuns Jesu Christi eingelassen haben, sind jedenfalls bereit, den Frieden miteinander anzunehmen, den Gott ihnen bereitet hat. Jedes heute oft mit viel Pathos geforderte Reevangelisierungsprogramm bzw. Evangelisierungsprogramm ist zum Scheitern verurteilt, wenn die Kirchen selbst sich nicht evangelisieren lassen und sich auch nicht auf den Weg der Wiederherstellung des gottesdienstlichen Friedens begeben. Wenn Christen selbst nicht glauben, was Gott tut, wie und warum wollen sie es denn überhaupt anderen predigen? Wenn die Kirchen glauben, was sie sagen, haben sie keine andere Wahl, als endlich damit zu beginnen, dies auch sichtbar werden zu lassen.

Der erste realisierte Schritt der Wiederherstellung ihres Friedens untereinander ist die *eucharistische Gastfreundschaft*; sie ist die Öffnung der konfessionellen Gottesdienste, durch die Gastfreundschaft konkret gelebt wird. Viele Kirchen haben diesen Schritt schon getan, andere noch nicht. Aber auch diese werden sich auf Dauer dem Sog der Friedens- und Versöhnungsbotschaft Jesu Christi nicht entziehen können. Aus dieser Öffnung der konfessionellen Gottesdienste heraus wächst die künftige *Abendmahlsgemeinschaft (communio, koinonia)*, die trotz richtiger Intention und Zielrichtung mit den bisher gebräuchlichen Begriffen „Interkommunion" und „Interzelebration" theologisch nur unzureichend beschrieben ist. Diese Abendmahlsgemeinschaft wird zur Grundlage für die amtlich und öffentlich zu vollziehende künftige geschwisterliche *Gemeinschaft selbständiger und selbständig bleibender Kirchen (communio, koinonia)*. Dieses Ziel *entschlossen* anzustreben und auf es *konkret* zuzugehen, wäre ein weithin vernehmbares Signal der beginnenden „Konversion der Kirchen" (Le Groupe des Dombes). Es wäre ein glaubwürdiges Zeugnis der christlichen Botschaft, die von Versöhnung, Frieden, Gerechtigkeit und Liebe spricht, nach denen die Menschen in unserer Gesellschaft hungern. Diese warten schon lange darauf, dass die Christen der Botschaft, die sie predigen, in praktizierter Gastfreundschaft und Geschwisterlichkeit selbst Glauben schenken. Dieser so bezeugte gemeinsame Glaube befähigt die Kirchen, in ihrem Dienst glaubwürdig und in ihrer Solidarität überzeugend „Kirche für andere" zu sein (Dietrich Bonhoeffer).

Die Chance, mit dem *ersten Schritt praktizierter eucharistischer Gastfreundschaft* auf dem Ökumenischen Kirchentag in Berlin im Jahre 2003 zu beginnen und sich so sichtbar auf den Weg in die künftige Gemeinschaft der Kirchen zu begeben, sollte nicht vertan werden.

Im Namen des Kölner Ökumenischen Studienkreises:
Johannes Brosseder

Verzeichnis der Autorinnen und Autoren

Prof. Dr. Johannes Brosseder, Professor für Systematische Theologie am Seminar für Katholische Theologie der Universität Köln

Dr. Margriet Gosker, Pfarrerin der Gereformeerde Kerk, Amstelveen, Niederlande

Prof. Dr. Hans Jorissen, Professor em. für Dogmatik und Theologische Propädeutik an der Katholisch-Theologischen Fakultät der Universität Bonn

Heidi Leucht, Pfarrerin em. der Evangelischen Kirche im Rheinland, Kleve

Prof. Dr. Christian Link, Professor für Systematische Theologie an der Evangelisch-Theologischen Fakultät der Ruhr-Universität Bochum

Dr. Hans-Georg Link, Ökumenepfarrer des Evangelischen Stadtkirchenverbandes Köln

Prof. Dr. Drs. mult. h.c. Harding Meyer, Professor em. am Centre d'Études Œcuméniques des Lutherischen Weltbundes, Strasbourg, Frankreich

Gottfried Peters, Ev.-Ref. Moderator der Ökumenischen Stiftung Kloster Frenswegen, Nordhorn

Dr. Johanna Rahner, Wissenschaftliche Assistentin am Seminar für Fundamentaltheologie der Katholisch-Theologischen Fakultät der Universität Freiburg und Lehrbeauftragte für Biblische Theologie am Seminar für Katholische Theologie der Universität Köln

Dr. Rainer Stuhlmann, Pfarrer und Schulreferent des Evangelischen Stadtkirchenverbandes Köln